Karin Haß

Alles normalno

In Sibiriens wildem Osten

FOX
NWM

Von Karin Haß erschienen bisher:

ISBN: 978-3-937431-61-1,
232 Seiten, 60 Fotos, geb.
19,90 €

ISBN: 978-3-937431-77-2,
ca. 216 S., 50 Fotos, geb.
19,90 €

Impressum

Herausgeber:
cw Nordwest Media Verlagsgesellschaft mbH • Am Lustgarten 1 • 23936 Grevesmühlen
Tel./Fax: 03881/2339 • info@nwm-verlag.de • www.nwm-verlag.de

Autorin: Karin Haß
2. Auflage 2020
Titelfoto: Gudrun Krippner

Gesamtherstellung:
cw Nordwest Media Verlag
Erscheint unter dem Label: FOX

ISBN: 978-3-946324-21-8

Karin Haß

Alles normalno

In Sibiriens wildem Osten

Gewidmet meinen Lieben

Während ich darüber nachdenke, wer dazu gehört, erweitert sich der Kreis um die Familienangehörigen herum mehr und mehr... Es kommen hinzu unsere wunderbaren Feriengäste, Freunde, Dorfbewohner, meine freundlichen Leser, Menschen, die ich in der Bahn treffe, im Fahrstuhl meines Hauses in Deutschland oder bei meinen Lesungen und endet nicht bei den Verkäuferinnen, die mir einen schönen Tag wünschen und Unbekannten, die mir unvermittelt ein Lächeln schenken.

Inhalt

Ich habe es wieder getan 7
Unser Dorf Srednjaja Oljokma 9
Der Möbelkauf 17
Alles „normalno" auf der Wintertrasse 21
Besuch aus Moskau 27
Sommerzeit 37
Hundekuchen 49
Der Geschmack des Lebens 51
Das Rätsel der russischen Seele 57
Wir wählen den Gouverneur 61
Die Wahl: Wodka – kein Wodka 63
Die Tat 67
Geselligkeiten 69
Nach der Jagd ist vor der Jagd 77
Etwas andere Jagdgeschichten 83
Beginn der Zobeljagd 87
Eine große Gaunerei 97
Feste feiern 100
Kaum zu glauben 107
Väterchen Frost 121
Eine Fahrt mit Hindernissen 125
Was sind schon fünf Tage 131
Bären und Wölfe 139
Freunde 143
Kompjuter nje rabotajet 147
Die Liebe ist eine Himmelsmacht 149
Der Wald brennt 151
Herbstfahrt nach Tupik 155
Rückkehr aus Deutschland 161
Gift für Seele und Körper 175
Krankheit – Alter – Überraschung 183
Taigaleben 191
Hundeschicksale 205
Fern der Zivilisation 213
Allein zu Hause 223
Teufel Alkohol 233
Die große weite Welt 243
Liebeserklärung 245
Anmerkungen/Fotonachweis 246
Glossar 247
Dank 248

Karin Haß

Karin Haß arbeitete als Buchhändlerin, Industriekauffrau, Betriebswirtin und schließlich viele Jahre als Systemanalytikerin und Programmiererin in Hamburg, bevor sie das Leben in der Großstadt gegen das in der sibirischen Taiga und das Entwickeln von Computerprogrammen gegen das Bücherschreiben eintauschte.

Das abgeschiedene Dörfchen Srednjaja Oljokma lernte sie auf einer ihrer Paddeltouren kennen und kehrte dorthin zurück, um ein Dreivierteljahr dort zu leben. Sie begegnete Slawa, dem Pelztierjäger vom Volke der *Ewenken* – und blieb bei ihm.

Ihre Bücher geben einen sehr persönlichen Einblick in das Leben tief in der Taiga. Das erste Buch „Fremde Heimat Sibirien" beschreibt auf unterhaltsame Weise den Weg, der sie immer wieder nach Sibirien führte, und die Anfänge ihres neuen Lebens an der Seite Slawas.

Über „Bärenspeck mit Pfeffer" sagte sie: „Ich bin noch immer fasziniert von der Natur und den ungewöhnlichen Lebensumständen. Beinahe jeder Tag beschert mir neue Erlebnisse – innere, äußere, schöne, kuriose, spannende, erstaunliche –, an denen ich meine Leser teilnehmen lasse."

In „Alles normalno – In Sibiriens wildem Osten" schildert sie weitere Geschehnisse. Geschehnisse, die nur bei Sibirjaken als normal gelten.

Ich habe es wieder getan

Ein drittes Buch über das Leben in der sibirischen Taiga, meiner Wahlheimat seit elf Jahren, wollte ich nicht schreiben – und bin meiner Absicht untreu geworden.

Je länger ich in Sibirien lebe und je tiefer ich in dieses Dasein eintauche, desto mehr nehme ich wahr und desto größer wird mein Staunen über die vielen Widersprüchlichkeiten und verblüffenden Geschehnisse. Eher war das Gegenteil zu erwarten – eine Gewöhnung, vielleicht sogar Abstumpfung. Aber das wird verhindert durch mein Doppelleben zwischen Deutschland und Russland, das mir die Unterschiede in der Denk- und Lebensweise immer wieder deutlich macht.

Doch die Begebenheiten sind nicht nur für mich außergewöhnlich, sondern ebenso für die Stadtmenschen Russlands. Bereits die Tatsache, dass ich als Deutsche aus der Großstadt Hamburg in ein abgelegenes Taigadörfchen gezogen bin, erstaunt die Russen, mit denen ich während der Bahnfahrten in Kontakt komme, aufs Höchste. Nachdem sich meine Reisegefährten im Vierbettenabteil der TRANSSIB oder der BAM für die mehrere Tage andauernden Fahrten häuslich eingerichtet, Pantoffeln, Trainingsanzüge oder andere legere Kleidung angelegt, die mitgebrachten Essensvorräte ausgepackt und mir großzügig davon angeboten haben, werde ich auf freundliche Art ungeniert ausgefragt. Ebenso freimütig gebe ich die gewünschten Auskünfte.

Anfangs vermuten meine Mitfahrer meistens, dass ich mich auf einer Urlaubsreise befinde. Erzähle ich dann, dass ich seit einigen Jahren fern der Zivilisation am Fluss Oljokma in einem ostsibirischen Örtchen lebe, das 300 Flusskilometer von der nächsten Autotrasse oder Bahnverbindung entfernt inmitten von Taigawäldern liegt, folgt nach erstaunten Ausrufen die Frage, wie es dazu gekommen sei. Meine Antwort, dass ich den Ort während einer Paddelexkursion kennengelernt, später allein ein Dreivierteljahr dort gelebt und einen Pelztierjäger vom Volke der Ewenken lieben gelernt habe, zu dem ich dann zurückgekehrt sei, um mein Leben mit ihm zu teilen, klingt auch für russische Ohren abenteuerlich, ja geradezu verrückt. Es ist kaum denkbar, dass eine Russin das Leben in der Stadt mit dem in der Einöde an der Seite eines „Eingeborenen" tauschen wollte. Die meisten russischen Städter halten das Dasein in der Taiga für exotisch und gefährlich, zumindest aber für extrem primitiv und schwierig und auf keinen Fall für wünschenswert. Demgemäß variieren die Reaktionen auf meine Bekenntnisse zwischen Verwunderung, Bewunderung ob meines „Mutes", Fassungslosigkeit bis hin zur Bestürzung. Eine besorgte russische Dame, die mehrmals Verwandte in Deutschland besucht hatte und von der dort vorgefundenen Ordnung und Sauberkeit schwärmt, gerät ganz außer sich und beschwört mich eindringlich: „Verlassen Sie die Taiga! Was, um Gottes willen, wollen Sie in Russland? Gehen Sie zurück nach Deutschland! Dort ist es doch herrlich – so sauber und schön!"

Das finde ich auch. Aber – nach meinem Empfinden – ist nichts ist so sauber und schön wie die unberührte Taiga. Nirgendwo ist der Himmel so weit und blau, die Luft so rein und weich, sind die Wälder so unendlich, die Flüsse so klar, die Menschen so unverfälscht.

Und so kehre ich nach einem längeren und in jeder Hinsicht erfolgreichen Deutschlandaufenthalt voller Vorfreude und mit guten Vorsätzen zurück ins Dorf zu meinem Mann. Ich fühle mich mehr als je zuvor gewappnet, Anforderungen und aufkommende Schwierigkeiten sowie persönliche Probleme, die unsere Ehe manches Mal belasten, meistern zu können.

Die Entwicklung nimmt nicht immer den erwarteten Verlauf, denn das wirkliche Abenteuer ist das Leben an sich. Man braucht nirgendwohin zu gehen, um die typischen Eigenschaften eines Abenteuers am eigenen Leib zu erleben: Unwägbarkeiten, Verwicklungen, angenehme und unangenehme Überraschungen, Mühen, Freuden, Gefahren. Jeder Mensch bewältigt diese Expedition auf seine ganz persönliche Art, und beinahe jeder könnte darüber ein Buch schreiben, interessanter als viele Romane. Und nicht zu vergessen: Das normale Leben ist gefährlicher als die Besteigung hoher Gipfel, die Überquerung von Ozeanen in wackligen Nussschalen, die Durchwanderung von Wüsten. Bei diesen Unternehmungen besteht eine hohe Überlebenschance, nicht jedoch beim ganz gewöhnlichen Leben – es endet unweigerlich mit dem Tod.

„*Wcjo normalno* – alles normal", sagt man in Sibirien.

Blick auf das Steilufer, auf dem Srednjaja Oljokma liegt

Unser Dorf Srednjaja Oljokma

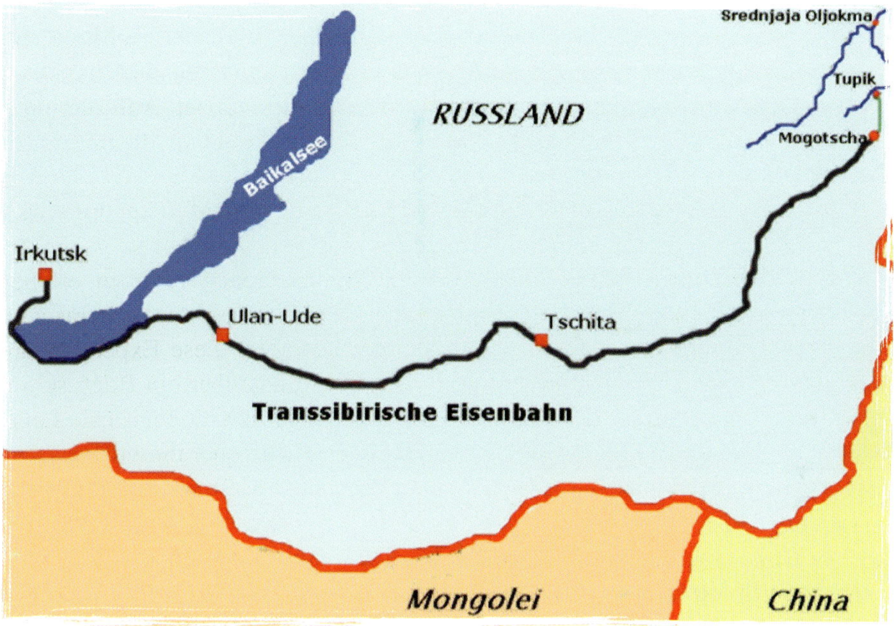

Eingebettet in unermessliche Taigawälder liegt Srednjaja Oljokma – wörtlich übersetzt „Mittlere Oljokma“ – am Fluss Oljokma etwa 1700 Kilometer östlich des Baikalsees im Tungiro-Oljokminskij *Rayon*. Dieser Rayon ist einer der 28 Landkreise des 412.300 Quadratkilometer umfassenden Verwaltungsbezirks Sabajkalskij *Kraj* (früher Tschitinskaja *Oblast*). Damit ist der Sabajkalskij Kraj, der „Bezirk hinter dem Baikal“, über 55.000 Quadratkilometer größer als Deutschland. Der Fluss Oljokma mündet nach langem Lauf von Süd nach Nord in die Lena.

Im Tungiro-Oljokminskij Rayon leben rund 1600 Einwohner auf einer Fläche von 42.900 Quadratkilometern, also 0,037 Einwohner pro Quadratkilometer. Sie konzentrieren sich in wenigen Ansiedlungen, dem größeren Rayon-Verwaltungsort Tupik – übersetzt „Sackgasse“ – mit dem wenige Kilometer entfernten Dorf Saretschnoi – übersetzt „Hinter dem Fluss“ – und den drei tief in der Taiga liegenden kleinen Dörfern Moklakan an der Mittleren Mokla, Gulja an der Mündung der Gulja in den Tungir und Srednjaja Oljokma. Die Flüsse bilden die Lebensadern dieser kleinen Taigadörfer.

In der eisfreien Zeit ist Srednjaja Oljokma nur per Boot auf einem 300 bis 320 Kilometer langen Flussweg zu erreichen, entweder auf dem kurz vor unserem

Dorf in die Oljokma mündenden Fluss Tungir vom südlich gelegenen Tupik aus oder auf der Oljokma vom nördlich gelegenen Juktali aus. Das sind die nächsten beiden Ortschaften mit einer Autotrasse beziehungsweise Bahnanschluss.

Juktali liegt an der Zugstrecke der Baikal-Amur-Magistrale (BAM). Von Tupik aus führt eine knapp 100 Kilometer lange Autotrasse in das Städtchen Mogotscha an der Strecke der Transsibirischen Eisenbahn (TRANSSIB).

Während der Frostperiode gibt es eine mit Jeep oder LKW befahrbare Wintertrasse von Tupik nach Srednjaja Oljokma, die durch die Taiga und dann größtenteils auf der zugefrorenen Oljokma verläuft, doch von Oktober bis Mitte Dezember sowie von April bis Mitte Mai ist der Ort von der übrigen Welt abgeschnitten, weil der zufrierende beziehungsweise tauende Fluss nicht befahrbar ist.

Es herrscht strenges Kontinentalklima mit sommerlichen Temperaturen bis plus 35 Grad und Winterfrösten bis minus 55 Grad. Der Boden taut im Sommer je nach Lage bis in eine Tiefe von maximal zwei Metern auf, darunter herrscht Permafrost.

Die genannten Ortschaften sind als feste Siedlungen sehr jung. Tupik wurde 1914 gegründet und 1922 zum Verwaltungsort des Tungiro-Oljokminskij Rayon erklärt. Aus einem Almanach, der 2006 unter dem Titel „Geschichte und Geografie des Tungiro-Oljokminskij Rayons“ erschien, erfahre ich Weiteres: 1927 wurden in Tupik eine Krankenstation und ein Klubhaus eröffnet, 1930 und 1932 folgten ein Kulturhaus und eine Bibliothek mit einem Bestand von neuntausend Büchern. Mit der Bildung der kommunistischer Parteiorganisation, der kommunistischen Jugendorganisation Komsomol und des Pionierverbandes in den Dreißiger Jahren wurde ein Wendepunkt im Leben des Rayons eingeleitet. Unter dem Einfluss der kommunistischen Partei gründete man Dorfsowjets, die an Stelle der vorherigen Stammesräte der Ewenken traten und dazu bestimmt waren, die Kollektivierung durchzuführen. Die Ureinwohner dieser Gebiete, die Ewenken, waren Nomaden, die in Stammesverbänden lebten. Sie wohnten in „Tschums“ – ähnlich den Wigwams der Indianer – und lebten von der Jagd und ihren domestizierten Rentierherden, mit denen sie zu den Futterplätzen wanderten. Infolge der Sowjetpolitik wurden 1931 mehrere Kolchosen gebildet, Zusammenschlüsse der Rentierhalter und Jäger, in die alle Nutztiere eingebracht werden mussten und die Namen wie „Roter Jäger“, „Roter Partisan“, „Rote Adler“ und „Bolschewistischer Kämpfer“ erhielten. Wie das personelle Verhältnis Russen : Ewenken in den Kolchosen aussah und inwieweit Druck ausgeübt wurde, um die Ewenken zum Eintritt in die Kolchosen zu bewegen, ist aus dem Almanach nicht ersichtlich. Über die Machtverhältnisse jedoch dürfte es kaum Zweifel geben. Zugleich begann man damit, die Ewenken von der ausschließlich nomadischen in eine eher sesshafte Lebensweise zu führen, indem man ihnen um 1932 in den Zentren der nomadischen Stammesverbände Blockhäuser baute und Dörfer gründete, unter anderem auch Srednjaja Oljokma. Bereits Ende der Dreißiger Jahre gab es in allen Dörfern des Rayons Grundschulen, Klubhäuser, Bibliotheken,

Sanitätsstellen, Läden und Bäckereien. Insofern brachte die Sowjetpolitik auch unübersehbare Vorteile für die Urbevölkerung, denn ihr Leben war vorher weder leicht noch romantisch gewesen. Leider gingen durch die Russifizierung und weil die Ewenken keine Schriftsprache kannten, viele kulturelle Besonderheiten verloren. Ewenkische Traditionen haben sich vor allem dort erhalten, wo Ewenken in größerer Zahl an einem Ort leben und weiterhin Rentierhaltung ausüben. Damit bildet Sibirien keine Ausnahme, denn alte Traditionen haben sich in vielen Ländern nur inselweise erhalten, wenn überhaupt.

Gehen wir noch weiter zurück in die Vergangenheit: Bereits im 16. Jahrhundert begann die russische Expansion nach Sibirien, die vom reichen Handelshaus der Stroganows mit Hilfe gedungener Kosaken und mit Billigung und Unterstützung des Zaren Iwan des IV., des Schrecklichen beziehungsweise des Gestrengen, wie er in Russland genannt wird, vorangetrieben wurde. Um 1630 war die Lena erreicht, und zwei Jahre später wurde Jakutsk gegründet, das ein wichtiger Umschlagplatz für den sibirischen Pelzhandel wurde. Der einheimischen Bevölkerung zwang man den Jasak, den Pelztribut, auf. Doch es gab ein großes Problem, das gelöst werden musste, nämlich die Versorgung mit Lebensmitteln. Weit südlich, am Fluss Amur, sollte das „gelobte Land“ Daurien liegen, wo es Ackerbauern, Getreide im Überfluss, Vieh, Zobel und Silberadern geben sollte. Wie aber konnte man dorthin gelangen? Die Vorstellungen über die Geografie dieser Gebiete waren sehr vage. Nachdem auch die Ewenken im Einzugsgebiet der Oljokma unterworfen waren und einer von ihnen detailliert erzählt hatte, wie der leichteste und kürzeste Weg nach Süden auf Oljokma und Tungir verliefe, zog der Abenteurer und skrupellose Geschäftsmann Jerofej Chabarow, Sohn eines Bauern, im Jahr 1649 mit siebzig Mann auf dieser Route los. (In anderen Literaturquellen wird die Stärke der Expedition mit 150 beziehungsweise 200 Mann angegeben.) Es ist kaum vorstellbar, wie sie mit ihren motorlosen Booten auf der langen Strecke stromaufwärts zuerst einen Teil der Lena und dann die gefährlichen Stromschnellen und die starke Strömung der Oljokma bewältigen konnten. Laut dem Almanach „Geschichte und Geografie des Tungiro-Oljokminskij Rayons“ erreichten sie mit Anbruch des Winters die Mündung des Tungir in die Oljokma (wo sich heute unser Dorf befindet) und errichteten dort ein Winterlager, denn die Flüsse begannen zuzufrieren und waren mit den Booten nicht mehr zu befahren. Als das Flusseis dick genug war, um Männer und Ausrüstung zu tragen, setzten sie die Boote auf Kufen und zogen sie auf dem Eis des Tungir weiter. Um zum Amur zu gelangen, mussten sie jedoch noch eine Gebirgskette überqueren und auf dem Eis verschiedener Flüsschen weiterwandern. Aus dieser Zeit stammt die erste schriftliche Erwähnung des Ortes, an dem später Srednjaja Oljokma gegründet wurde.

Spuren sehr früher Menschen in Form von Steinzeichnungen fanden Jakutsker Archäologen 1980 während einer Expedition entlang der Olkojma an verschiedenen Plätzen. Man konnte die Datierung nur in einem breiten Zeitrahmen vom

Steinzeitalter bis zum Aufkommen metallischer Werkzeuge vornehmen. Eine Zeichnung, die etwa 2000 Jahre v. u. Z. entstanden sein soll, ist ausgeführt in weinroter Farbe und zeigt einen Menschen, ein Boot, ein Rentier und andere Tiere – Dinge, die auch heute noch eine gewichtige Rolle im Dasein der Bewohner Srednjaja Oljokmas spielen.

Heute leben hier in 25 Haushalten 65 Menschen, von denen etwas über die Hälfte Russen und der andere Teil Ewenken beziehungsweise Nachkommen aus beiden Volksgruppen sind. In den elf Jahren meines Hierseins sind viele Menschen gestorben, einige weggezogen, aber auch einige zugezogen, und mehrere Kinder wurden geboren. Die Einwohnerzahl hat sich um rund 15 Menschen verringert.

Die Wohnhäuser sind in Blockbauweise aus dicken Holzstämmen gebaut, wobei die Fußbodendielen circa sechzig Zentimeter über der Erde angebracht sind. So entsteht unter dem Haus ein Hohlraum, der von außen mit einer Isolierung umgeben ist. Sie besteht aus einer mit Sägespänen oder Sand ausgefüllten Bretterverschalung. Eine Holztreppe führt aus dem Hof in einen geräumigen Vorraum, durch den man durch eine stabile Tür, die von außen zusätzlich mit einer isolierenden Lage Filz versehen ist, in das eigentliche Haus beziehungsweise durch eine andere Tür in den Lagerraum gelangen kann. Vorraum und Lagerraum sind nur aus Brettern gebaut.

Die Blockhäuser bestehen im Grunde aus nur einem einzigen Raum, der durch Bretterwände in Küche und zwei oder drei Zimmer aufgeteilt ist.

Blockhaus auf dem Steilufer

Unter der Küche ist ein kleiner, kaum mannshoher Keller ausgehoben, der auch im heißesten Sommer immer kühl bleibt und in dem Kartoffeln und Eingemachtes gelagert werden. Der einzige, in der Küche des Hauses befindliche große Ofen aus Backsteinen wird mit Holz, überwiegend Lärchenholz, geheizt, das im Spätwinter in den umliegenden Wäldern geschlagen wird. In der warmen Jahreszeit wird vorwiegend auf dem kleineren Backsteinofen in der Sommerküche, einer Hütte im Hof, gekocht und gegessen.

Durch einen Dieselgenerator wurden die Haushalte bis Ende 2013 von 8 bis 10 Uhr und 17 bis 1 Uhr nachts mit Strom versorgt. Ein Regierungserlass verfügte – die Leute sagen: „Putin hat angeordnet" –, ab 2014 auch die abgelegenen Dörfer ganztägig zu versorgen, sodass wir seitdem von 7 Uhr morgens bis 1 Uhr nachts, unterbrochen von einer zweistündigen Mittagspause, elektrischen Strom nutzen können.

Wasser muss vom Fluss geholt oder den Regentonnen entnommen werden – es gibt keine zentrale Wasser- und Abwasserversorgung. Sie würde im Winter durch Einfrieren der Leitungen ohnehin mehr Probleme als Segen bereiten. Die Toiletten sind Plumpsklos in einer entfernten Gartenecke. Dort heißt es auch bei minus 45 Grad „Hosen runter".

Ein *Feldscher* übernimmt die medizinische Versorgung, soweit es seine Kenntnisse und die vorhandenen Medikamente zulassen. Feldschere werden in Russland an medizinischen Fachschulen ausgebildet. Das angestrebte Ausbildungsniveau liegt ungefähr zwischen dem einer Krankenschwester und eines Arztes.

Teewasser schöpfen wir aus den Bächen

Die Aufgabe eines Feldschers besteht darin, in abgelegenen Gebieten die medizinische Grundversorgung zu übernehmen und schwerere Krankheitsfälle an einen Arzt zu überweisen.

In der Grundschule werden Kinder bis zur vierten Klasse gemeinsam in einem Raum unterrichtet. Die größeren Kinder besuchen die Schule in Tupik, wohnen dort im Internat und können bei entsprechender Eignung die elfte Klasse abschließen. Der Elfklassenabschluss beinhaltet in Russland die Hochschulreife. Neben der Schule befindet sich der Kindergarten, in dem die Kinder von halb neun Uhr morgens bis vier Uhr nachmittags betreut werden.

Ein kleiner Laden wird sporadisch mit einem bescheidenen Sortiment beliefert, wenn der Transportweg nach Tupik befahrbar ist. Die Haushalte versorgen sich weitgehend selbst aus ihren großen Gemüsegärten, aus Wald, Flüssen und Seen. Wer einen Lastwagen besitzt, kann Grundnahrungsmittel für ein ganzes Jahr auf dem Winterweg aus Tupik oder Mogotscha holen.

Ein regulärer Postdienst existiert nicht. Die Post liegt so lange auf dem Postamt in Tupik, bis irgendjemand sie mitbringt. Das öffentliche Satellitentelefon, das mit Telefonkarten benutzt werden kann, funktioniert leider nicht immer, sodass die Einwohner manchmal über einen längeren Zeitraum ganz und gar von der Welt abgeschnitten sind.

Der Zeitunterschied zu Deutschland beträgt seit Frühjahr 2016 +8 Stunden im Winter und +7 Stunden im Sommer, denn in Russland wird nicht mehr auf Sommerzeit umgestellt. Seit Jahren wird herumexperimentiert: Nachdem lange Zeit die Zeitumstellungen wie im übrigen Europa erfolgten, wurde unter Präsident Medwedjew sommers wie winters die Sommerzeit beibehalten. Im Herbst 2014 wurden die Zeitzonen von früher 11 auf 9 reduziert und unser Verwaltungsbezirk Sabajkalskij Kraj der gleichen Zeitzone zugeteilt wie zum Beispiel das sehr viel weiter westlich liegende Irkutsk. All das mit verwirrenden, sogar unangenehmen Folgen für die Einwohner, denn die Sonne kümmerte sich nicht darum und ging wie eh und je auf und unter, was die Strategen in Moskau wohl nicht bedacht hatten. Aufgrund der Beschwerden gelten ab Frühjahr 2016 wieder die früheren Zeitzonen, nun jedoch unter ständiger Beibehaltung der Winterzeit.

Viele Kinder und Jugendliche kehren nach Schule und Ausbildung ins Dorf zurück. Sie können sich, wie auch mein Mann Slawa und andere erwachsene Einwohner, ein Leben in der Stadt nicht vorstellen. Die Einheimischen brauchen die Taiga wie die Luft zum Atmen. Das begreift man als Außenstehender erst, wenn man Dorf und Umgebung näher kennenlernt, denn das Schönste an unserer Ortschaft ist die abwechslungsreiche, unberührte Naturlandschaft der nahen und weiten Umgebung.

Srednjaja Oljokma liegt auf einer Höhe von rund 500 Metern über dem Meeresspiegel inmitten bewaldeter Hügelketten mit Mittelgebirgscharakter. Man nennt diesen Landschaftstyp Bergtaiga. Der höchste Berg im Umkreis von 30

Kilometern erhebt sich 1385 Meter über Meereshöhe. Vor allem Lärchen, Kiefern und Birken prägen das Bild. Für Fichten, Tannen und fast alle Laubbäume – mit einigen Ausnahmen wie Birken, Weiden, Erlen, Ebereschen – sind die Winter zu lang und zu kalt. Auch Obstbäume gedeihen nicht. In den Wäldern leben Elche, Hirsche, Rentiere, Moschustiere, Rehe, Hasen, Auerwild, Reb- und Schneehühner sowie Zobel, Braunbären, Wölfe, Vielfraße und Kleingetier.

Neun wildwachsende, essbare Beerenarten bereichern neben verschiedenen Pilzarten unseren Speisezettel. In den zahlreichen teils kleinen, teils sehr ausgedehnten Seen der Umgebung finden sich tellergroße Karauschen und stattliche Hechte. Barsch, Hecht, Lenok-Forelle, Arktische Äsche, Kleine Bodenrenke, Aalrutte und Sibirischer Huchen tummeln sich in den klaren, trinkbaren Wassern der Flüsse und Bäche.

Am Tungir, vor allem jedoch entlang der Oljokma und an deren Nebenflüssen wechseln sich hohe Felswände, bewaldete Berge und flache, seenreiche Gebiete ab. Große Inseln laden mit feinen Kies- oder Sandstränden zum Baden, Zelten und zum Erforschen ein. Über all dem dehnt sich der weite sibirische Himmel mit der reinen, weichen Luft der Taiga, in die sich je nach Jahreszeit die Düfte des Nadelwaldes, der blühenden Traubenkirschen und des *Bagulnik* mischen.

Ich bin noch immer bezaubert von diesem großartigen Lebensraum, kann mich nicht satt sehen an all den kleinen und großen Wundern und täglichen Veränderungen in der Natur.

Slawa ist ein leidenschaftlicher Jäger – manchmal begleite ich ihn.

Der Möbelkauf

Angenehme Nachrichten erwarten mich nach meiner Ankunft aus Deutschland, wo ich wie jeden Winter einige Monate verbracht habe: Die Zobeljagd verlief in dieser Saison sehr erfolgreich, und die Preise für die Felle waren gut. Allein in unserem Dorf zahlt der Jagdpächter am Ende der Jagdsaison rund vier Millionen Rubel an die Jäger aus – pro Jäger zum damaligen Kurs umgerechnet etwa 5.000 Euro, von denen noch die Kosten für Benzin, Ersatzteile und Geräte abgerechnet werden müssen. Das erscheint wenig für fünf Monate eisenharte Winterarbeit bei starkem Frost. Allerdings sind die Erträge je nach Arbeitseifer und Jagdterritorium sehr unterschiedlich, sodass manche Jäger kaum ein Drittel, andere mehr als das Doppelte erwirtschaftet haben.

Dementsprechend gestalten sich die Einkäufe derjenigen, die gut verdient haben. Mannshohe Kühl-Gefrier-Kombinationen sowie andere elektrische Haushaltsgeräte, Motorsägen, ein nagelneues Schneemobil und einiges mehr werden angeschafft. Auch Slawa, einer der besten Jäger des Ortes, profitiert vom Geldsegen und beschließt, Möbel zu kaufen. Auf seiner Wunschliste ganz oben stehen eine Satellitenschüssel für den Fernsehempfang, ein Flachbildfernseher, ein eigenes Satellitentelefon, ein Diwan und ein breites, schönes Ehebett. Keine unbescheidenen Wünsche, denn seit Beginn unseres Zusammenlebens besteht unsere Einrichtung aus altem, von überall her zusammengesuchten und auf sehr schlichte Art reparierten Inventar.

In Tupik existieren mehrere „Tante-Emma-Läden“. Einer davon verkauft neben Haushaltswaren und Lebensmitteln auch Möbel. Mit dickem Portemonnaie, aber bescheidenen Erwartungen an die Auswahl, betreten wir das Geschäft. Die Ladenfläche ist nicht größer als zwei Zimmer. Die bis zur Decke reichenden Regale sind vollgestopft mit Lebensmitteln und Waren des täglichen Bedarfs. Der Fußboden ist bedeckt von Kisten mit Kohl, Zwiebeln, Äpfeln und Süßigkeiten sowie mit Haushaltswaren wie großen Wassertöpfen, Eimern, Besen, Wachstuch- und Stoffballen und Vielem mehr. Nur kleine, fußbreite Gänge sind frei.

Anhand einiger magerer Broschüren kann man die Möbel aussuchen, die zwar nicht unbedingt gefallen, aber dem eigenen Geschmack in Form und Farbe am nächsten kommen. Sie werden vom Ladenbetreiber in Tschita gekauft und nach Tupik transportiert. Die Auswahl in der Broschüre ist gering und die dann tatsächlich in Tschita vorhandene noch geringer, sodass der Ladenbesitzer letztendlich die Möbel nimmt, die den ausgesuchten am ähnlichsten scheinen.

Wir vertiefen uns in das abgegriffene Heftchen mit den verblassten Farben, die allerdings ohnehin kein großes Spektrum aufweisen. Viel kann man nicht erkennen, und bis auf die Maße gibt es keine Angaben. Ich frage, ob Möbel aus reinem Holz darunter sind. Die gutwillige Verkäuferin zeigt uns welche in der Broschüre und versichert, dass diese Möbel zwar teurer sind, aber eine sehr gute Qualität aufweisen.

Die meisten Betten haben bedrohlich aussehende, ausladende, hohe Kopfteile mit üppig ausgeführten Ornamenten. Wir wählen das Bett mit dem schlichtesten Kopfteil, einem hellen Holz und einer Breite von 160 Zentimetern. Auch beim Diwan entscheiden wir uns für eine schlichte Ausführung statt der barocken Formen, die im Angebot überwiegen. In welcher Farbe dieser Diwan vorhanden sein wird, weiß die Verkäuferin nicht. Wir sollen angeben, welche Farben in Frage kommen und welche ausgeschlossen werden sollen. Slawa überlässt mir die Wahl. Ich hätte gern eine fröhliche Farbe, nenne orange, rot oder grün und schließe braun aus. Ganz trauen wir den optimistischen Beteuerungen der netten Dame nicht, es bleibt uns jedoch nichts anderes übrig, als das Beste zu hoffen. Eingedenk der schlechten Erfahrungen, die wir beim Kauf der Gästehausmöbel direkt in Tschita gemacht hatten, lassen wir vorsichtshalber keine Vorfreude aufkommen.

Wir ergänzen den Einkauf durch zwei Kommoden und einen ausziehbaren Tisch mit vier Hockern. Unser Verlangen nach einem Holztisch mit Holzstühlen kann man nicht erfüllen. Ebenso vermessen scheint der Wunsch nach einer Sitzbank mit Lehne zu sein. Was hilft es, dann muss eben die alte Autositzbank weiter ihren Dienst tun.

Aus Sibirien werden auf endlos langen Zügen Holzstämme abtransportiert, aber vor Ort können wir weder Holzmöbel kaufen noch Bretter, die wir für Reparaturarbeiten benötigen. Die große Säge für Balken und Bretter, die einst in Srednjaja Oljokma vorhanden war, wurde nach der Perestroika abtransportiert und verkauft.

Es gibt, 20 Jahre nach dem freien Fall in die Marktwirtschaft, offenbar zu wenige russische Unternehmer, die Geld in moderne Produktionsstätten investieren, um wenigstens den Inlandsbedarf mit qualitativ guten Fabrikaten abzudekken. Der Markt ist überschwemmt mit ausländischen und vielen Billigprodukten, die vor allem den Bedürfnissen der Landbevölkerung in Bezug auf Robustheit nicht gerecht werden. Der Staat steht zwar finanziell gut da, und die Lebensbedingungen der Menschen haben sich unter Putin und Medwedjew gegenüber der Jelzin-Ära wesentlich verbessert, doch dies ist in erheblichem Maße dem Export von Rohstoffen wie auch Erdöl und Erdgas und deren über Jahre enorm gestiegenen Weltmarktpreisen zu verdanken. Wie sich später, als die Rohölpreise infolge weltweit stark erhöhter Erdölfördermengen um mehr als die Hälfte absacken, erweist, führt die einseitige Abhängigkeit von Rohstoffpreisen zu großen Problemen und zum Kursverfall des Rubels.

Obwohl Russland, vor allem durch seinen Rohstoffreichtum, bessere Ausgangsbedingungen als China hatte, sind die Unterschiede in der industriellen Entwicklung gewaltig. In seinem faszinierenden Buch „Russland im Zangengriff“ schreibt der Asienkenner Peter Scholl-Latour: „Tatsache ist, dass sich der sensationelle Aufstieg Chinas zur Weltmacht fern von jenen freiheitlichen Idealvorstellungen vollzieht, an die die westliche Welt noch zu glauben vorgibt. Diejenigen, die den chinesischen Managern und Funktionären eine Bekehrung zum Kapitalismus unterstellen, haben von der profunden Natur des Reichs der Mitte wenig begriffen. In Peking hat sich erwiesen, dass der wirtschaftliche Fortschritt, die technologische Innovation und auf Dauer auch der Wohlstand der Massen in einer disziplinierten, autoritätsorientierten Staatsform offenbar besser gedeihen, als in den Schablonen einer fremdartigen, den globalen Finanzinteressen unterworfenen 'Demokratie'."

Dies ist sicher nicht die einzige Ursache für das Manko in der wirtschaftlichen Entwicklung Russlands, mit deren negativen Folgen wir allzu häufig konfrontiert werden.

Mit Skepsis betrachte ich die verpackten Möbelteile, die Slawa mehrere Wochen später aus dem Laster lädt.

„Die Verkäuferin legte mir ans Herz, beim Transport der Couch gut aufzupassen, damit sie nicht beschädigt wird. Es sei ein gutes, teures Stück, und am liebsten würde sie die Couch selbst behalten, so gut gefiele sie ihr. Die Farbe nennt sich Malina – Himbeere."

Ich ahne Übles. Als wir das gute Stück enthüllen, weiß ich, welche Farbe ich unbedingt hätte ausschließen müssen: Malina, in diesem Falle Pink. Vorsichtshalber hätte ich uns also auch vor Pink, Lila, Bonbonrosa, Giftgrün, Neongelb und weiteren fantasievollen Farbgebungen schützen müssen. Bei der kühnen Farbwahl hat es der Designer nicht belassen. Statt Rückenpolster gestaltete er zwei unbequeme, verrutschende, in der Länge zweigeteilte Kissen, deren unterer Teil in buntem Blumendruck erstrahlt. Der obere Teil besteht umsichtigerweise aus weißem und pinkfarbenen Kunstleder, damit das fettige Haupthaar unbesorgt angelehnt werden kann. Wie von einem anderen Stern gefallen, prangt die große Himbeere im Wohnzimmer. Ihre Farben stehen im krassen Widerspruch zu den braunen Holzdielen und Schränken und den goldorange gemusterten Gardinen. Und dafür haben wir umgerechnet 900 € bezahlt? Ich überlege fieberhaft, ob meine Stoffreserven ausreichen werden, um die pinkfarbene Pracht zu verhüllen.

Immerhin kann Slawa nun beim Fernsehen auf einer Couch statt einem Bett liegen. Der neue Philipps-Flachbildfernseher bietet ein ausgezeichnetes Bild, sofern das Satellitensignal stark genug ist. Nach Anbringen und Ausrichten der eigenen Satellitenschüssel können wir nun statt drei inhaltlich schlechte Programme mehr als dreißig inhaltlich schlechte Programme empfangen, davon etwa sechs reine Werbekanäle. Das stört Slawa nicht, und deshalb scheut er den Versuch, durch Neuausrichten der Satellitenschüssel andere Programme empfangen zu können. Es würde vermutlich auch keinen wesentlichen Unterschied machen.

Das neue Ehebett macht einen angenehmen Eindruck, und es hat sogar die bestellten Maße 160 x 200 Zentimeter. Aber zu früh gefreut – die Matratze ist nur 140 cm breit. Glücklicherweise haben wir noch unsere alte Schaumstoffmatratze in der richtigen Größe, die wir nutzen können, bis uns im nächsten Winter ein Umtausch gelungen ist.

Statt des bestellten Tischs mit passenden Hockern hat man ein anderes Modell geliefert. Das Design ist völlig anders und der Tisch nicht ausziehbar. Letzteres jedoch war ausschlaggebend für meine Wahl. Freudig nehmen wir zur Kenntnis, dass wenigstens die Kommoden unseren Wünschen entsprechen.

Slawa auf dem Winterweg

Alles „normalno" auf der Wintertrasse

Den Jahresbedarf an Grundnahrungs- und Futtermitteln, Benzin und vieles andere mehr bringt mein Mann gewöhnlich im Winter aus Mogotscha mit dem Lastwagen zu uns ins Dorf. In der Regel sind dafür mehrere Fahrten erforderlich.

Wir sind auf dem Rückweg ins Dorf. Unser LKW ist beladen mit Dieselöl und vielen Fässern Benzin. Allein für die Gästetransfers und die Ausflüge mit ihnen habe ich dieses Jahr 13 Fässer á 200 Liter einkalkuliert, und Slawa rechnet für die Bootsfahrten zur Jagd und zum Fischen, für den LKW und die Winterjagd mit dem Schneemobil mit einem Bedarf von mindestens 8 Fässern. Dazu kommt das Spezialbenzin für unseren Stromgenerator, der bei Ausfällen des Dorfgenerators dafür sorgen soll, dass die Vorräte in der Gefriertruhe nicht auftauen und verderben, sowie das Benzin für die Motorsäge.

Die Fahrt durch die Taiga bietet keine landschaftlichen Reize. In der verschneiten, hügeligen Umgebung wirken die kahlen Lärchen und entlaubten Birken wie graue Strichzeichnungen eines gelangweilten Künstlers. Der Anblick einer Gruppe von Schneehühnern und die Spuren von Elchen und Hirschen ist eher alltäglich. Lediglich die Fahrt auf der buckeligen Trasse lässt meinen Adrenalinspiegel wiederholt in die Höhe schnellen. Wie das Kaninchen auf die Schlange starre ich auf die sichtbar werdenden Hindernisse.

Fahrt im Konvoi auf dem Winterweg, der zugefrorenen Oljokma

Neigt sich das Auto beängstigend weit auf eine Seite, kralle ich mich am Griff fest, schließe die Augen und presse die Lippen zusammen, damit ihnen kein Schreckenslaut entschlüpft – Slawa mag keine schreienden Passagiere. Genauso verhalte ich mich, wenn er das schwer beladene Fahrzeug über eine der großen, schräg abfallenden Eisflächen balanciert. Ich möchte lieber nicht sehen, wie wir in den Abgrund rutschen. Dort angekommen, werde ich es früh genug merken.

Auf der freigeholzten Trasse durch die Taiga quillt an einigen Stellen laufend wärmeres Wasser aus dem Untergrund hervor und bildet ausgedehnte, spiegelglatte Eisflächen, die von den Fahrzeugen überwunden werden müssen. Wochen vorher hatte Slawas Bruder Grigori das Eis auf dem ebenen Stück oberhalb einer Schräge überqueren wollen, doch dort hatte sich in einer Senke das wärmere Wasser gesammelt, und die Eisschicht darüber war nicht tragfähig. Der voll beladene Kleinbus war eingebrochen und konnte mit eigenen Kräften nicht befreit werden. Drei Tage hatten Grigori und sein Begleiter ausharren müssen, bis ein Lastwagen des Weges kam und den Bus herauszog. Da keine Jagdhütte in der Nähe war, in der sie sich hätten aufhalten können, hatten sie im Freien ständig ein Feuer unterhalten müssen, an dem sie sich wärmen konnten. Die Temperaturen lagen zwischen minus vierzig (nachts) und minus dreißig (tags) Grad.

Slawa erzählt es mir, als wir die Stelle passieren, und grinst dabei wie über einen guten Gag.

„Wie schrecklich!“, rufe ich bestürzt.

„Normaaalno!“, berichtigt er mich mit dieser typischen Betonung – einem langgezogenen, im hohen Tonfall ausgesprochenen „a“ –, die ausdrückt, dass nur ein total Unwissender dieses Geschehen als verhängnisvoll ansehen kann. „Sie hatten zu essen, warme Kleidung, eine Axt, es gab Bäume und damit Feuerholz, und schließlich kam ein rettendes Fahrzeug. Wo war da ein Problem?“, ergänzt er noch.

„Aha.“

Auf Grund der Wegverhältnisse und der schweren Ladung benötigen wir für die 75 Kilometer durch die Taiga beinahe sieben Stunden, bis endlich in der Ferne die Felsformationen auftauchen, die streckenweise den Fluss säumen. Nach einer letzten steilen Abfahrt die Uferböschung hinunter, lehne ich mich erleichtert zurück. Zu früh. Slawa würzt die Weiterfahrt mit Episoden, die mir deutlich vor Augen führen, dass es zu der beabsichtigten Ankunft am gleichen Abend durchaus Alternativen gibt.

Im Dezember hatte sich ein Ural-Lastwagen aus Mogotscha mit einer Ladung Dieselöl für den Stromgenerator auf den Weg in unser Dorf begeben. An den „Weißen Felsen“, 55 Kilometer vor dem Ziel, war die Fahrt zu Ende gewesen. Dort befindet sich eine Flussbettverengung mit einer ausgedehnten Stromschnelle und einer Untiefe an derem Ende. Regelmäßig stauen sich an dieser Untiefe die beim Zufrieren des Flusses entstehenden Eisschollen über eine längere Strecke, türmen sich steil auf und versperren dem unter dem Eis abfließenden Wasser teilweise den Weg, sodass eine kleinere oder größere Menge Wasser nach oben ausweichen und über dem Eis weiterfließen muss.

Als der Laster mit dem Dieselöl an den „Weißen Felsen" ankam, war das Wasser über dem Eis so angestiegen, dass sich die Fahrer entschlossen abzuwarten, bis der Wasserdruck die Sperre zumindest teilweise gelöst haben würde. Nach drei Tagen des Wartens gaben sie auf und fuhren zurück. Später starteten sie einen neuen, dieses Mal erfolgreichen Versuch.

Es bedarf sehr guter Ortskenntnisse und einer Portion Glück, nicht in Bedrängnis zu geraten. Auf der Route ins Dorf existieren nicht wenige solcher Untiefen, an denen angestautes Wasser über das Eis fließt. Es bildet mit der Zeit eine neue Eisschicht, die anfangs nicht sehr tragfähig ist. Der Vorgang kann sich im Laufe des Winters mehrmals wiederholen. Wenn ein Fahrzeug durch die unstabilen Schichten bricht, entstehen vor und hinter ihm augenblicklich mehr oder minder hohe Eisbarrieren, die weggehackt werden müssen. Zudem finden die Reifen auf der glatten Eisfläche keinen Halt und drehen beim Starten durch. Eine Gefahr, im Wasser zu versinken, besteht jedoch nicht, denn der Eispanzer des Flusses wächst im Laufe des Winters auf eine Stärke von über anderthalb Metern an und bricht erst Anfang Mai auf.

Argwöhnisch beäuge ich die Bereiche mit den aufgeschichteten Schollen und die wasserüberschwemmten Zonen, die Slawa nach Möglichkeit meidet, indem er auf das manchmal steil geneigte, mit groben Steinen übersäte Ufer ausweicht. Weil die Reise auf den Fahrspuren im Schnee auf weiten Strecken aber flott vonstatten geht, kommen wir relativ gut voran. Im Gegensatz zur Fahrt durch die Taiga ist die Flusslandschaft abwechslungsreich, trotz der Schneedecke, die über allem liegt. Doch die eisige Umarmung des Winters macht es für mich schwierig, die Plätze wiederzuerkennen, auf denen wir im Sommer zelteten und badeten, an denen wir fischten oder ausschwärmten, um Beeren zu sammeln.

Bei einer Gruppe von Fischern hält Slawa an. Er springt aus dem Auto, raucht eine Zigarette und unterhält sich lachend mit ihnen.

„Was war denn da so lustig?", erkundige ich mich.

Mein Mann spöttelt: „Neugierig wie eine russische *Babka* bist du geworden!"

„Das ist keine Neugier, das ist Wissensdrang", berichtige ich würdevoll.

Schließlich erzählt er mir die Geschichte. Die Gruppe von Männern aus Mogotscha war losgefahren, um einige Urlaubstage beim Eisfischen an der Oljokma zu verbringen. Urlaub, die grenzenlose Freiheit der Taiga, ihre Frauen weit weg, genug Wodka an Bord – ausgelassen brausten sie im gut geheizten Jeep über den zugefrorenen Fluss ihrem Ziel entgegen. Es war inzwischen Nacht geworden. Nach einer Pinkelpause setzten die Männer die Fahrt gut gelaunt fort – bis auf einen. Den hatten sie leider vergessen. Er stand, die Zigarette im Mundwinkel, die Hand am Genital, im T-Shirt in bitterkalter Winternacht auf dem Eis der Oljokma und blickte ungläubig den davoneilenden Rücklichtern hinterher. Erst nach mehreren Kilometern bemerkten die fröhlichen Genossen die Lücke in ihren Reihen und fuhren zurück, um den inzwischen zum Eiszapfen Gewordenen einzusammeln und ihn durch großzügige Wodkagaben wiederzubeleben.

Als bei der Weiterfahrt vor dem Fahrzeug unvermittelt ein großes Loch auftauchte – zum Bremsen war es zu spät –, gelang dem Jeep der Sprung auf die andere Seite. Später hielt jeder Wagen an dieser denkwürdigen Stelle, und die Insassen bestaunten anhand der Fahrspur den rekordverdächtigen Satz.

Unbekümmert kurvten die Mogotschinskie auch durch überschwemmte Bereiche und brachen schließlich ein. Mit vereinten Kräften und einigen Tricks gelang es ihnen, das Gefährt aus dem Eisloch zu bugsieren. Über dem Hin und Her hatten sie jedoch die Orientierung verloren und schlugen danach die Richtung ein, aus der sie gekommen waren. Dass etwas nicht stimmen konnte, fiel den heiteren Zechbrüdern allerdings erst nach etwa fünfzig Kilometern an einer landschaftlich besonders prägnanten Stelle auf.

Wir aber gelangen trotz meiner Befürchtungen ohne Zwischenfälle nach Hause.

Eines Abends klopft es an die Tür. Der Dorfvorsteher bittet Slawa, mit unserem SIL 131 (auch ZIL geschrieben) einem mit Lebensmitteln schwer beladenen Ural zu Hilfe zu kommen, der dreißig Kilometer vor dem Dorf in die Eisfalle geraten ist. Einem betagten SIL 157 ist es nicht gelungen, das Fahrzeug herauszuziehen. Es fällt Slawa schwer, seinen bequemen, warmen Platz auf dem Sofa zu verlassen, auf dem er sich, ruhebedürftig nach dem Holzfällen im Wald, gerade nieder-

Nach zwölfstündiger Fahrt auf dem Winterweg kommt das Dorf in Sicht

gelassen hat. Außerdem denkt er daran, wie viel Benzin ihn die Aktion kosten wird. Doch eine Alternative gibt es nicht. Mit Hilfe der beiden LKWs gelingt die Befreiung des Havaristen schließlich. Wie der Fahrer des Ural später erzählt, war er am Abend zuvor kurz ausgestiegen, um nach der schneeverwehten Fahrspur zu suchen, auf der er einigermaßen sicher hätte weiterfahren können. Als er sich umdrehte, um zum Wagen zurückzugehen, sah er gerade noch, wie dieser einsackte. Auch nachdem er einen Teil der Eisbarriere mit der Axt zerhackt hatte, ließ sich der LKW nicht herausfahren. Die Nacht und den darauf folgenden Tag verbrachte er damit, auf ein zufällig daherkommendes Auto zu warten, das Hilfe bringen konnte. Um den Wagen startklar zu halten und um nicht zu erfrieren, ließ er den Motor immer wieder laufen. Bedingt dadurch und durch die langsame Fahrt auf Grund der schwierigen Wegverhältnisse verbrauchte er auf einer Strecke von 300 Kilometern über 300 Liter Benzin.

„Njet problem, normalno – kein Problem, es ist normal", meint der Fahrer und macht sich nach Entladen der Fracht am nächsten Tag allein auf den Rückweg, statt auf ein Begleitfahrzeug zu warten, in diesem Falle auf Slawa, der einen Tag später losfahren will, um Gäste von der Bahnstation in Mogotscha abzuholen.

Fazit: Ich muss mir eingestehen, dass ich nach wie vor ein europäisches Weichei bin und meilenweit entfernt vom Sibirjaken, für den das alles normalno ist.

„Kaaaarin!!!" In dieser Betonung liegen Welten. Welten der völligen Erschöpfung und der überstandenen Ängste. Wie ein Zombie tappt Sieglinde mir mit

Bei minus 52 °C heißt es: warm anziehen!

steifen Beinen entgegen. Unter der wuscheligen Pelzschapka schauen mich aus einem weißen Gesicht große Augen an.

„Ich kann gar nicht mehr gehen“, stöhnt sie und lässt sich auf die Bank fallen, damit Hansjörg, der in etwas besserer Verfassung ist, ihr die dicken Stiefel von den Füßen ziehen kann.

„Hoffentlich habt ihr warme Kleidung dabei. Gestern und heute Morgen haben wir, ungewöhnlich für Mitte März, noch minus 45 und 47 Grad gemessen. Und macht euch darauf gefasst – die Fahrt auf dem Winterweg ist ein echtes Abenteuer“, hatte ich in einem Brief angekündigt, den Slawa ihnen übergeben hatte, als er sie in Mogotscha vom Zug abholte, um sie nach Tupik und am Tag darauf in der Kabine unseres Lastwagens in unser Dorf zu fahren.

Nicht vorausgesehen allerdings hatte ich die Erkrankung mit Fieber über 39 Grad, die sich beide beim mehrtägigen Aufenthalt auf der Insel Olchon am Baikalsee zugezogen hatten. Nachdem sie nach Irkutsk zu meiner Freundin Natascha zurückgekehrt waren, diagnostizierte die herbeigerufene Ärztin eine Grippe, zum Glück keine Lungenentzündung, und verschrieb einige Medikamente. Die energische Natascha unterstützte die schulmedizinische Behandlung mit naturheilkundlichen Maßnahmen. Tatkräftig verstreute sie im Bett eine überreichliche Anzahl Knoblauchzehen und stopfte zur verstärkenden Wirkung eine Handvoll unter die Hemden der beiden Kranken, die zu schwach zur Gegenwehr waren. Dynamisch fegte sie durch die Wohnung, um weitere Wohltaten zu vollbringen, während die Umsorgten sich insgeheim wünschten, einfach nur in Ruhe im Bett liegen zu dürfen.

Nach kurzer Erholungsphase, aber immer noch krank, entschlossen sie sich, ihren Urlaub wie geplant bei uns fortzusetzen. Das muss Natascha als Tollheit angesehen haben, denn sie schrie: „Dort gibt es keinen Arzt! Ihr seid krank! Fliegt auf der Stelle nach Hause!“

Gemessen an der Tatsache, dass Sieglinde und Hansjörg im kranken Zustand eine dreißigstündige Zugfahrt, eine mehrstündige Autofahrt nach Tupik, eine Übernachtung unter wenig komfortablen Bedingungen und eine neunstündige Fahrt auf abenteuerlicher Piste im LKW hinter sich hatten, sind sie – relativ betrachtet – bei ihrer Ankunft in blendender Verfassung.

Slawa hatte unser Satellitentelefon mitgenommen, um bei Problemen Hilfe anfordern zu können. Trotzdem hatte ich im Wissen um die vielen Schwierigkeiten auf der Strecke mit Bangen und zunehmender Unruhe auf das Geräusch des vor dem Haus haltenden Autos gewartet und bin nun froh, dass alles glatt gegangen ist.

Besuch aus Moskau

Die Zeit zwischen meiner Rückkehr aus Deutschland und dem Eintreffen der Wintergäste hatte kaum ausgereicht, das Gästehaus vorzubereiten, die angesammelte Schmutzwäsche zu waschen und unser Haus gründlich zu säubern. Der Staub des Ofens hatte überall eine dunkle Schicht hinterlassen und alles, einschließlich der hellen Gardinen, wirkte düster und schmuddelig. Doch auch vorbereitende Gartenarbeiten waren in Angriff zu nehmen. Aussaaterde musste aufgetaut und auf dem Ofen gedämpft werden, um die Erde keimfrei zu machen und erste Gemüsearten wie Auberginen, Paprika und Tomaten auszusäen.

Auch Slawa war kaum zum Durchatmen gekommen. Er hatte mich mit dem Auto aus Mogotscha abgeholt, und schon drei Tage nach unserer Ankunft im Dorf war er wieder dorthin aufgebrochen, um einen kleinen, gebrauchten Traktor zu erwerben und den Jahresbedarf an Grund- und Futtermitteln einzukaufen. Anschließend hatte er mit dem Holzfällen begonnen. Wir benötigen im Jahr mindestens vier Lastwagen voll Brennholz, denn die beiden Häuser und *Banjas* sowie der Ofen in der Sommerküche werden ausschließlich mit Holz geheizt, das in den umgebenden Wäldern geschlagen wird.

Nun sind die ersten Feriengäste dieses Jahres wieder abgereist, doch zum Ausruhen ist auch jetzt keine Zeit. Bis zum Eintreffen der nächsten Besucher soll die dringend notwendige Renovierung unseres Hauses abgeschlossen sein. Regen, dann wieder Trockenheit bei Sommerhitze und starke Winterfröste beeinflussen Untergrund und Holzwände, sodass an mehreren Stellen der Lehmverputz erneuert werden muss. Nach und nach, mit dem Hausrat immer von einem Raum in den anderen ziehend, tünchen wir alle Zimmer ganz traditionell mit hellblau gefärbter Kalkfarbe. Fensterrahmen und Holzwände erhalten ebenfalls einen hellblauen Anstrich, während die Fußböden braun lackiert werden. Abweichend von der Tradition streiche ich die Wandsockel in der Küche und die Küchenmöbel hellbeige, nachdem ich aus weißer und etwas brauner Farbe den gewünschten Farbton gemischt habe. So mutig wie die junge Nachbarin bin ich nicht. Die Möbel, die sie letzten Sommer zum Trocknen in den Hof gestellt hatte, leuchteten in Lila und Gelb.

Anfangs hoffen wir noch, trotz des Farbgeruchs im Haus, schlafen zu können und harren bis Mitternacht in unseren Betten aus, kapitulieren dann aber vor den Ausdünstungen der Lackfarbe. Mit dem Schlafsack unterm Arm stolpern wir durch die Dunkelheit ins Gästehaus. Dort zeigt das Thermometer zwar minus 10 Grad an, aber wenigstens ist die Luft rein. Am nächsten Tag heizen wir rechtzeitig den Ofen und können die Nächte während der Renovierungsarbeiten ganz angenehm verbringen. Ich genieße vor allem die Abwesenheit des Fernsehers.

Nach dem Renovieren müssten wir mit den Gartenarbeiten beginnen, doch es regnet zwei Wochen lang, und die Erde ist zu nass zum Bearbeiten. Das Wasser kann nicht absickern, weil der Boden ab einer Tiefe von 20, 25 Zentimetern noch knochenhart gefroren ist. Als die Erde endlich abgetrocknet ist, gräbt Slawa mithilfe unseres kleinen Traktors von früh bis spät unseren Kartoffelacker und gegen Bezahlung die der Nachbarn um, während ich mich der Vorbereitung der Gemüsebeete widme.

Mit Mühe schaffen wir die in dieser Jahreszeit notwendigen Arbeiten, bevor wir nach Tupik aufbrechen, um ein ZDF-Team des Auslandstudios Moskau abzuholen, das für den Sender Phönix einen Film über unser Leben in Srednjaja Oljokma drehen will. Wir haben auf der Fahrt nach Tupik genug freien Platz im Boot, sodass wir einen jungen Mann mitnehmen können, der zur Armee eingezogen wird, eine alte Frau, die zu einer Nachuntersuchung nach Tschita ins Krankenhaus fahren will, sowie Slawas alten Onkel, der wegen seines hohen Blutdrucks und ständiger starker Kopfschmerzen in das kleine Krankenhaus in Tupik gebracht werden soll. Seit seinem Delirium, das ihn an den Rand des Todes gebracht hatte, ist er zunehmend schwächer und extrem mager geworden.

Es ist Ende Mai, und der Fluss ist seit drei Wochen eisfrei. Nur an den Ufern liegen noch tauende Eisschollen. Weil wir eine zweitägige, 320 km lange Flussfahrt auf dem Tungir gegen die Strömung vor uns haben, wollen wir pünktlich um 9 Uhr starten. Doch daraus wird nichts, weil der Sohn des Onkels alkoholbedingt die Zeit verschlafen hat. Mit Verspätung bringt er seinen Vater hastig zum Boot, ohne daran gedacht zu haben, dass dieser eine weiche Sitzunterlage benötigt.

Slawa gräbt unser Kartoffelfeld um

„Wo soll der Vater sitzen? Mit seinen mageren Knochen direkt auf dem Lattenrost? Ich nehme ihn zwar mit, aber für seine speziellen Bedürfnisse bin ich nicht auch noch zuständig. Oder glaubst du, ich sei der Kapitän des Traumschiffs?“, fährt Slawa seinen Cousin an.

Dieser holt noch schnell eine dicke Schaffelljacke, unter die Slawa zusätzlich seine Schlafmatte breitet. Die langen Holzboote haben nur zwei schmale, hölzerne Sitzbretter ohne Lehne, auf denen man dem Fahrtwind ausgesetzt ist. Deshalb sitzen die Passagiere bei langen Fahrten, angelehnt an das Gepäck, meistens auf dem Boden auf einem hölzernen Lattenrost, der vor dem Wasser schützt, das sich im Boot sammelt. Meinen Sitz hat Slawa mit einer Schaumstoffmatte und Rentierfell gepolstert.

Nach vierstündiger Fahrt machen wir eine Essenspause und wollen dem Onkel aus dem Boot helfen. Dabei stellen wir fest, dass er sich überhaupt nicht mehr bewegen und nicht sprechen kann, obwohl er bei Bewusstsein ist. Wenn wir ihn sitzend aufrichten, fällt er um. Da wir nicht wissen, ob er regelmäßig ausreichend gegessen und getrunken und ob er gefrühstückt hat, befürchte ich, dass er eventuell dehydriert und unterzuckert ist. Während Slawa ihn stützt, gebe ich ihm in kleinen Schlucken warmen Tee und einige Bissen süßes Weißbrot, dass er folgsam, aber außerordentlich langsam verzehrt. Austreten kann er nicht gehen, was besonders unangenehm für ihn ist, weil er durch eine Prostatavergrößerung ständigen Harndrang hat. Slawa sagt ihm, er solle einfach unter sich machen. Slawa bettet ihn liegend ins Boot, wobei sich herausstellt, dass man ihm trotz des

Das Boot ist das wichtigste Transportmittel zur Sommerzeit

bedeckten Himmels und des kühlenden Fahrtwindes weder einen Schlafsack noch eine Decke mitgegeben hat. Auch seine blutdrucksenkenden Tabletten fehlen. Gut zugedeckt mit Slawas Schlafsack und einer dicken Wintermütze auf dem Kopf, verbringt er die nächsten Fahrstunden, bis ich darauf bestehe, anzuhalten und sich um den Onkel zu kümmern. Die Sonne heizt inzwischen tüchtig, und ich habe mich beizeiten meiner Überkleidung entledigt, während der arme Onkel in seiner Verpackung wahrscheinlich schon einem Hitzschlag nahe ist. Die Männer ziehen ihm die warme Kleidung aus, und ich gebe ihm abermals zu trinken und zu essen. Er kann wieder etwas sprechen und sagt: „Ich hätte zu Hause bleiben sollen."

Slawa scherzt: „Kein Problem. Wir schmeißen dich ins Wasser, die Strömung trägt dich zurück ins Dorf." Der Hilflose lächelt schwach trotz seiner üblen Lage.

Gegen 21 Uhr halten wir an einer auf hoher Böschung gelegenen, geräumigen Jagdhütte. Deren gesamte Breite wird von einer hölzernen Schlafpritsche eingenommen, auf der wir alle bequem Platz finden können. Slawa und der angehende Armist schleppen den Onkel die Böschung empor und legen ihn auf die Pritsche. Ich bin froh, dass wir dieses Mal nicht nur zu zweit unterwegs sind, was normalerweise der Fall ist, wenn wir Urlauber von der Bahn abholen. Zur Not hätten wir es auch allein geschafft, denn erstaunlicherweise gelingt es immer, die ungünstigsten Umstände zu überwinden.

Ich hole schnell die Schlafunterlage aus dem Boot und breite sie auf der Pritsche aus. Die Männer mühen sich, dem Onkel die nass gepinkelte Hose auszuziehen und ihm eine frische anzuziehen. Er trinkt Tee und isst einige Bissen. Mit diesen hat er den Tag über nur ein kleines, süßes Brötchen zu sich genommen. Ich registriere es besorgt, denn zuzusetzen hat er nichts. So, wie die Männer ihn hinlegen, bleibt er liegen, nestelt jedoch die halbe Nacht unruhig mit einer Hand herum, ohne sagen zu können, was ihm fehlt. Schließlich komme ich auf die Idee, dass ihm zu warm ist. Nachdem Slawa ihm den Pullover ausgezogen hat, wird er ruhiger.

Am nächsten Morgen tragen ihn die Männer wieder ins Boot, einschließlich seiner nassen Hose, denn eine weitere findet sich nicht in seiner kleinen Reisetasche. Alle Handlungen erfolgen ohne jede Sentimentalität nach dem Motto: Da muss er durch. Das Ziel ist, ihn in Tupik im Krankenhaus abzuliefern. Ob tot oder lebendig, ist seine Sache.

Wir fahren den ganzen Tag, nur unterbrochen von einer kurzen Essenspause. Fünfzig Kilometer vor Tupik sage ich aufmunternd zu ihm: „Nur noch fünfzig Kilometer."

Erleichtert und mit schwacher Stimme schon wieder scherzend, erwidert er: „Da kann man ja zu Fuß hingehen."

Es ist Sonntag, und im Krankenhaus wird nur eine Schwester Dienst haben, vermuten wir. Deshalb versuche ich von meinem Satellitentelefon aus, das Krankenhaus oder jemand anderen in Tupik zu erreichen, damit ein Krankenwagen zum Flussufer geschickt wird und ein Arzt dienstbereit ist. Ich bekomme keine Verbindung zum Telefonnetz in Tupik. Nach unserer Ankunft erfahren wir, dass das Telefonnetz schon seit zwei Tagen lahmliegt.

Am Ufer halten sich einige Anwohner auf. Einer davon, stark angetrunken, aber hilfsbereit, hat seinen kleinen PKW dabei, in den der Onkel umgehend verfrachtet wird. Slawa fährt mit zum Krankenhaus und liefert ihn ab – lebendig.

Ich hatte es immer als ein großes Problem angesehen, einen Schwerkranken im offenen Boot den langen Weg nach Tupik zu transportieren und mich gefragt, wie das funktionieren soll. Jetzt weiß ich es. Man legt ihn hinein, kümmert sich unterwegs etwas um ihn und holt ihn in Tupik wieder heraus – ganz einfach.

Am nächsten Morgen treffen wir uns mit dem Fernsehteam des ZDF-Auslandstudios. Es besteht aus drei russischen Mitarbeitern und einer deutschen Regisseurin. Weil sie viel Gepäck dabei haben, benötigen wir für ihren Transport zwei Boote. Als ich ihre zehn großen Kisten und Koffer und das kleinere persönliche Gepäck, dazu Matratzen, Schlafsäcke, unsere eigenen Einkäufe und die Benzinkanister, umgeben von sechs Passagieren und den zwei Bootsführern, am Ufer des Tungir erblicke, kommen mir die beiden über zehn Meter langen Holzboote auf einmal recht klein vor. Doch die Bootsführer haben es im Griff, stapeln die Ladung und weisen den Passagieren ihre Plätze zu. Die Fahrt kann beginnen.

Einer der beiden russischen Kameramänner, ein junger Mann, ist auf der Halbinsel Kamtschatka aufgewachsen und hat sich auf die „Feldforschung" bei uns gut vorbereitet. Bei der ersten Essenspause öffnet er, um eine Zwiebel zu schälen, einen Messerkasten, in dem zu drei Griffen eine größere Anzahl auswechselbarer Schneiden für verschiedene Zwecke sortiert sind. Das gute Stück war, wie alle Outdoorutensilien für begüterte Stadtmenschen, mit Sicherheit teuer. Hat er während seines Aufenthalts bei uns vor, einen Bären zu töten, einen Elch zu häuten oder Fische zu schlachten? Slawa ist belustigt bei dem Gedanken, solch einen Kasten mitzuschleppen. Er trägt am Gürtel ein scharfes Universalmesser, das einer seiner Bekannten aus Stahl, der auch für Eisenbahnschienen verwendet wird, angefertigt hat. Damit zerlegt und häutet er Großwild, säubert Fische, schnitzt Holzspäne zum Feueranzünden, schneidet Blechdosen auf sowie Brot und andere Lebensmittel.

Am Abend halten wir an einer *Isbuschka* mit einer über die gesamte Breite verlaufenden Schlafpritsche, die ausreichend Platz für sieben Personen bietet. Wir sind zu acht. Der zweite Bootsführer und sein Verwandter aus Tupik bereiten sich ihr Lager in einer kleinen Nebenhütte, die als Banja genutzt wird. Der Messerkastenbesitzer baut ein Zelt auf und verschwindet mit Matratze und Schlafsack darin, während wir anderen uns zum Schlafen in die Hütte begeben.

Trotz warmer, sonniger Tage können die Nächte bis in den Juni hinein noch kalt sein. Damit hat der Bursche aus Kamtschatka nicht gerechnet. Am ganzen Körper schlotternd, sucht er gegen Mitternacht Asyl in der Hütte – Moskau hat ihn wohl verweichlicht. Die Kälte muss ihm einen nachhaltigen Schock versetzt haben, denn obwohl das Wetter während der gesamten Dauer ihres Aufenthalts sommerlich warm ist und für jeden Schläfer eine Daunendecke zur Verfügung steht, heizt er täglich den Ofen im Gästehaus, ohne Rücksicht auf seine schwitzenden Kollegen zu nehmen. Als er an einem zweitägigen Jagdausflug teilnimmt, schürt er das Feuer im eisernen Öfchen des Jagdzelts dermaßen, dass sein Schlafgenosse, ein Jäger aus dem Dorf, die Flucht ergreift und sich draußen niederlegt.

Waren die Wochen vor ihrer Ankunft für Slawa und mich schon anstrengend genug, bringen mich die Filmarbeiten an meine Leistungsgrenze. Täglich vier Mahlzeiten für sechs Personen zubereiten einschließlich Brot und Kuchen bakken, dazu der Abwasch sowie Gartenarbeiten, die jahreszeitgemäß erledigt werden müssen – schon das ist ein Volltagsjob. Zusätzlich muss ich noch Zeit für die Filmaufnahmen aufbringen und dafür Tätigkeiten ausführen, die ich normalerweise auf besucherfreie Tage verlege, wie zum Beispiel das Wäschewaschen.

Nach zehn Tagen reist das ZDF-Team nach Juktali ab, um mit der BAM nach Krasnojarsk zu fahren und von dort nach Moskau zu fliegen. Dieses Mal führt Boris das zweite Boot. Boris ist seit Jahren im Winter während der Pelztiersaison Slawas Jagdgefährte; das übrige Jahr lebt er mit seiner Familie in Ust-Njukscha, einem Dorf mit knapp 400 Einwohnern, das einige Kilometer vor Juktali an der Oljokma liegt. Auf der Fahrt lagern wir an einer kleineren Hütte, die wir dem Filmteam überlassen. Slawa und Boris schlafen in ihren dünnen Schlafsäcken im Freien am bald erlöschten Lagerfeuer, und ich ziehe mich in mein Einmannzelt

Felsen, Inseln, Wald und Seen – abwechslungsreiche Flusslandschaften

zurück. In der klaren Nacht sinkt die Temperatur unter den Gefrierpunkt und hinterlässt im Wassereimer eine Eisschicht. Als ich am Morgen aus dem Zelt krieche, fragt mich Slawa, etwas hinterhältig lächelnd, wie ich geschlafen habe. „Prima, was sonst?", gebe ich zur Antwort. Nach einem Blick ins Zeltinnere meint er: „Ach so, du hast deinen dicken Daunenschlafsack genommen! Boris und ich dachten, dass du ganz schön bibbern würdest."

Die Kollegen des Moskauer Naturburschen machen einen angeschlagenen Eindruck. Er hatte die Hütte so aufgeheizt, dass sie vor Hitze kaum schlafen konnten. Ich staune über ihre Leidensbereitschaft. Während der Weiterfahrt sitze ich neben der jungen, sympathischen Regisseurin. Wir unterhalten uns die meiste Zeit. Das Gespräch tut mir gut, ausgeglichen komme ich in Ust-Njukscha an. Boris hatte den Motor aufgedreht und ist einige Zeit vor uns dort gelandet. Er hat einen Lastwagen ans Ufer bestellt, und die Männer beginnen gerade, das Gepäck auf den Wagen zu laden.

„Was wird das jetzt?", frage ich erstaunt, denn ich bin davon ausgegangen, dass wir in Ust-Njukscha nur kurz halten, damit die Fernsehcrew Lebensmittel für die Zugreise kaufen kann, und dann im Boot weiterfahren bis zur Anlegestelle am Ufer der Njukscha, einem Nebenfluss der Oljokma, von wo aus ein Auto Gepäck und Reisende zum Bahnhof befördert.

„Wir gehen alle zu Ira und essen dort. Von da aus fahren der Laster mit dem Gepäck und ein PKW mit euch und der Crew die sieben Kilometer bis zum diesseitigen Ufer der Njukscha. Dort bringt euch die Fähre über den Fluss bis zur

Die „weißen Felsen" an der Oljokma

Anlegestelle am anderen Ufer, wo ein Auto warten wird, das euch zum Bahnhof fährt", erklärt Boris.

Abgesehen von dem unnötigen Transport des Gepäcks per Lastwagen, müsste das kleine Motorboot, das als Fähre dient, viermal hin- und herfahren und von uns bezahlt werden.

„Das ist doch furchtbar umständlich und aufwendig! Hungrig kann auch niemand sein – wir haben vor nicht einmal einer Stunde pausiert und reichlich gegessen. Ihr könnt nicht einfach irgendetwas beschließen, ohne die Beteiligten zu fragen", wende ich ein.

Ich erkläre der Regisseurin die beiden möglichen Varianten, und sie entscheidet sich für die einfachere, ohne den Umweg über das Zuhause von Boris. Dieser ist verärgert: „Ich hatte das mit Ira schon abgesprochen. Sie hat Essen vorbereitet und wartet nun auf uns!"

Schließlich einigen wir uns auf einen Kompromiss – Slawa fährt mit dem Gepäck direkt zum jenseitigen Ufer der Njukscha, während wir bei Ira essen und dann mit PKW und Fähre zu ihm stoßen.

Nach unserer Rückkehr aus Ust-Njukscha erfahren wir, dass der Onkel während der Bootsfahrt nach Tupik einen Schlaganfall erlitten hatte und sein Blutdruck extrem hoch war. Man behält ihn drei Wochen im Krankenhaus. Danach holt ihn sein Sohn nach Hause. Wieder im offenen Boot natürlich, denn es gibt keine andere Möglichkeit. Seitdem liegt er im Bett. Er spricht normal, wenn auch leise, kann sitzen und seine rechte Hand wieder gebrauchen, doch sein rechtes Bein trägt ihn nicht. Anders als bei der Erkrankung nach dem Delirium, bemüht er sich nicht darum, stehen oder laufen zu lernen.

Slawa sagt aufmunternd: „Na, du Faulpelz. Das könnte dir so passen, den ganzen Tag im Bett herumzulungern. Raus mit dir! Stell dich mal hin, ich helfe dir."

Er knickt sofort ein, jedoch mit dem gesunden Bein, und ist froh, als Slawa ihn wieder ins Bett gleiten lässt. Alle Willenskraft hat ihn verlassen. Den ganzen Tag sitzt oder liegt er im Bett, beschäftigt sich mit nichts, sondern schläft oder schaut die Wand an. Ab 17 Uhr, wenn der Dorfgenerator Strom produziert, läuft der Fernseher. Es ist ein Bild des Jammers. Wie ein schwaches, nacktes, knochiges Vögelchen hockt er in seinem Nest. Weil er an Inkontinenz leidet, trägt er weder Hose noch Unterhose und ist kaum bedeckt, damit nichts nass wird. Er bemerkt seine Blöße kaum, wahrscheinlich ist es ihm auch egal. Da ihm sonst kalt ist, muss der Ofen trotz der Sommerhitze täglich geheizt werden. Im Haus ist es übermäßig warm, die Luft riecht verbraucht und säuerlich. Es wird nie gelüftet, denn die Fenster lassen sich in diesen Häusern nicht öffnen, und auch das Öffnen der Tür muss wegen der dann in Scharen eindringenden Mücken unterbleiben.

Die Tante macht sich Mut: „Das wird wieder besser. Er muss nur immer regelmäßig seine Medikamente nehmen." Sie bittet uns, ihn oft zu besuchen und mit ihm zu reden, weil ihm langweilig sei.

Nachdem der Onkel einen Teil des diesjährigen schwülheißen Sommers im Haus verbracht hat, wird das Wetter endlich kühler, trocken und sonnig. Der Kranke hat sich etwas erholt. Seine Gesichtsfarbe ist besser geworden, und er kann, gestützt von Slawa, eine kurze Strecke gehen, wobei er ein Bein nachzieht.

„Slawa, ich glaube, es würde dem Onkel gut tun, täglich einige Zeit draußen an der frischen Luft zu verbringen und etwas anderes zu sehen als die Wände. Meinst du nicht, du könntest ihn mal nach draußen bringen und ihn dort in einen bequemen Sessel setzen?"

Der Onkel ist einverstanden, und so sitzt er am Tag nach seinem sechsundsiebzigsten Geburtstag draußen und erzählt uns ein heiteres Ereignis aus seinem Leben. Ich bemerke, dass er auf einer nicht waschbaren Schaffellunterlage sitzt und hoffe, er trägt eine Windel. Von den beiden Tüchern, die neben uns auf der Leine hängen, geht ein durchdringender Uringeruch aus, der mir beinahe Brechreiz verursacht. Sie sollen wohl nur trocknen, ohne vorher ausgewaschen worden zu sein. Ich muss mich zwingen, sitzen zu bleiben. Bevor wir uns nach einiger Zeit zurückziehen, schärfe ich der Tante ein, Bescheid zu sagen, wenn der Onkel wieder ins Haus möchte.

Slawa ist nach vier anstrengenden Jagdtagen erst am vorherigen Abend zurückkehrt, und ich habe die vergangenen Tage im Garten gearbeitet. Wir sind beide müde und legen uns etwas hin. Ich lese eine Weile und döse dann ein, bis mir einfällt, dass der hilflose alte Mann womöglich noch draußen sitzt. Unruhig geworden, stehe ich auf, um nach ihm zu sehen, doch auch Slawa hat nicht fest geschlafen.

„Wo willst du hin?", möchte er wissen.

„Ich will mal nach dem Onkel sehen. Falls er noch im Sessel sitzt, ist er sicherlich erschöpft. Es ist auch kühl geworden, Wolken sind aufgezogen."

„Die Tante ist doch da, und Wowka, seinen Sohn, habe ich vorhin auch gesehen."

„Na, ich weiß nicht", erwidere ich zweifelnd.

Slawa steht auf: „Lass nur, ich gehe."

Er kommt bald zurück und entrüstet sich: „Der Arme hockte tatsächlich ganz allein da draußen und war müde. Die Tante lag seelenruhig im Bett und pennte."

„Kein Wunder. Sie hat heute wieder einen gezwitschert, musste ihren Nachdurst stillen. Gestern, zum Geburtstag ihres Mannes, hat sie schon morgens mit Wodka angefangen. Ich sollte auch unbedingt welchen trinken, als ich zum Gratulieren drüben war, habe es aber abgelehnt. Sag mal, hattest du dem Onkel eigentlich eine Windel umgelegt, bevor du ihn angezogen hast? "

„Nein, es waren keine Windeln da. Dabei habe ich, bevor ich nach Tupik fuhr, extra nachgefragt, ob ich Pampers mitbringen soll. Nein, nicht nötig, meinten die Tante und Wowka. Keine Ahnung, was sie sich denken. Soll er jetzt ständig ohne Hosen nur im Bett liegen?

Stets die erste Handlung beim Campen: Heißes Wasser für den Tee bereiten

Sommerzeit

In diesem Jahr haben wir fast durchgehend Sommergäste, nur ein Zeitraum von drei Wochen zwischen Abreise der vorherigen und Ankunft der nächsten Feriengäste ist frei. Wir sind ganz froh darüber. Ich vor allem deswegen, weil mir einige Arbeiten unter den Nägeln brennen, und Slawa scheint erholungsbedürftig. Die häufigen Bootsfahrten nach Juktali zur Bahnstation der BAM waren anstrengend für ihn. Als er dieses Mal von dort zurückkommt, fühlt er sich angeschlagen und schläft einige Tage bis zum Mittag. Er hilft mir aber dabei, die viele angesammelte Wäsche zu waschen, indem er sie spült und das saubere wie das Schmutzwasser hin- und herträgt. Da wir keine zentrale Wasser- und Abwasserversorgung haben, können wir nur sehr einfache Waschmaschinen verwenden, die per Hand mit warmem Wasser gefüllt werden müssen. Sie heizen, spülen und schleudern nicht, sondern bewegen die Wäsche nur hin und her, wobei sich diese ineinander verdreht und während des Waschvorgangs immer wieder entwirrt werden muss.

„Lass uns einige Tage an einen schönen Platz fahren, zelten, baden und angeln", schlägt Slawa vor und ist einverstanden, dass ich den Gummikajak mitnehme.

Ich freue mich. Es ist lange her, dass wir uns einige Tage frei nahmen. Im Sonnenschein fahren wir die Oljokma aufwärts. Slawa hält an, um die Angel auszuwerfen. Er hat sich in diesem Jahr eine gute Angel mit einer Auswahl verschiedener Blinker gekauft, die er jetzt zum ersten Mal benutzt. Unsere drei Hunde springen sofort aus dem Boot und verschwinden jagdeifrig im steilen Gelände über uns. Ich klettere am felsigen Ufer entlang auf der Suche nach kleinen Entdeckungen. Zarte, helllila Bergastern haben sich in der Felswand eingenistet, aus einem Wildbach plätschert eiskaltes Wasser in den Fluss. Unversehens zieht eine schwarze Wolkenwand herauf und droht mit einem kräftigen Gewitter. Wir zerren eine Plane aus dem Boot, beschweren sie an drei Seiten mit Steinen und hocken uns darunter, während schon die ersten starken Windböen über uns herfallen. Zu spät bedenken wir, dass das geneigte Ufer unter der Felswand bei starkem Regen einem Sturzbach gleichen wird, doch wir haben Glück. Das Gewitter zieht seitlich an uns vorüber, der Regen streift uns nur.

Nach weiteren 40 Kilometern haben wir unser Ziel erreicht. Das anvisierte Ufer besteht aus einer hohen, großflächigen Kiesvorspülung mit durch die Hochwasser geformten, welligen, sandigen Bereichen, auf denen angespülte Baumstämme mit hoch aufragenden, bizarr aussehenden Wurzelstöcken liegen. Weiter oben geht das Terrain allmählich in Wald über. Zwischen den Bäumen am Waldsaum bauen wir Zelt und Mückendom auf. Über den Mückendom spannt Slawa eine große Plane, sodass wir sowohl vor Mücken als auch vor Regen geschützt sind. Im Handumdrehen hat er ein Feuer entfacht, über dem das Teewasser brodelt. Er macht alles schnell und effektiv. Davon und von dem Charme, den er entwickeln kann, sind auch unsere Gäste immer wieder beeindruckt.

Die gegenüberliegende bewaldete Felswand, blauer Himmel und weiße Wolken spiegeln sich im klaren Wasser, als wir an verschiedene Stellen zum Angeln fahren. Ich sitze einfach nur im Boot oder gehe ein Stück am Ufer entlang und erfreue mich an den Bildern. Am felsigen Abhang sind weite Flächen mit silbriggrünem Rentiermoos bedeckt, wachsen kleine, feuerrote Lilien und die schon bekannten Bergastern. Ein leichter Windhauch bewegt die zarten Nadeln der Lärchen und lässt die sattgrünen Blätter der weißstämmigen Birken rascheln.

Die neue Angel bewährt sich – einige Barsche und ein Hecht gehen an den Haken. Der Hecht ist ein metergroßer, kräftiger Bursche und gibt sich nicht so leicht geschlagen. „Schnell, gib mir das Gewehr", zischt Slawa. In der einen Hand die Angel, unter dem anderen Arm das Gewehr, beendet Slawa den Kampf mit einem Kopfschuss. Unser Abendbrot ist gesichert, große Filetstücke brutzeln in der Pfanne über dem Feuer. Die Hunde erhalten einen Eimer gekochte Gerstengrütze mit reichlich Fisch und Fischabfällen. Köpfe und Knochenteile zerbeißen sie krachend und fressen alles einschließlich der Gräten mit sichtbarem Behagen.

Am Abend treffen wir unweit unseres Zeltplatzes Kolja, einen Jäger aus unserem Dorf, mit seinen Verwandten aus Tupik. Sie wollen in der Nacht am See jagen, am nächsten Morgen jedoch wegfahren. Damit unsere Hunde bei der Jagd nicht stören, sollen wir sie bis zum Morgen anleinen, bittet Kolja.

In der Nacht entlädt sich ein Gewitter, es gießt wie aus Kannen. Tarzan und Bobik habe ich an Stämmen nahe der an Bäumen befestigten Plane angebunden, sodass sie unter ihr Deckung finden können, aber Naida liegt ungeschützt im Regen. Am liebsten würde ich hinausgehen und sie unter die Plane bringen, fürchte aber Slawas Protest. So sage ich nur: „Die arme Naida, sie tut mir leid. Hoffentlich gießt es nicht die ganze Nacht so weiter."

„Hör auf! Das macht nichts. Ein Hund hält das aus", antwortet Slawa.

Er steht sehr spät noch einmal auf, um im Mückendom etwas zu essen. In der Morgendämmerung, der Regen hat inzwischen nachgelassen, höre ich es scheppern. Slawa geht hinaus, schimpft und erklärt dann: „Ich habe Naida gestern Nacht unter die Plane gebracht. Damit sich die Leinen nicht verheddern, habe ich sie nicht bei Bobik und Tarzan angebunden, sondern den Eimer an ihre Leine gehängt. Das hat sie aber nicht davon abgehalten, mit dem Eimer im Schlepptau über die Ufersteine zu rennen. Der Eimer ist jetzt bestimmt hin."

Am dritten Tag bereiten wir uns zum Aufbruch vor. Zur Zeit unserer Abfahrt scheint die Sonne, aber bei der momentanen Wetterlage kann innerhalb kürzester Zeit ein Gewitter heraufziehen. Ich hatte Slawa am Vortag gesagt, dass ich ins Dorf zurückpaddeln möchte, wenn das Wetter gut ist, doch er hat einen anderen Plan: „Ich werde an der Mündung der Mokla auf dich warten. Dort packen wir den Kajak ein und fahren zusammen weiter im Motorboot."

„Ich möchte lieber bis zum Dorf paddeln, falls das Wetter mitmacht."

„Das schaffst du nicht, das sind beinahe 50 Kilometer."

„Bei dieser Strömung ist das kein Problem. Wenn ich langsam bin, brauche ich fünf Stunden bis zum Dorf. Wie machen wir es? Wo wirst du auf mich warten? An der Mokla? Wir können zusammen Tee trinken und etwas essen und dann weitersehen. Oder willst du gleich durchfahren ins Dorf?"

„Warum willst du das denn wissen?"

„Ich möchte schon wissen, ob ich irgendwo mit dir rechnen kann oder nicht."

Er äußert sich nicht. Aber da er zulässt, dass ich alle Lebensmittel und Getränke in sein Boot packe, gehe ich davon aus, dass er an der Mokla, also nach rund 20 Kilometern, auf mich warten wird.

Wir fahren los. Zu meiner Verwunderung begleitet mich Slawa langsam am anderen Ufer. Er fürchtet wohl um meine Sicherheit, obwohl er weiß, dass ich die Strecke schon einmal gepaddelt bin, als ich bei meinem allerersten Aufenthalt in Srednjaja Oljokma allein einen Paddelausflug etwa neunzig bis hundert Kilometer stromauf unternommen hatte. Zudem ist die Oljokma für einen erfahrenen Paddler, der das Wasser zu lesen weiß, kein schwieriger Fluss, denn sie weist lediglich einige sehr leicht zu fahrende Stromschnellen, starke Strömung und zahlreiche Untiefen auf. Erst im unteren Verlauf, hinter Ust-Njukscha und nach der Einmündung des Chani, ändert sich ihr Charakter. In den schweren Stromschnellen sind schon viele Motorboote der Einheimischen gekentert.

Slawas Begleitung im Motorboot vermittelt mir das Gefühl, zu langsam zu sein und mich beeilen zu müssen. Ich hatte mir vorgestellt, in meinem eigenen Tempo in Stille dahingleiten zu können, allein mit der Natur und meinen Gedanken. Weil lange Erklärungen auf Grund der Entfernung und des Motorengeräuschs nicht möglich sind, rufe ich ihm nur zu: „Fahr voraus, ich möchte allein fahren!"

Er versteht es als persönliche Ablehnung und ruft wütend zurück: „Dann fahr doch alleine!", dreht den Motor auf und zischt ab.

Warum ist er denn nun gleich böse, denke ich, bin aber froh, endlich wieder einmal paddeln zu können, beinahe wie früher, als ich noch allein lebte und mehr Zeit hatte. Ein starker Gegenwind kommt auf. Statt das Paddel leicht zu handhaben, brauche ich viel Kraft und komme nur langsam vorwärts. Sehr weit entfernt sehe ich ab und zu Slawas Boot. Er will sich offenbar zwischendurch überzeugen, dass ich zurechtkomme. Sobald ich in Sicht bin, dreht er ab und fährt weiter. Nach zwei Stunden bin ich überzeugt, dass ich es bei diesem Gegenwind in fünf Stunden nicht ins Dorf schaffe. Das wäre an sich kein Problem, wenn Slawa nicht auf mich warten würde und ich zumindest Zelt, Matratze und Schlafsack dabei hätte. Dann würde ich einfach in meinem Tempo weiterpaddeln und entweder spät, aber noch im Hellen, im Dorf ankommen oder ein Lager aufschlagen. So aber macht es wenig Sinn, dass Slawa immer wieder auf mich wartet. Besser, wir packen das Boot ein und fahren zusammen ins Dorf zurück. Unterwegs wollten wir sowieso noch wilden Schnittlauch sammeln und nach *Schimo-*

lost-Beeren Ausschau halten. Als ich das nächste Mal sein Boot erblicke, mache ich ihm mit dem Paddel ein Zeichen. Er hat scharfe Augen und sieht besser als ich mit Brille oder Fernglas. Deshalb vermute ich, dass er gerade in eine andere Richtung schaute, denn er wendet und fährt davon.

Nach einer weiteren halben Stunde bin ich an der Mokla. Mein Mann ist nirgends zu sehen. Weil es anfängt zu regnen, fahre ich ans Ufer und ziehe meine Regenkleidung an. Dann paddle ich weiter. Nach mehreren Kilometern erblicke ich ihn. Er angelt und wartet dieses Mal auf mich.

„Hast du mein Zeichen nicht gesehen?"

„Doch, aber du wolltest ja alleine fahren. Ich habe dich auch an der Mokla beobachtet."

Ich äußere mich dazu nicht, sondern sage: „Der Gegenwind war sehr stark. Ich bin zu langsam. Für die 20 Kilometer habe ich drei Stunden gebraucht. Besser, ich fahre mit dir im Motorboot weiter."

„Nein, du wolltest ins Dorf paddeln, also tue das auch", weist er mich ab und angelt weiter.

„Auch gut", denke ich. „Dann dauert es eben etwas länger, wahrscheinlich noch an die zweieinhalb Stunden. Der Wind hat ja nachgelassen. Trinken kann ich das Wasser aus dem Fluss und essen muss ich nicht unbedingt." Paddelnd mache ich mich auf den Weg.

Nach kurzer Zeit holt er mich ein und sagt grinsend: „Du bist müde und hungrig, stimmt's?"

Bei Slawa müssen die Fische beißen, sonst verliert er schnell die Geduld

„Ein bisschen, aber ins Dorf schaffe ich es noch, kein Problem."

„Wir essen etwas und packen dann das Boot zusammen", erwidert er zufrieden. Er hat mir gezeigt, dass „der Hausherr" bestimmt, wann ich paddle und wann ich im Motorboot fahre. Als unabhängige, selbstständige, starke Frau hat er mich kennen und lieben gelernt, doch im täglichen Leben scheint es ihm Schwierigkeiten zu bereiten.

Der Sommer ist die Jahreszeit mit der größten Niederschlagsmenge, auch wenn oft lange, heiße Trockenperioden herrschen. Das Wetter kann aber sehr wechselhaft sein, sodass ich unsere Gäste vor jedem Ausflug daran erinnere, Regenkleidung mitzunehmen. Selbst dann, wenn die Sonne von einem wolkenlosen Himmel strahlt, muss mit plötzlicher Bewölkung und Regengüssen beziehungsweise Gewittern gerechnet werden. Von daher ist es unerklärlich, warum Slawa und ich eines Tages im Boot ohne Regensachen losfahren, um etwa 12 Kilometer entfernt Sumpfheidelbeeren zu sammeln.

Kein Wölkchen steht am Himmel, es ist windstill und heiß. Aus dem mit allerlei niedrigem Gesträuch bewachsenen Waldboden erheben sich bei jedem unserer Schritte dichte Mückenwolken, als wir schwitzend der Stelle zustreben, an der früher ganze Felder von Sumpfheidelbeeren wuchsen. Doch wir halten vergebens Ausschau – nicht nur, dass es kaum Beeren gibt, selbst die Sträucher sind weitgehend verschwunden. Ich muss zugeben, dass ich darüber nicht allzu traurig bin, denn mein Drang nach Heidelbeeren hat unter der Hitze und den Mücken

Slawa hat einen Hecht gefangen

stark nachgelassen. Im Boot auf dem Fluss ist es wesentlich angenehmer. Slawa wirft die Angel aus und hat schnell darauf einen Hecht am Haken. Zum Glück, denn seine Geduld beim Angeln ist sehr kurz bemessen. Wenn innerhalb von zwei, höchstens drei Minuten nichts anbeißt, wird die Stelle gewechselt oder die Angelei eingestellt. Heute aber beißen in rascher Folge vier Hechte an – einer für uns, zwei für die Hunde und einer für die Hühner als Eiweißlieferant.

Auf der Heimfahrt bezieht sich der Himmel, und eine schwarze Wolkenwand zieht schnell näher. Slawa bringt den Motor auf Höchstgeschwindigkeit, um dem drohenden Regen davonzufahren, doch der Fluss macht allerhand Windungen und dadurch einen Strich durch unsere Rechnung. Bald prasselt der Regen wie eine Sturzflut auf uns herab. Es gibt keinen Schutz, und innerhalb von Sekunden sind wir nass wie nach einem Tauchgang. Ich tröste mich mit dem Gedanken, dass der Niederschlag das Gießen der Gemüsebeete übernehmen und unsere inzwischen fast leeren Regentonnen füllen wird. Aber auch diese Rechnung geht nicht auf. Als wir am Dorf aus dem Boot steigen, scheint dort die Sonne. Die schwarzen Wolken machen einen Bogen um das Dorf, und ich kann zusehen, wie der Regen rundherum niedergeht, nur nicht bei uns, wo er nach längerer Trokkenheit sehnsüchtig erwartet wird.

Das Wetter narrt uns noch tagelang. Immer wieder ballen sich nahe des Dorfes dunkle, bedrohlich aussehende Wolkengebilde zu Gewitterfronten zusammen und Donner beginnt zu grollen, nur um ein Viertelstündchen darauf wieder der stechenden Sonne zu weichen und die Regenfluten an anderer Stelle zu entladen. An einem Tag wiederholt sich das Spiel dreimal. In der ständigen Hoffnung auf kräftige Niederschläge zögern wir mit dem Wasserholen aus dem Fluss, bis unsere Regentonnen buchstäblich keinen Tropfen mehr hergeben. Nun können wir nicht mehr länger warten, füllen einen Großteil der Fässer mit Flusswasser und tränken die durstigen Gemüsebeete.

Wie zum Hohn entwickelt sich am darauf folgenden Tag aus einem Gewitterguss eine fünftägige Regenperiode. Die 500-Liter-Tonne, die einen Teil des vom Dach ablaufenden Regenwassers aufnimmt, ist schnell voll. Wir leeren sie mittels Schlauch mehrmals auf die Straße, damit das überlaufende Wasser nicht in unseren Keller durchsickert. Dann aber sehe ich einen schnell fließenden kleinen Bach, der aus Nachbarsgarten zu uns herüberströmt, an der Kellerseite des Hauses entlangläuft und weiter in den Kartoffelacker, wo sich am tiefer gelegenen Ende langsam ein See bildet. Als ich die Ursache untersuche, stelle ich fest, dass der Bach aus der Regenrinne der Nachbarin stammt, denn das Wasser ihrer Haushälfte wird nicht aufgefangen und der Überfluss auf die Straße entleert, sondern plätschert in starkem Strahl auf den Boden. Von dort aus läuft ein Teil in ihre Kartoffeln und ein Teil zu uns herüber. Auf die Schnelle gibt es keine Lösung, denn sie hat weder eine große Tonne, noch einen Schlauch zum Ableiten. Auch das Graben einer Rinne zur Straße hin würde aufgrund des fehlenden Neigungswinkels nichts bringen.

Nach drei Tagen ist das Erdreich so durchtränkt, dass es erfahrungsgemäß bald in unseren Keller sickern wird. Dort stehen Gläser mit Marmelade, eingewecktem Gemüse und Fleisch und liegen die Kartoffeln, die bis zur nächsten Ernte reichen müssen.

„Slawa, das Wasser wird bald in den Keller sickern. Wir müssen die Kartoffeln umlagern."

„Das hat Zeit. Wir werden ja sehen, wenn es reinläuft."

Mir lässt der Gedanke an die gefährdeten Kartoffeln keine Ruhe. In der Nacht wird Slawa sicher nicht aufstehen, um gemeinsam mit mir die Kartoffeln in Sicherheit zu bringen. Ich öffne die Kellerklappe und sehe, dass bereits etwas Wasser in den Keller eingedrungen ist.

„Das Wasser läuft schon rein!", rufe ich. „Wir müssen uns beeilen, bring Säcke her!"

Endlich bequemt er sich. In aller Eile stopfen wir die Kartoffeln in Säcke, die Slawa anschließend in die Hühnerhütte schleppt – gerade noch rechtzeitig, denn das Wasser steigt rasch und sickert unaufhörlich weiter ein. Zum ersten Mal wird unser Keller bis zum höchsten Regalbrett unter Wasser gesetzt. Abpumpen bringt nichts, denn das Wasser läuft sofort wieder nach. Es dauert längere Zeit, bis der Grundwasserspiegel abgesunken ist, aber die Feuchtigkeit im Keller hält sich noch lange. Wir können nur hoffen, dass er bis zur Kartoffelernte einigermaßen abtrocknet und wir im Herbst nicht das gleiche Dilemma erleben, wenn die vielen, gerade geernteten Kartoffeln dort lagern.

Die starken Regenfälle lassen auch den Pegel der Oljokma schnell anschwellen. Viel Wasser kommt aus der Mokla, die zwischen Bergen liegt und aus gebirgigen Zuflüssen gespeist wird. Spät in der Nacht landet ein Boot am Ufer des Dorfes. Unser Nachbar und sein zwölfjähriger Sohn mussten Hals über Kopf aus ihrer Jagdhütte an der Mokla flüchten, nachdem der reißende, kleine Fluss innerhalb weniger Stunden stark angestiegen war und drohte, die Hütte wegzuspülen.

Am Morgen möchte ich zum Flussufer gehen, schaffe es aber nicht einmal bis zu den Bootsschuppen. Die Niederung, die sich oberhalb des ansteigenden Ufers entlangzieht, ist hüfthoch mit langsam fließendem Wasser überschwemmt. Es fasziniert mich immer wieder zu sehen, wie schnell der Fluss etliche Meter ansteigt und sich um fast das Doppelte verbreitert, um sich bei Trockenheit weit zurückzuziehen und breite Kiesstrände und Inseln freizulegen. Das hohe Ufer, auf dem wir vor wenigen Tagen kampiert haben, liegt nun mit Sicherheit bis über Kopfhöhe unter Wasser. Schaden richten diese Hochwasser in unserer Gegend nicht an. Nur im letzten Jahr war der Tungir in Tupik durch Dauerregen so angeschwollen, dass Hof und Garten unseres Bekannten Sergej, der in Ufernähe wohnt, überflutet wurden. Kartoffeln und das andere angebaute Gemüse ertranken in den Fluten. Sergej und seine Frau betreiben dort eine Bäckerei. Ihr Haus und das im Garten stehende Backhaus konnten sie nur per Boot erreichen. Trotzdem buken sie jeden Tag weiter Brot für den Ort, keinen Tag ließen sie ausfallen, erzählte mir seine Frau stolz. Sie mussten das viele Holz für den großen Backofen per Boot ans Backhaus bringen und natürlich auch die Brote per Boot hinaus.

Jeden Tag verbacken sie zwei Säcke Mehl – ohne Maschinen, die den Teig mischen, sondern per Hand. Ein Brot kostet nur 30 Rubel, nach gegenwärtigem Kurs umgerechnet 75 Cent, nicht viel für die ganze Arbeit.

Das Wetter hat sich gebessert, und der Wasserstand des Flusses ist, obwohl noch immer etwa drei Meter über normal, um beinahe einen Meter gesunken. Wir fahren im Metallboot mit 40PS-Motor los, um in Juktali ein Ehepaar vom Zug abzuholen. Unser Boot ist nur gering beladen; das Benzin für die Rückfahrt lagert bei Boris in Ust-Njukscha. Unterstützt durch die starke Strömung flitzen wir mit durchschnittlich 60 km/h stromabwärts.

Unterwegs halten wir bei Anton und Slawas Cousin Igor und trinken Tee mit ihnen. Sie bauen für jemanden aus Ust-Njukscha eine Jagdhütte und fischen nebenbei im Fluss und im nahe gelegenen See. Ihre Unterkunft ist ein altes Leinwandzelt, das sie im Wald auf dem normalerweise hoch über dem Wasser gelegenen Steilufer aufgeschlagen haben. Das Nachtlager besteht aus Rentierfellen und dünnen, alten Decken. Ein kleines eisernes Öfchen sorgt des Nachts für Wärme. Sie erzählen, dass sie zwei Nächte zuvor in aller Eile das Zelt an eine etwas höhere Stelle umsetzen mussten, weil der Standplatz überflutet wurde. Um

Prächtige Karauschen – auch die Seen bieten Nahrung im Überfluss

Fische zu räuchern, haben sie aus Stämmen einen niedrigen Unterstand gebaut, dessen Dach aus zwei Zentimeter dicker Lärchenrinde besteht. An der offenen Seite befindet sich die Feuerstelle. Beim Teetrinken sitzen wir auf abgesägten Baumstämmen an einem grob gezimmerten, kleinen Tisch, der an einem Stamm befestigt und über den eine löchrige Plane gespannt ist. Der Blick fällt auf die weite, hell glitzernde Wasserfläche des angeschwollenen Flusses.

Bis Ust-Njukscha benötigen wir keine fünf Stunden. Dort können wir unser Boot dieses Mal ganz bequem am Gartenzaun einer befreundeten Familie festmachen. Vor zwei Tagen, bevor das Wasser fiel, hätten wir noch ein Stück weiter bis zwischen die Kartoffeln fahren können. Unsere rekordverdächtige, flotte Fahrt spricht sich sogar bis Tupik herum und wird von Mund zu Mund schneller. Vierzehn Tage später wird Slawa angesprochen: „Ihr seid neulich in nur zwei Stunden von Srednjaja Oljokma nach Ust-Njukscha gefahren?“ Slawa nickt bestätigend. Es ist natürlich ganz unmöglich, die lange Strecke in zwei Stunden zu schaffen, aber an Wunder wird eben gern geglaubt.

Leider müssen wir dieses Mal bereits zwei Tage vor Ankunft der Feriengäste in Ust-Njukscha sein, um am Sonnabend Butter, Wurst, Käse, etwas Obst sowie frisches Gemüse und Proviant für unterwegs besorgen zu können. Das Gemüse in unserem Garten ist noch nicht erntereif. Wir übernachten bei Ira und Boris und tauschen Neuigkeiten aus. Deren erwachsene Tochter hat mit Ehemann und den drei Kindern ein halbes Jahr zuvor ein eigenes Haus im Dorf bezogen, nachdem die insgesamt acht Personen jahrelang beengt zusammengewohnt hatten. Ich

Sweta mit Enkelsohn und Adoptivtochter

erwarte, dass Ira nach dem Auszug etwas mehr Ruhe hat und ihre Tage nicht mehr ausgelastet sind mit der Essenszubereitung für die große Familie. Doch weit gefehlt – das Restaurant Mama wird weiterhin gern in Anspruch genommen. Die junge Familie erscheint täglich zum Essen und hält sich dort auch den ganzen Sonntag auf. Ira und Boris haben es gern. Das Zusammensein mit anderen dient auch dem Zeitvertreib, allein wäre es ihnen langweilig. Zwischen den Mahlzeiten unterhalten sich die Erwachsenen bei laufendem Fernseher. Die Kinder sehen fern oder dallern herum. Der neunjährige „Große" muss auf die Kleinen aufpassen und wird gescholten, wenn sie Unsinn anstellen.

Ich gehe mit den Kindern nach draußen, und wir probieren, auf viele verschiedene Arten einen Ball zu werfen: hinterrücks über den Kopf oder durch die Beine, um die Hüfte herum, unter einem angehobenen Bein hindurch, als Faustball oder Volleyball. Nachdem wir uns damit eine Weile vergnügt haben, lehren sie mich ein Ballspiel. Der Größere bringt mir ein schriftliches Spiel bei, bei dem meine Russischkenntnisse gefragt sind. Danach mache mich etwas nützlich, indem ich im Garten jäte. Leider fängt es an zu regnen. Nachdem ich einige Briefe geschrieben habe, die ich hier zur Post geben will, besuche ich Slawas älteren Bruder Wowka und seine Lebensgefährtin, die Ewenkin Sweta. Als ich sie vor einigen Jahren kennenlernte, hat sie noch getrunken, aber inzwischen ist sie mit Hilfe einer Injektion abstinent geworden. Ihre beiden Kinder sind bereits erwachsen. Nun hat sie aus dem Kinderheim ein kleines, braves Mädchen adoptiert und betreut jetzt einige Monate lang ihren Enkel, weil ihr Sohn und die Schwiegertochter mit den Rentieren in der Taiga weilen. Der Enkelsohn ist ein tschistyj ewenk – reiner Ewenke, wie Sweta voller Stolz betont. Aus seinem kugelrunden Gesicht schauen mich zwei schwarze, geschlitzte Augen an. Er liegt in einer Art Sitzliege aus Birkenholz, die schon über mehrere Generationen benutzt wird. Sie besteht aus einigen Teilen dünnen Birkenholzes, das über heißem Wasserdampf geformt wurde. Verbunden sind die Teile mit Lederriemen. Die Liege wird am Rentier befestigt, wenn die Ewenken durch die Taiga ziehen, denn normalerweise lassen sie ihre Babys nicht im Dorf zurück. Das geschah nur auf Swetas Bitten hin, aber bald kommen die Eltern des Jungen und nehmen ihn mit sich.

Swetas kleine Tochter ist wohl der Meinung, sie habe nun auch etwas Aufmerksamkeit verdient, denn sie zerrt verschiedene Kleidungsstücke aus dem Schrank und führt sie mir beifallheischend vor. Im tiefschwarzen Haar trägt sie große rosa Schleifen. Ich frage die Fünfjährige, ob sie eine Freundin hat, wie es ihr im Kindergarten gefällt und ob sie dort auch Sport treiben. Dann führe ich ihr auf dem Teppich eine Rolle vor und erkläre, sie müsse ihren Rücken dabei krumm machen wie einen Katzenbuckel. Das müssten wir wohl noch eine Weile üben – die Ärmste knallt jedes Mal steif wie ein Brett auf ihre Kehrseite.

Sweta ist der erste Mensch mit einem Hobby, den ich hier kennenlerne. Sie fertigt im traditionellen Stil aus Fellstücken, Leder, Perlen und Litzen Wandbehänge an und näht traditionelle Kleidung, die zu ewenkischen Festen getragen wird. Ich kann mich gut mit ihr unterhalten, und was sie erzählt, interessiert mich.

Slawa ist nach Juktali gefahren und nach seiner Rückkehr den Rest des Tages im Dorf unterwegs, um verschiedene Dinge zu organisieren und sich mit Bekannten zu treffen. Erst abends kommt er zurück. Er hat den ganzen Tag nichts gegessen und schlingt hungrig das Abendbrot hinunter mit dem Ergebnis, dass er Verdauungsprobleme bekommt und in der Nacht kaum schlafen kann.

Am nächsten Morgen stehen wir um sieben Uhr auf. Wir müssen Benzin, unser Gepäck und die gesammelten Einkäufe ans Ufer transportieren und im Boot verstauen und dann etwa acht Kilometer zur Anlegestelle am Ufer der Njukscha fahren. Während Slawa dort im Boot wartet, gehe ich zum Bahnhof, um unsere Feriengäste am Zug in Empfang zu nehmen. Das junge Ehepaar ist zweckmäßig ausgerüstet mit Rucksäcken, guten Gummistiefeln und Regenkleidung, die gleich nach ihrer Ankunft eine erste Bewährungsprobe bestehen muss. Während der Fahrt regnet es ab und zu ein wenig. Bei den Hütten, die in den Ferien als Schülerunterkünfte dienen, unterbricht Slawa die Fahrt, weil Nebelschwaden dicht über dem Wasser immer wieder seine Sicht behindern. Er befürchtet, schwimmende Hindernisse, wie zum Beispiel Baumstämme, nicht rechtzeitig zu erkennen.

Die Anlage wird bewacht von zwei Paaren aus Ust-Njukscha. Sie leben außerhalb der Schulferien dort, fischen und sammeln Waldfrüchte. Ein Paar bewohnt eine der kleinen Hütten, während das ewenkische Paar sich im Zelt mit Öfchen, Rentierfellen und Decken ein einfaches Heim geschaffen hat, in dem es sich offenbar wohler fühlt. Gastfreundlich lassen sie sofort das Lagerfeuer aufleben, hängen den Teekessel darüber und führen uns im Lager herum. Zuvorkommend zeigen sie den Besuchern aus Deutschland alles, was für diese interessant sein könnte, beispielsweise ihre Unterkünfte und die dort lagernden Felle. Wir bewundern vor allem ein sehr dichtes, schneeweißes Rentierfell. Eine ins Erdreich gegrabene Höhle dient als Kühlschrank, in ihr werden eingesalzene Fische aufbewahrt. Brot wird in einem großen, aus Ufersteinen gebauten Backofen gebacken, auch von den Schülern während der Feriencamps. Anschließend brechen die beiden männlichen Bewohner auf, um am See zu fischen.

Wir dürfen eine große Hütte mit vielen Schlafpritschen und Sitzgelegenheiten an einem großen Tisch beziehen und auch die geräumige Banja benutzen. Letzteres erfreut besonders unsere Besucher, die nach der zweitägigen Zugfahrt mit der spartanischen Waschgelegenheit in der Toilette gern das Angebot annehmen, sich gründlich waschen und ihre Wäsche wechseln zu können.

Nach einiger Zeit hört der Regen auf und der Nebel verschwindet. Ich schlage vor, zum See zu gehen und die Fischer zu beobachten. Weit kommen wir nicht auf dem Trampelpfad, der durch sumpfiges Gelände führt; man bräuchte bis an die Hüften reichende Anglerstiefel. Nach längerer Zeit kehren die Fischer mit sehr großen Barschen zurück. Vier davon überreichen sie mir zum Braten und können, da sie gewöhnt sind, in und von der Natur zu leben, lange nicht verstehen, warum ich sie nicht garen will. Doch ich habe für die Fahrt lediglich schnell zubereitende „Industrienahrung" eingeplant und darum weder Pfanne, noch Öl, noch Mehl dabei, ebenso keine größeren Teller und entsprechendes Essbesteck. Letzteres würde hier niemanden stören, da die meisten Leute gemeinsam aus einer Pfanne essen und oft mit den Fingern. Niemand zerteilt den Fisch entlang der Hauptgräte fein säuberlich mit Messer und Gabel. Weil ich in Deutschland viele Jahre an der Ostseeküste gelebt und dort das Fischessen gelernt habe, befindet sich auf meinem Teller nach der Mahlzeit nur ein kleines, säuberliches Häufchen Gräten, während Slawa und andere einen Haufen ausgespuckten Grätenmatschs zurücklassen. Er möchte es gar nicht lernen, den Fisch auf eine andere als die gewohnte Weise zu essen, während ich es nicht lernen will, die „leckeren" Fischköpfe – das Beste am Fisch überhaupt, wie er sagt, – mit Augen und allen Kleinteilen auszulutschen.

Barsche werden über dem Lagerfeuer gegart

Hundekuchen

Slawa ist mit den Hunden für einige Tage zur Jagd gefahren. Es ist ungewiss, wann er zurückkommen wird. Ich nutze die Gelegenheit, um auf Vorrat *Pirogi* und Kuchen zu backen. Da es im Sommer draußen wärmer ist als im Haus, stelle ich einen großen Eimer mit süßem Hefeteig zum Gären auf den Tisch im Hof. Während ich in der Küche werke, erscheint überraschend Slawa in der Tür, braungebrannt und verschwitzt. Den Bootsmotor, der sein Eintreffen ankündigte, habe ich offenbar überhört. Auch die Ankunft der Hunde, die immer, kaum dass sich das Boot dem Ufer nähert, ins Wasser springen und zum Haus laufen, habe ich nicht bemerkt.

„Sag mal, was war in dem Eimer, der im Hof steht?“, erkundigt sich Slawa statt einer Begrüßung.

„Waaar?“, frage ich schrill. Mehr rhetorisch, denn mir ist augenblicklich klar, dass sich einer der Hunde über den unverhofften Schmaus hergemacht und ihn bis zum letzten Teigrest vertilgt haben musste. Das konnte nur unser junger Rüde Bobik gewesen sein, denn weder Tarzan noch Katja hätten gewagt, sich daran zu vergreifen. Zu sehen ist er nicht. Vorsichtshalber hat er sich nach der Tat außer Sichtweite begeben. Der Gierschlund bleibt den ganzen Tag verschwunden. Ich vermute, dass ihm der riesengroße Teigklumpen im Magen zu schaffen macht, obwohl die Mägen der hiesigen Hunde äußerst robust sind.

Unser Bobik

Selbst verdorbene Lebensmittel verdauen sie problemlos. Am Abend taucht Bobik auf. Er schleppt sich gegenüber dem Haus über die Wiese. Seine Beine knicken unter ihm weg, er taumelt und fällt immer wieder hin.

Ich schreie auf: „Slawa, komm schnell. Ich glaube, Bobik stirbt!"

Slawa eilt herbei und beobachtet ihn eine Weile. Dann lacht er – herzlos, wie ich finde – und meint: „Ach was, der ist besoffen."

Ich kann kaum glauben, dass die Hefe in seinem Magen eine solche Wirkung haben soll und gehe dem Unglückseligen hinterher, um ihn genauer anzuschauen. Er ist nicht zu verfehlen. Sein Weg ist markiert mit prachtvoll gärenden, unverdauten Hefebällchen. Ich finde ihn auf der Seite liegend, die Beine von sich gestreckt, schlafend im Schatten einer Birke.

Wenn Slawas Bemerkung der Wahrheit entspricht, kuriert er jetzt seinen Kater aus. Nach Bier verlangt er nicht, wie es bei den hiesigen Alkoholikern beim Übergang vom trunkenen in den nüchternen Zustand Brauch ist.

Der Geschmack des Lebens

„Ty nje ponimaesch wkuc schisni – du verstehst nicht den Geschmack des Lebens", sagt Slawa eines Morgens zu mir, als ich im Begriff bin, mich aus dem Bett zu erheben. Ich bin verblüfft, begreife aber augenblicklich, was er meint. Trotzdem frage ich nach.

„Du verstehst es nicht zu genießen. Sobald du die Augen aufschlägst, treibt es dich aufzustehen. Ich würde am liebsten den ganzen Tag eng beieinander liegen, deine warme Haut fühlen, dich riechen, schmecken."

Genau das ist es, was mich vom ersten Augenblick an so fasziniert hat an ihm – diese gefühlsmäßige und sinnliche Erlebnisfähigkeit, der alles andere untergeordnet ist. Und darin besteht einer unserer Unterschiede. Obwohl auch ich das Bedürfnis nach körperlicher Nähe und Wärme verspüre, bin ich morgens voller Tatendrang. Liegenbleiben zu müssen, käme für mich der Folter gleich. Zudem lässt es mein preußisches Pflichtverständnis nicht zu, lange im Bett zu bleiben, wenn Arbeit auf mich wartet. „Erst die Arbeit, dann das Vergnügen", „Morgenstunde hat Gold im Munde" – mit solchen Sprüchen bin ich aufgewachsen. Abgesehen davon stehe ich hier sowieso erst auf, wenn der Dorfgenerator Strom liefert. Aus meinem 45jährigen Arbeitsleben bin ich früheres Aufstehen gewöhnt.

Ohne auf Zustimmung zu stoßen, schlage ich vor: „Du könntest ja abends eher ins Bett kommen, statt bis eins, wenn der Generator abgeschaltet wird und ich schon schlafe, fernzusehen."

Auch ohne meine warme Haut schlummert mein lieber Gefährte meistens bis zehn und macht dann eine Gesprächsrunde durchs Dorf, bevor er bereit ist, sich den Aufgaben des Tages zu stellen. Manchmal bin ich ärgerlich deswegen, vor allem dann, wenn er darüber klagt, wie viel Arbeit seiner harrt. Zudem gibt es immer eine ganze Reihe von Tätigkeiten, die – meiner Ansicht nach – zu erledigen sind, Slawas Ansicht nach aber durchaus unterbleiben können.

Ich: „Wir müssen im Keller die Kartoffeln entkeimen."

Er: „Aber nein, das ist ganz schädlich. Sie werden schwarz dadurch."

Ich: „In meiner Kindheit hatten wir immer Einkellerungskartoffeln. Wir haben sie mindestens zweimal entkeimt und die fauligen dabei gleich ausgesondert. Schwarz sind sie nicht geworden. Im Gegenteil, wenn sie nicht entkeimt werden, werden sie welk, weil Saft und Kraft in die Keime übergehen."

Er: „Das macht hier kein Mensch, ich auch nicht."

Also sitze ich zwei Tage jeweils mehrere Stunden mit Stirnlampe und dicken Socken im Keller, entkeime und wiederhole wie ein Mantra: „Sind es auch noch so viele, ich muss nur immer weitermachen – irgendwann ist es fertig, irgendwann ist es fertig."

Der Erfolg gibt mir recht. Wir haben bis in den September hinein glatte, gute Kartoffeln, während viele andere Leute bereits Anfang August die neuen, noch

Selbst angebautes Gemüse – ein Teil der Lebensqualität

Selbst „Exoten“ gedeihen im heißen sibirischen Sommer

nicht ausgereiften Kartoffeln ausgraben müssen, weil die alten inzwischen schwarz und schrumplig sind. Schwarz werden sie durch zuviel Wärme. Kartoffeln sind eines der Hauptnahrungsmittel im Dorf und werden von jedem Haushalt angebaut und eingelagert. Trotzdem wissen die Leute nicht viel über sie, oder scheuen sie nur die zusätzliche Arbeit des Entkeimens? Es gibt ja schließlich die bequemere Lösung – wegschmeißen und die neuen essen. Da ich es nicht fertigbringe, das Nahrungsmittel verderben zu lassen, bleibt der Schwarze Peter, das Entkeimen, natürlich an mir hängen.

Nach Slawas Meinung könnte ich mir eine Menge Mühe ersparen, vor allem im Garten. Wer braucht schon Bohnen, Erbsen, Salat, Spinat, Mangold, Auberginen, Zucchini, Paprika, Kürbis? Etwas einschränken könnte ich den Anbau schon. Allerdings würden zwei, drei Beete weniger nur einen geringen Zeitgewinn darstellen. Wenn ich wirklich Zeit sparen wollte, müsste ich es bei den Gemüsearten belassen, die für die hier üblichen Gerichte notwendig sind: Weißkohl, Rote Bete, Möhren, Zwiebeln, Knoblauch, Dill, Tomaten und Gurken. Aber will ich wirklich das ganze Jahr auf meine geliebten Gemüsespeisen verzichten? Sie stellen auch einen Teil Lebensqualität dar, einen Geschmack des Lebens, jedenfalls für mich. Ohne Mühen sind sie nicht zu haben, wie eigentlich alles im Dorf. Will man essen, es warm haben, das Haus und die benötigten Dinge instandhalten, muss man den größten Teil des Tages die Hände regen, selbst dann, wenn man alles mehr schlecht als recht macht. Arbeitsfreie Wochenenden gibt es nicht. Geld allein nützt nicht viel, denn kaufen kann man Essen und Dienstleistungen nur in kaum nennenswertem Maße. Dieses Leben ist bitter, wenn Arbeit als Last empfunden wird. Ich habe jedoch immer gern gearbeitet und mich über gute Ergebnisse gefreut.

Die Ewenken lebten Jahrhunderte mit ihren Rentieren nomadisch in und von der Taiga, und so mag es genetisch bedingt sein, dass der Meinige während der Jagd und des Fischfangs außerordentlich emsig und umsichtig ist, viele häusliche Arbeiten dagegen als etwas Unangenehmes und möglichst zu Vermeidendes ansieht. Er stöhnt, wenn er daheim oder gar im Garten tätig sein muss, sieht es nicht gern und bedauert mich, wenn ich arbeite. Das vergällt mir manchmal die Tätigkeit und nimmt mir die Freude daran. Ich wäre zufrieden, könnten wir gemeinsam Gefallen an der Arbeit und am Geschaffenen finden.

Über seine Bemerkung „Du verstehst nicht den Geschmack des Lebens" mache ich mir ernsthaft Gedanken. Ist das wahr? Verstehe ich es nicht, genussvoll zu leben?

Auch in Deutschland verbrachte und verbringe ich die Tage aktiv. Im letzten Jahr meiner Berufstätigkeit stand ich in der Regel um sechs Uhr auf, joggte mehrmals in der Woche eine dreiviertel Stunde, nach dem Duschen lernte ich beim Morgenkaffee eine halbe Stunde Russisch und begab mich dann zu meiner interessanten Arbeit. Anschließend ging ich beinahe täglich zum Krafttraining ins Fitnessstudio. Danach erledigte ich persönliche Dinge, meditierte, las, nutzte das Internet oder traf mich an anderen Abenden mit Verwandten und Freunden. Das alles tat ich gern und mit Vergnügen. Nachdem meine Kinder erwachsen waren, reiste ich im Urlaub entweder in die Alpen und unternahm dort täglich sechs- bis achtstündige Bergwanderungen, oder ich flog mit Freunden in andere Länder, um lange Paddeltouren in menschenarmen Gebieten zu unternehmen. Einmal legten wir dabei in drei Wochen 850 Flusskilometer zurück. Anstrengung ohne Überforderung steigert auch jetzt noch mein Wohlbefinden.

In unserer abgeschiedenen Lage sind die Möglichkeiten zur Befriedigung geistiger Bedürfnisse naturgemäß eingeschränkt. Kultur, Wissenserweiterung, Internet, Reisen, bereichernde Gespräche im Freundeskreis – all das gibt es nicht. Auf Grund dessen sind die um vielfältige Themen kreisenden Gespräche mit unseren Feriengästen von besonderem Wert für mich. Darüber hinaus liebe ich es, etwas Sinnvolles zu tun, das heißt, nützliche Dinge herzustellen, zu filmen, zu schreiben, zu lesen, zu meditieren oder mit Hilfe der Hanteln meinen Körper fit zu halten. Die Zeit dafür finde ich nicht immer und wenn, dann nur, wenn ich den Tag sehr gut nutze und organisiere. Ich genieße dieses ausgefüllte Dasein durchaus. Wahrscheinlich haben wir lediglich unterschiedliche Vorstellungen vom genussvollen Leben.

Soweit ich es beobachten konnte, wird im Dorf unter „Erholung“ im besten Falle ein Ausflug in die Taiga verstanden, meistens jedoch schlafen, fernsehen, Alkohol trinken und miteinander herumsitzen bei oberflächlichem Geplapper.

Seit Slawa und ich zusammenleben, trinkt er konsequent keinen Alkohol mehr. Leider ist es ihm bisher nicht gelungen, seine Absicht, Sport zu treiben, zu verwirklichen – der vor anderthalb Jahren gekaufte Volleyball und das Netz liegen ungenutzt im Speicher, ebenso der Sandsack und die Boxhandschuhe. Nach den körperlich anstrengenden Tätigkeiten des Tages zieht er verständlicherweise die passive Erholung beim Fernsehen vor. In der geistigen Wüste des russischen Landlebens aufgewachsen, fehlen Kenntnisse und Möglichkeiten, sich anderweitig zu beschäftigen. Ich würde gern wenigstens ab und zu mit ihm einen Spaziergang machen oder Gespräche führen über unsere Gedanken, unser Leben, unsere Probleme. Spaziergänge sind ihm zu langweilig, und zu nachdenklichen, tieferen Gesprächen kommt es selten, vielleicht, weil der Fernseher jeden Ansatz zunichte macht.

Aus den kleinen, an das Notebook angeschlossenen Lautsprechern jubelt Pavarottis göttliche Stimme durch unsere bescheidenen Räume. Die Klänge machen mich glücklich und erheben mein Inneres.

Slawa erhebt sich aus dem Bett und macht Scherze, die ich keineswegs lustig finde. Bei dieser Musik bin ich nicht in der Lage, wie sonst gutwillig auf sie zu reagieren.

Enttäuscht schaue ich ihn an. „Spürst du nicht irgendetwas in dir, wenn du diese Musik hörst?“

„Ich höre Musik, was sonst? So singt der Baskow auch“, antwortet er und spielt den Hofnarren in der Absicht, Verbindung zu mir aufzunehmen, eine Brükke zu schlagen, mir ein Lächeln zu entlocken. Er tut etwas, was mich von ihm entfernt, und wie immer schmerzt es mich, den Gegensatz zwischen uns zu spüren. Ich empfinde keinen Gegensatz zwischen dieser Musik und der mich umgebenden, ursprünglichen Natur. Gegensätze sind Geplapper und Gespräche, Zerstreuung und Stille, Leere und Inhalt, Feuerwerk und Sternenhimmel, Außen und Innen.

Baskow ist ein ausgebildeter Opernsänger, der sich der leichten Unterhaltung des Fernsehens verschrieben hat. Vermutlich, weil dort mehr Geld zu machen ist. Gegen die „Konzert“ genannten Schlagersendungen im Fernsehen habe ich inzwischen eine Abneigung entwickelt. Der qualitative Unterschied zwischen der berührenden, mitreißenden russischen Volksmusik und der belanglosen russischen Popmusik ist gewaltig. Trotzdem dient jede Musik letztendlich der Unterhaltung, und es ist nur eine Persönlichkeits- und Geschmacksfrage, welcher Richtung man den Vorzug gibt. Die meisten Russen lieben ihre Popmusik. Texte und Melodien der Schlager berühren Slawa offenbar so, wie mich manche klassischen Musikstücke berühren. Eines ist nicht schlechter als das andere, und der unterschiedliche Musikgeschmack ist nicht das Problem. Aber es wäre schön, wenn es mehr Dinge gäbe, an denen wir gemeinsam Geschmack fänden.

Natur genießen – das ist Geschmack des Lebens

Eine Form des Zeitvertreibs – Gespräche mit Dorfbewohnern vor unserem Haus

Das Rätsel der russischen Seele

Der Begriff Seele bezieht sich ausschließlich auf das Gefühlsleben und lässt den Verstand außen vor. Das muss man wissen, um sich der Seele, speziell der russischen, nähern zu können.

Die russischen Seele – wie ist sie? Welche Eigenschaften hat sie? Es ist schwierig, hinter das Geheimnis zu kommen. Vielleicht aber ist gerade das nicht Fassbare, nicht Eindeutige die Erklärung, denn die russische Seele ist höchst zwiespältig und geprägt von Gegensätzen. Sie neigt zum Gefühlsüberschwang im Guten wie im Bösen. In einer einzigen Seele schlummern einträchtig vereint Güte bis zur Rührseligkeit neben gedankenloser Härte, außergewöhnliche Großzügigkeit neben krassem Eigennutz, Frohsinn bis zu Übermut und Leichtsinn neben Schwermut und Fatalismus. Je nach Situation gewinnt das eine oder andere die Oberhand – multipliziert mit der zu sich genommenen Menge Wodka.

Bei Festen kann man das ganze Spektrum wie im Zeitraffer beobachten. Anfangs sind die Seelen aufgekratzt und fröhlich, was durch gutes Essen und reichlich Wodka gefördert wird. Es wird gesungen. Bald schon beteuert man anderen gefühlvoll seine Zuneigung, man umarmt und küsst sich. Jeder ist jedermanns bester Freund. Ist der Höhepunkt erreicht, kann es logischerweise nur noch abwärts gehen. Die Stimmung schlägt um in Schwermut und Traurigkeit. Man besinnt sich seines beklagenswerten Schicksals, es wird geweint. Aber halt, daran trägt doch bestimmt jemand die Schuld. Man selbst scheidet selbstverständlich aus. Wenn das also mal nicht der scheinheilige Kerl neben einem ist! Da war doch mal was? Bester Freund, dass ich nicht lache. Da, wumm, wie schmeckt dir das? Siehst du, jetzt vergeht dir das heuchlerische Grinsen! Au, das Luder schlägt zurück. Wusste ich es doch – der ist kein Freund! Aber wer wird so pingelig sein und dergleichen lange übelnehmen. Am nächsten Tag ist alles wie vordem. Die Seelen haben sich in Ruheposition eingependelt bis zum nächsten Ausschlag.

Im Alltagsleben zeigt sich die Seele sehr beeinflussbar durch ein Möbelstück und die Stellung zu ihm. Befindet sie sich vor dem Schreibtisch oder dem Amtstresen, ist sie demütig und gefügig wie Christus vor dem Herrn. Thront sie jedoch dahinter, ist sie gleichgültig, unnahbar und machtbewusst, es sei denn, man hat es rechtzeitig verstanden, in ihr durch Geschenke oder gemeinsame Bekannte wohlwollende Gefühle zu erwecken. Dieselbe harte Seele wird einem beim privaten Kennenlernen freundlich, hilfsbereit und aufgeschlossen entgegenkommen. Sie wird auftischen, was Küche und Keller hergeben, ohne daran zu denken, was das kostet und ob die Familie morgen noch etwas zu essen hat.

Es ist kaum verwunderlich, dass die Gegensätzlichkeiten der russischen Seele den Außenstehenden verwirren und in ihm ebenso gegensätzliche Gefühle hervorrufen, eine Art Hass-Liebe, bei der je nach Situation Abneigung oder Zuneigung die Oberhand gewinnt.

Aber vielleicht sehe ich alles durch eine verzerrte Brille. Was schreiben Andere, Tiefsinnigere darüber? Das Nächstliegende ist, im Internet zu recherchieren. Sofort füllt sich die Bildschirmseite.

Russische Seele – Kostenlose Lieferung ab 20 € - Amazon.de und
Russlands Seele – Bis zu 50 % Rabatt – ssv.de springt mir ins Auge.

Um Himmels willen – verkaufen sie jetzt schon ihre Seele? Und dann auch noch zu Schleuderpreisen? Nun, dem Putin ist alles zuzutrauen, glaubt man westlichen Medien und Politikern.

Beim Weiterblättern weist mich **jede** Seite auf die ***Öffnung des dritten Auges – Erweckung der Kundalini-Kraft*** hin. Das bedeutet wohl, dass ich mit dem dritten Auge klarer sehen und die russische Seele auch ohne Hilfe Anderer bestens erklären könnte. Ich sehe mir die Website an, aber die zahlreichen, dort empfohlenen Seminare zeigen mir, dass es viel Zeit und Geld kosten würde, bis sich das dritte Auge auch nur einen Spalt öffnete.

Schließlich finde ich doch noch einige seriöse Quellen.

Der von 1874 bis 1948 lebende russische Philosoph Nikolaj Berdjaew schrieb unter anderem: *„Es gibt eine Entsprechung zwischen der Unfassbarkeit, Grenzenlosigkeit, Unendlichkeit der russischen Erde und der russischen Seele, zwischen der physischen und psychischen Geographie. In der Seele des russischen Volkes ist eine ebensolche Unfassbarkeit, Grenzenlosigkeit, ein Streben nach Unendlichkeit wie auch in der russischen Weite. Deshalb wurde es dem russischen Volk schwer, diese riesigen Räume zu beherrschen und sie zu formen. Das russische Volk hatte eine gewaltige Kraft des Elementaren und eine verhältnismäßige Schwäche der Form. Es war nicht vorzugsweise ein Volk der Kultur, wie die Völker Westeuropas, es war eher ein Volk der Offenbarung und Begeisterung, es kannte kein Maß und fiel leicht in Extreme.“* Und: *„Man kann gegensätzliche Eigenschaften im russischen Volk entdecken – Despotismus* [Gewalt- und Willkürherrschaft], *Hypertrophierung* [Übersteigerung] *des Staates und Anarchismus* [Herrschaftslosigkeit], *Freiheit. Grausamkeit, den Hang zur Gewalt und Güte, Menschlichkeit, Milde. Ritengläubigkeit und Wahrheitssuche. Individualismus, ein geschärftes Bewusstsein für die Persönlichkeit. Unpersönlichen Kollektivismus, Nationalismus, Eigenlob und Universalismus* [Betonung des übergeordneten Ganzen].“

Soziologische Umfragen zeigen das eigene Bild der Russen über ihre typischen Charakterzüge: *„Der Russe sei vorwiegend offen, einfach, duldsam, friedliebend, hilfsbereit und weniger fleißig, verlässlich, freiheitsliebend, unabhängig.“*

Auch Nobelpreisträger Alexander Solschenyzin beschreibt in seinem Aufruf, zu den Wurzeln des russischen Volkes zurückzugehen, vorwiegend die positiven Seiten des russischen Charakters: *„Einfachheit, Naivität, Offenheit, Gradlinigkeit, natürliche Ungezwungenheit, Verträglichkeit, gläubige Annahme des Schicksals, langmütige Geduld, Ausdauer, Verzicht auf äußeren Erfolg, die Bereitschaft, Schuld bei sich selbst zu suchen und Reue zu empfinden, Beschei-*

denheit bei großen Taten, Fähigkeit zum Mitleid, Hilfsbereitschaft, Brüderlichkeitsgefühl und Großmut.“

Ich kann es bestätigen, denn genau solche positiven Eigenschaften sind es, die Russland und die Russen so liebenswert machen und die den Fremden letztendlich immer wieder mit den auftretenden Widrigkeiten versöhnen, deren Ursachen zum Teil in den weniger positiven Charakterzügen liegen. In seinem „Charakter des russischen Volkes“ schreibt der russische Philosoph Nikolaj Losski (1870-1965) unter anderem Folgendes: *„Neben den positiven stehen auch negative Charakterzüge wie Passivität und Müßiggang, Träumerei, originelle Pläne ohne Drang nach ihrer Verwirklichung sowie Gleichgültigkeit gegenüber einer begonnenen Arbeit und die Abneigung, diese bis zum Ende zu führen, wenn das keine Pflicht ist.“*

In der Broschüre „Russland verstehen – der Schlüssel zum russischen Wesen“ hat Alexander Litschev gesammelt, was russische Philosophen, Literaten und Soziologen über das russische Wesen geäußert haben. Er zitiert ebenfalls Nikolaj Berdjaew, unter anderem mit dem Satz: *„Man muss bedenken, dass die Natur des russischen Menschen voller Polaritäten ist.“* [Eine Polarität besteht aus einem Gegensatzpaar wie hell-dunkel, Liebe-Hass, Frohsinn-Schwermut.]

Mit meinen eigenen Beobachtungen decken sich auch folgende Aussagen.

Litschev bezieht sich auf verschiedene soziologische Umfragen, aus denen eine eindeutig positive Wahrnehmung des Begriffs „Kollektiv“ bei den heutigen Russen hervorgehe. Sie verstünden unter „Kollektivismus“ vor allem Freundschaft und gegenseitige Hilfe, nicht aber in der Gesellschaft als ganzer, sondern in der eigenen Familie, dem Freundes- und Bekanntenkreis. Die Vorstellung, allein, außerhalb eines „Kollektivs“ zu leben, mache den Russen Angst und sei für sie unerträglich. Die Soziologen schlussfolgerten aus Umfragen, dass der Kollektivismus keine Erfindung der Sowjetzeit, sondern ein ursprünglicher, russischer Charakterzug sei.

Des Weiteren konstatierten die Soziologen das Vorhandensein einer „staatlich-paternalistischen [staatlich-bevormundenden] Orientierung“ des Russen. Er könne sich seine Existenz außerhalb der allumfassenden Staatsstruktur als einer Art Super-Institution nicht vorstellen. Das Voraussetzen des russischen Staates als Grundform der nationalen Identität sei eine Einstellung, die heute immer noch lebendig sei. Es gehe um eine ursprüngliche traditionelle Form der nationalen Identifizierung mit dem mächtigen russischen Staat und dem riesigen Land. Man empfinde die Krise der heutigen russischen Staatlichkeit als verhängnisvolle und tiefe Verletzung und Erniedrigung des Nationalgefühls. Heimatgefühl sei für die Russen das Teuerste, die Heimat erscheine als etwas Heiliges. Der neue Text der russischen Nationalhymne aus dem Jahr 2000 bestätigt es. Er beginnt mit *„Russland, unsere heilige Macht....“*.

Wörtlich schreibt Litschev:

„Ein weiteres Merkmal des russischen Charakters als Folge des staatlichen

Paternalismus [vormundschaftliche Beziehung zwischen Staat und Bürgern] *sehen die Soziologen in der Bereitschaft zum Erfolgsverzicht bei der Mehrheit der Bevölkerung, d. h. Passivität statt einer Steigerung der Aktivitäten, kein Streben nach persönlichem Aufstieg, und zugleich die Existenz von Argwohn und Missgunst gegenüber der Initiative anderer. Das sei eine traditionelle Einstellung, die sich auch in den Volksmärchen widerspiegelt. So ist z. B. das Lieblingsmärchen der Russen „Auf des Hechtes Geheiß", in dem der Volksheld alles, was er will, bekommt, und zwar, ohne sich Mühe geben zu müssen. Auf dem berühmten russischen Ofen liegend und mit Hilfe des Zauberworts „Auf des Hechtes Geheiß" erreicht der Held die Erfüllung aller seiner Träume."*

Doch bei aller Mühe, die sich Philosophen, Literaten und Soziologen geben – letztendlich behält der russische Schriftsteller Fjodor Iwanowitsch Tjuttschew recht. Er schreibt in einem Gedicht: „Der Verstand wird Russland nie verstehen, kein Maßstab sein Geheimnis rauben."

Das russische Wesen, die russische Seele wirklich verstehen – darüber sind sich die Russen einig – kann kein Nichtrusse. Mit diesem Unvermögen müssen wir uns wohl abfinden. Wenn ich wieder einmal an unbegreiflichen Verhaltensweisen scheitere, bleibt mir nur zu sagen: Tja, so ist es eben, das russische Wesen. Oder wie die Russen selbst es ausdrücken – zu gleichen Teilen resigniert, amüsiert, liebevoll: „Eta Rossija - das ist Russland."

Blick über den Fluss auf die Weite Russlands

Wir wählen den Gouverneur

Die Wahl des Gouverneurs für den Sabajkalskij Kraj steht bevor. Informationen über die Kandidaten konnte man dem Regionalprogramm aus Tschita entnehmen, das der Fernsehsender Rossia 1 zur Nachrichtenzeit ausstrahlt. Wir können dieses Programm nicht mehr empfangen, seitdem wir eine eigene Satellitenschüssel haben, die nicht optimal ausgerichtet ist, und sind somit völlig ahnungslos. Ob sich die anderen Einwohner im Vorfeld für die Wahlmöglichkeiten interessiert haben, weiß ich nicht. Sie sagen ‚einer sei wie der andere' und erwarten keine großen Änderungen, denn die entscheidenden Vorgaben kommen aus Moskau.

Aus Tupik bringt jemand Prospekte mit, die einer der Kandidaten drucken ließ. Der Prospekt ist schön bunt mit zahlreichen Fotos geschmückt. Vergebens sucht man darin Angaben darüber, was er in seinem Amt bewegen will, falls er gewählt wird. Stattdessen werden auf zwei Seiten Eltern und Großeltern vorgestellt, vier Seiten berichten über Kindheit, Jugend und Ausbildung, zwei Seiten über seine jetzige Familie und ihre Urlaube, vier Seiten über seine bisherigen beruflichen Tätigkeiten. Politisch scheint er ein unbeschriebenes Blatt zu sein. Welcher Partei er angehört, bleibt verborgen und ist später nur auf dem Wahlzettel zu lesen, auf dem drei weitere Bewerber aufgeführt sind.

Zwei Tage vor dem Wahlsonntag knattert aus dem blauen Himmel ein Hubschrauber ins Dorf. Er bringt die Wahlunterlagen, zwei Wahlverantwortliche und einen Milizionär. Die Schulkinder und ihre Eltern rasen mit Gepäck zum Landeplatz. Die dreimonatigen Sommerferien sind zu Ende und die größeren Kinder müssen zurück ins Internat nach Tupik. Unser Dorfvorsteher hatte angekündigt, dass der Pilot sie auf dem Rückflug nach Tupik mitnehmen würde. Er verlange pro Kind einen halben Eimer Preiselbeeren. Einige Eltern finden es frech, dass der Pilot eine zusätzliche Bezahlung verlangt, während andere sagen: „Nu ladno – nun gut." Aber ob mit oder ohne Preiselbeeren – der Pilot nimmt niemanden an Bord. Der Hubschrauber hebt leer ab, angeblich auf Geheiß des Wahlleiters in Tupik. Nun sagt keiner mehr „nu ladno." Die Eltern sind aufgebracht, und das halbe Dorf solidarisiert sich mit ihnen. Sie wollen die Wahl boykottieren. Obwohl mehrere von ihnen einknicken und dann doch zur Wahl gehen – wer weiß, man könnte ja Schwierigkeiten bekommen – bleiben viele fern. Das ist sehr ungewöhnlich, denn normalerweise liegt die Wahlbeteiligung bei fast hundert Prozent.

Der neue Rayonchef, ein entfernter Verwandter Slawas, ruft ihn auf dem Satellitentelefon an und bekniet ihn, die Leute zu bewegen, doch noch zur Wahl zu gehen. Die geringe Wahlbeteiligung fiele letztlich auf ihn zurück, und er bekäme deswegen mit Sicherheit einen Anpfiff aus Tschita. Dem Wahlleiter hätte er schon den Marsch geblasen. Die Bitte eines Verwandten will Slawa nicht zurückweisen. Er macht sich auf den Weg und treibt einen Teil der Herde zur Wahlurne, bevor das Wahllokal um zwanzig Uhr schließt. Die Sache hat noch ein russlandtypisches Nachspiel: Der Pächter des Jagdterritoriums war beauftragt, in den Dörfern

Informationsversammlungen zur Wahl durchzuführen, ist dem aber nicht nachgekommen. Trotzdem rächt er sich nun an denjenigen, die der Wahl ferngeblieben sind, indem er ihnen vor der Winterjagd nicht die staatlichen Gewehre übergibt, die das Jahr über in seinem Gewahrsam sind.

Die Wahl: Wodka – kein Wodka

In der Nacht nach der Gouverneurswahl stirbt eine vierundachtzigjährige Frau, eine Ewenkin. Sie war schon lange bettlägerig und wurde von ihren beiden Söhnen mehr schlecht als recht versorgt. Die Söhne, Mitte 40, unverheiratet und ohne eigenes Einkommen, lebten bei ihr und von ihrer Rente. Manchmal besuchten sie den Laden und kauften Wodka oder eine Kiste Bier „für die Mutter", häufig auf Pump im Vorgriff auf die Rente. Für die Totenfeier werden 20 Flaschen Wodka besorgt, was in Srednjaja Oljokma allerdings „normalno" ist. Dies legt den Verdacht nahe, dass die heimischen Trinker besonders eifrige Trauernde sind. Eine weitere angenehme Nebenerscheinung von Todesfällen ist, dass es wegen der Totenwache zwei Nächte hindurch Strom gibt. Einige Leute nutzen dieses seltene Vergnügen für Nachtwachen am Fernseher.

Ich frage mich, wovon die Söhne der Verstorbenen künftig leben werden. Manchmal helfen sie jemandem bei der Arbeit, doch die Bezahlung ist gering. Wenn Geld da ist, rinnt es schnell durch ihre Finger, besser gesagt Kehlen. Der ältere der Brüder, Anton, baute kürzlich zusammen mit Igor, Slawas Cousin, flussabwärts an der Oljokma zwei schlichte Jagdhütten für einen Auftraggeber aus Ust-Njukscha, der sie gut bezahlte. Werkzeug, Benzin und Lebensmittel wurden ihnen zur Verfügung gestellt, und nach Fertigstellung erhielt jeder fünfzehntausend Rubel. Bereits wenige Tage nach der Auszahlung suchte Anton einen allein lebenden Rentner auf, von dem bekannt ist, dass er Geld hortet wie ein Eichhörnchen Nüsse, und wollte von ihm unter Androhung von Gewalt Geld erpressen. Es war bereits sein zweiter Versuch. Beim ersten Besuch begleitete ihn der junge Wowa. Beide waren betrunken, aber noch nicht völlig hinüber – ein unbefriedigender Zustand, dem durch den Kauf von noch mehr Wodka abgeholfen werden sollte. Als der Rentner kein Geld herausrückte, warfen sie benzingetränkte Lappen in sein Haus und zündeten sie an. Einiges verbrannte, bevor der Angegriffene das Feuer löschen konnte. Der Milizionär, der hergekommen war, um die Wahl abzusichern, nahm bei der Gelegenheit die Anzeige des Rentners auf.

Weder Anton noch Wowa sind unbeschriebene Blätter. Vor wenigen Jahren schlug Anton Igor im Suff eine Axt an den Schädel und saß dafür einige Zeit im Gefängnis. Igor hatte tiefe Wunden am Kopf und über dem Schlüsselbein, doch dergleichen nimmt man hier nicht lange übel – das kann schon einmal vorkommen. Wowa ist unter Alkoholeinfluss ebenfalls sehr aggressiv. Er verletzte seinen Bruder mit Messerstichen schwer und schlug seiner Mutter und der Schwester einige Zähne aus. Er zerschmetterte Gegenstände – schon der dritte Fernseher ging in Trümmer – und verursachte mehrmals Brandschäden in seinem Haus. Es steht neben unserem Haus, und wir befürchten, dass er eines Tages einen größeren Brand entfacht. Deshalb kontrolliert Slawa ihn oft, wenn er getrunken hat. Neulich lag er schlafend im Bett, während eine Zigarette im Bettzeug glomm.

Der Alkoholmissbrauch führte auch schon zu Halluzinationen. Er trommelte eines Nachts an unsere Außentür und berichtete Slawa aufgeregt, überall im Dorf trieben sich Leute mit Gewehren herum und wollten ihn erschießen.

Slawa hatte Wowa schon einmal, zusammen mit Igor, mitgenommen nach Tschita. Er hatte Fahrt, Aufenthalt und Behandlung der Alkoholsucht in einer speziellen Einrichtung organisiert und das Geld für alle Kosten vorgeschossen. Während Igor immerhin ein Dreivierteljahr abstinent blieb, wurde Wowa schnell wieder rückfällig.

Nüchtern sind Anton und Wowa andere Menschen; unsere Gäste zeigen sich begeistert von ihnen. Ein Ehepaar wurde von Anton und seinem Bruder gastfreundlich zum Schaschlikessen eingeladen, als es zufällig an dem Ufer vorbeipaddelte, an dem die Brüder wilden Schnittlauch sammelten. Andere lobten Wowas Fleiß und Eifer, die er bei Jagdausflügen an den Tag legte.

Es ist traurig zu sehen, welche Schäden übermäßiger Alkoholkonsum anrichtet. Die Leidtragenden sind vor allem die Kinder. Manche von ihnen sind im Internat in Tupik besser aufgehoben als zu Hause. Wissend um die Problematik, bot die Rayonverwaltung eine Behandlung der Alkoholsucht an. Unter der Bedingung, dass sich zehn Teilnehmer aus dem Rayon finden und jeder von ihnen 3000 Rubel bezahlt, sollte ein „Narkolog“ (ein für die Behandlung von Suchtkranken ausgebildeter Arzt) aus Tschita in der Poliklinik in Mogotscha Belehrungen durchführen und die übliche Spritze gegen das Alkoholverlangen verabreichen. Aus unserem Dorf wollten vier Frauen sowie ein Mann teilnehmen und begaben sich im Boot auf den Weg. Da sie nicht gerade zu den charakterfesten, besonnenen Menschen gehörten, war ich skeptisch ob des dauerhaften Erfolgs und sah das Unternehmen als eine Art Betriebsausflug der Trinker an. Für den männlichen Teilnehmer traf es zu. Fröhlich und offenbar ohne Schuldbewusstsein kam Anatoli nach einigen Tagen zurück, nachdem er in Tupik die 3000 Rubel in Gesellschaft anderer Schnapsdrosseln durchgebracht hatte. Seine magere, abgearbeitete Ehefrau war bei seiner Rückkehr weniger fröhlich. Sie trägt die ganze Last des Haushalts für die sechsköpfige Familie, die neben dem Ehepaar aus drei Söhnen und einer zehnjährigen Tochter besteht. Allein die Essenszubereitung und vor allem das Wäschewaschen sind unter den hiesigen Bedingungen schwere Arbeit. Ein zuverlässiger Partner würde das Leben etwas leichter machen. Glücklicherweise sind die Söhne erwachsen beziehungsweise heranwachsend und können manche Versäumnisse und Schnitzer des Vaters ausgleichen, selbst wenn das nicht immer einfach ist. In diesem Sommer zum Beispiel machte der Vater mit zwei Begleitern einen Ausflug nach Ust-Njukscha, was aufgrund des Benzinverbrauchs auf 600 Kilometern kein billiges Vergnügen ist. Zusätzlich wurde natürlich Wodka getankt. Solchermaßen beschwingt gelang es ihm, in einer Stromschnelle den wahrscheinlich unzureichend befestigten Bootsmotor zu versenken. Die Familie hatte den hundertdreißigtausend Rubel teuren 30PS-Yamaha-Motor erst im Frühjahr aus Erlösen der Zobeljagd angeschafft. Dahin ist dahin – Väterchen wusste sich zu helfen. Er besorgte sich in Ust-Njukscha einen wenig benutzten 40PS-Yamaha-Motor und versprach, das Geld dafür bei nächster Gelegenheit zuzusenden. Die Familie hatte Geld zurückgelegt für den Kauf eines gebrauchten Lastwagens, der nun bis zu einer Einkommensspritze aus der Zobeljagd warten muss. Die Summe zusammenzusparen, war der Familie nicht leicht gefallen. Während die Söhne kein regelmäßiges Einkommen haben, geht die Mutter zwei kleinen, geringfügig bezahlten Beschäftigungen nach. Der Vater Anatoli betreut im Wechsel mit zwei anderen Personen den Stromgenerator. Die Bezahlung ist nicht üppig, aber er ist somit der Hauptverdiener der Familie, sieht man von Jagd und Fischfang der Söhne ab. Vielleicht glaubt er deshalb, das Recht zu haben, einen Teil des Geldes zu verschleudern. Väterchen aus den Augen zu lassen, ist teuer. Einmal machte er innerhalb von zehn Tagen im Laden siebzehntausend Rubel Schulden. Seine Frau und die Söhne waren nach Tupik gefahren und hatten ihn unbeaufsichtigt zurückgelassen. Er verbrachte vergnügte Tage, kaufte Wodka, Konfekt und anderen Kram und amüsierte sich ausgiebig mit der jungen, vollbusigen Vika.

Die vier nach Mogotscha zur Behandlung gereisten Frauen bewiesen bisher Durchhaltevermögen und widerstanden in den vergangenen vier Monaten den Versuchungen des Alkohols. Natascha, die zierliche Russin mit den großen blauen Augen, hatte zuvor fast täglich getrunken – bis zur Besinnungslosigkeit, wenn Geld da war oder jemand Wodka spendierte, weniger oder notgedrungen nichts, wenn die Mittel knapp waren. Ihr jüngerer, schwarzlockiger Mann lässt jetzt, auch ohne unterstützende Behandlung, die Finger vom Wodka, obwohl er früher ebenfalls häufig zechte.

Marina ist eine junge, schlanke Frau, deren Aussehen durch die fehlenden Vorderzähne beeinträchtigt ist. Das hellrote Haar, die blauen Augen und die helle Haut hat sie von ihrem russischen Vater geerbt, die Augenform und die etwas asiatischen Gesichtszüge von ihrer ewenkischen Mutter. Ihre Tochter Kristina ist ihr Ebenbild, nur dass deren Haar in einem kräftigeren, sehr seltenen Rostrot leuchtet. Kristinas Aussehen, ihre Fröhlichkeit und das verschmitzte Lächeln, bei dem ihre Augen aus schmalen Schlitzen hervorblinzeln, machen sie zum Fotostar unserer Gäste.

Marinas Mann Wowka hat sich vor einem Jahr wegen ihres häufigen Alkoholkonsums von ihr getrennt. Sie bezog mit den beiden Mädchen das Nachbarhaus, während die beiden Jungen bei ihm blieben. Bei dieser Regelung ist es trotz ihrer Abstinenz geblieben. Es geht ihr offensichtlich gut dabei. Sie arbeitet als Köchin im Kindergarten und hat kein hohes, aber ein regelmäßiges Einkommen, mit dem sie bei umsichtigem Wirtschaften auskommt. Im zuvor verwilderten Garten des Hauses blüht und gedeiht es, nachdem sie ihn urbar gemacht hat.

Die etwas füllige Ewenkin Irina hat ebenfalls vier Kinder. Der älteste Sohn lebt im Dorf, der Zweitälteste wurde kürzlich mit gerade 18 Jahren zur Armee eingezogen, die Tochter wird in Ulan-Ude zur Lehrerin ausgebildet, und der jüngste Sohn besucht in Tupik die Internatsschule. Ihr ewenkischer Mann erkrankte vor mehreren Jahren an TBC und musste mehrmals behandelt werden. Er ist klein, mager, schwach und kränklich. Große Jagderfolge kann er aufgrund dessen nicht vorweisen. Das Geld ist immer knapp, denn die heranwachsenden Kinder brauchen Kleidung und weitere Dinge. Die Situation verschärft sich, wenn die Sucht vernünftiges Verhalten verhindert und ein Teil der finanziellen Mittel für Zigaretten und Wodka ausgegeben wird.

Nastia ist Tschuktschin. Vor langer Zeit hat es sie durch eine inzwischen aufgelöste Ehe von der Tschuktschenhalbinsel im äußersten Nordosten Russlands nach Srednjaja Oljokma verschlagen. Die große, stämmige Frau lebt seit vielen Jahren mit einem kleinen, agilen, bei der Zobeljagd sehr erfolgreichen russischen Jäger zusammen. Es wurde auch ihrem Einfluss zugeschrieben, dass die Jagderlöse durch die Kehle rannen und zum Schluss sogar das Schneemobil vertrunken wurde.

Ein Jahr später schließen sich einige jüngere Frauen der Behandlung an. Es sind nun nur noch wenige Frauen, die sich betrinken, und dann auch nur gelegentlich – ausgenommen unsere liebenswerte Tamara, die ohne regelmäßige Dosen nicht mehr lebensfähig scheint. Die verbliebenen Trinker finden nicht mehr so leicht Gesellschaft, und ausgiebige, lange Trinkgelage sind seltener geworden.

Die Tat

Wassili gehört zu den hartnäckigen, unbelehrbaren Trinkern. Dass seine kaum fünfzigjährige Frau Tanja vor zwei Jahren an den Folgen von Alkoholmissbrauch gestorben ist und er sich verantwortlich um seinen zwölfjährigen Sohn kümmern müsste, hat sein Verhalten nicht verändert. Er zecht bisweilen tagelang, vor allem mit Bekannten aus Tupik oder Mogotscha, die fern der Heimat und den Ehefrauen gern einmal alle Fünfe gerade sein lassen.

In solcher Gesellschaft begibt er sich in eine Jagdhütte an der oberen Oljokma. Die Besucher haben aus Tupik zwei Kästen Wodka mitgebracht. Mit von der Partie ist Wassilis einunddreißigjähriger Sohn Slawka aus erster Ehe, ein sympathischer, großer, schlanker, schwarzlockiger Bursche mit dunklen Augen im hübschen, ebenmäßigen Gesicht. Er ist mit Natascha verheiratet. Von den gelegentlichen tätlichen Auseinandersetzungen mit seinem Vater zeugt eine halbkreisförmige Narbe am Kinn. Auch bei diesem Ausflug geraten Vater und Sohn in Streit. Sie gehen vor die Hütte, während die anderen drinnen weitertrinken und sich nicht um das streitende Paar kümmern. Erst als Wassili blutbeschmiert und stieren Blicks in der Tür erscheint, werden sie aufmerksam.

Slawka liegt regungslos auf dem Waldboden und blutet aus mehreren Stichwunden. Er ist bereits ohne Atmung – sein Vater hat ihn in besinnungsloser Wut mit dem Jagdmesser umgebracht. Reue ist Wassili nicht anzumerken, und wie beim Tod seiner Frau vergießt er keine Träne.

Bei der Obduktion in Mogotscha werden dreizehn Messerstiche festgestellt. Wie wir von Leuten aus Mogotscha hören, gibt Wassili bei der Vernehmung an, der Sohn habe ihn angegriffen, und er habe sich wehren müssen. Später, als sich die Angabe als nicht haltbar erweist, behauptet er, er sei nicht bei Sinnen gewesen und habe Halluzinationen gehabt. Zur Untersuchung seines Geisteszustands behält man ihn einige Wochen in der Klinik, bevor die Verhandlung stattfindet. Das Urteil lautet auf ein Jahr „Verbannung“ in ein abgelegenes Dorf, wobei die Zeit der Untersuchungshaft angerechnet wird. Offenbar wurde die Trunkenheit als mildernder Umstand gewertet. Wir sind fassungslos über das glimpfliche Urteil, aber auch besorgt um unsere zukünftige eigene Sicherheit. Der Richterspruch erscheint uns wie ein Freibrief für Wassili, seiner Trunksucht und Gewalttätigkeit freien Lauf lassen zu können, ohne harte Strafen befürchten zu müssen.

Ich hatte es nicht geglaubt, wenn die Leute erzählten, dass Strafen für die Tötung eines Menschen häufig sehr viel milder ausfallen als für Diebstahl. Nun erleben wir es in unmittelbarer Nachbarschaft. Unser Freund Viktor aus Mogotscha, der niemandem ein körperliches Leid zugefügt hat, wurde zu neun Jahren Gefängnis verurteilt. Er hatte über einen längeren Zeitraum für gestohlene Fahrzeuge gültige Fahrzeugpapiere besorgt. Genaueres erfahren wir nicht, da die Verhandlungen nicht öffentlich sind. Zusätzlich zu der harten Strafe traf ihn im ersten Jahr seines Gefängnisaufenthalts ein schwerer Schicksalsschlag. Sein Sohn hatte zum sechzehnten Geburtstag ein Mofa geschenkt bekommen und verunglückte damit bei seiner ersten Fahrt tödlich.

Wassili kehrt nach Ende seiner Verbannung im Winter ins Dorf zurück. Ein entfernter Verwandter Slawas aus Tupik, der Wassili ungeachtet seiner Tat immer noch als „guten Freund“ bezeichnet, hatte ihn im Lastwagen mitgenommen. Angetrunken erscheinen sie am Abend bei uns. Ich sitze im anderen Zimmer schreibend am Computer und bekomme nicht mit, wer hereinkommt und was geschieht. Danach erzählt mir Slawa, Wassili sei aufgetreten wie der verlorene und freudig erwartete Sohn, der endlich aus harter, unverschuldeter Gefangenschaft zurückgekehrt ist. Er habe versucht, ihn zu umarmen, doch Slawa sei zurückgewichen und habe ihm gesagt, er solle uns nicht noch einmal aufsuchen.

Wassili hat nichts dazugelernt. Er trinkt weiter wie bisher, hat offensichtlich kein Schuldbewusstsein und zeigt keine Reue. Die meisten Leute im Dorf wollen nichts mit ihm zu tun haben und sind zurückhaltend, einige verschließen sogar ihre Türen, aus Angst, er könne sie aufsuchen. In der Hand eine Plastiktüte mit Wodkaflaschen, zieht er auf der Suche nach Trinkkumpanen und Gesellschaft durchs Dorf, doch sogar die Trinker, die sonst keinem Tropfen Alkohol widerstehen können, wollen nichts von ihm wissen. Wenige weisen ihn offen ab, andere lassen ihn zwar ins Haus, gehen dann aber selbst weg, und zwei Frauen dulden – aus Angst vor Gewalttätigkeiten, wie sie sagen –, dass er bei ihnen übernachtet. Zu Anton und Igor, die momentan zusammenhausen, traut er sich nicht. Anton ist über die Mutter des getöteten Slawka verwandt mit diesem und hegt großen Zorn gegen seinen Mörder. Er droht, ihn mit der Axt zu erschlagen, sollte er bei ihm auftauchen. Vielleicht ist die allgemeine Ablehnung der Grund, dass Wassili das Dorf verlässt und eine Arbeit bei einem Goldförderunternehmen aufnimmt.

Das Schicksal von Wassilis zweitem, jüngeren Sohn aus der Ehe mit Tanja scheint vorgezeichnet. Beide Eltern Trinker, die Mutter früh gestorben, der Vater ein Totschläger. Niemand, der sich zuverlässig und liebevoll um ihn kümmert. Eine Freundin seines Vaters aus Tupik nahm ihn in den dreimonatigen Sommerferien, in denen das Internat geschlossen ist, bei sich auf. Bereits jetzt mit zwölf Jahren raucht er und trinkt Alkohol. Ich kenne ihn seit seinem dritten Lebensjahr und bin betroffen zu sehen, wie er sich von einem aufgeweckten, freundlichen Jungen zu einem Menschen entwickelt, der keinen Halt hat und keinen Sinn im Leben sieht.

Geselligkeiten

Dieses Jahr habe ich mir zum ersten Mal etwas zum Geburtstag gewünscht: Slawa soll die Hundehütten reparieren, damit Schnee und die eiskalten Winterwinde nicht eindringen können. Er schlägt mir den Wunsch nicht direkt ab, er tut es nur nicht.

Wir hatten schon im Vorjahr darüber gesprochen. „Das sind Hunde! Sie müssen das aushalten und dürfen nicht verwöhnt werden“, war er der Meinung.

„Meiner Ansicht nach ist es kein Verwöhnen, wenn man ihnen in den vielen Wintermonaten bei bis minus 55 Grad einen geschützten Platz anbietet. Ganz abgesehen davon, würde zumindest ich mich wohler fühlen, wenn ich sie gut untergebracht wüsste. Du könntest es ja mir zuliebe tun“, hatte ich damals eingewendet. Doch diese zusätzliche Arbeit hatte er vermieden.

Am Geburtstagsmorgen gratuliert mir Slawa und schenkt mir eine Schachtel Pralinen und eine Flasche Wein. Von den Hundehütten ist keine Rede. Auch ich erwähne sie nicht. Er würde nur zornig werden. Meine Laune ist sowieso nicht die beste bei der Aussicht, den ganzen Tag am Herd stehen zu müssen, um die Gäste bewirten zu können, die sich mehr oder weniger selbst eingeladen haben. Zwei Tage zuvor sind Ira und Boris aus Ust-Njukscha eingetroffen. Ira hatte mich gefragt, ob sie mir am Geburtstag bei der Essenszubereitung helfen solle. Nun wusste ich wieder genau, was erwartet wurde. „Was für Essen?“, hatte ich geantwortet. „Das wird ein Diättag!“

Natürlich glauben sie das nicht. Es wäre absolut unmöglich und sähe nach grober Missachtung der Gäste aus, würde ich nicht eine Vielzahl verschiedener Speisen auf den Tisch stellen. In Deutschland ist dies nur bei besonderen Ereignissen üblich. Wenn ich in Hamburg Gäste zum Essen einlade, besteht die Mahlzeit meistens nur aus Salat, Haupt-, Nachspeise und Getränken, denn der Hauptgrund des Treffens ist das Wiedersehen nach langer Abwesenheit und anregende Gespräche unter Geistesverwandten.

Nachdem ich ohne große Begeisterung eine offizielle Einladung ausgesprochen und auch Slawas Schwester Viktoria, mit der wir ständigen Kontakt pflegen, zu Gast gebeten habe, mache ich mich an die Arbeit. Kuchen und Brot habe ich bereits am Vortag gebacken. Nun gilt es, Fleisch durch den Wolf zu drehen und Buletten zu braten, mit Hack und Reis gefüllte Paprikaschoten zu dünsten, Fischfilet zu braten, Kartoffelpüree zuzubereiten, mit Gewürzen roh eingelegten *Taimen* in mundgerechte Stücke zu schneiden und Paprika-Tomatensalat anzurichten.

„Was machst du dir so viel Mühe? Stelle einen Topf gekochtes Fleisch und Brot auf den Tisch und fertig!“, empfiehlt mein Mann.

Ich schüttle den Kopf. „Hast du so etwas jemals bei anderen erlebt? Das wäre doch eine glatte Beleidigung.“

Wie es üblich ist, bleiben die Speisen den ganzen Abend auf dem Tisch – während der Unterhaltung wird immer wieder etwas zu sich genommen. Ich bin froh, Slawas Ratschlag verworfen zu haben, denn die Gäste sind mit gutem Appetit gekommen, und es schmeckt ihnen offensichtlich. Ira und ich trinken Wein, Viktoria Wodka und die beiden Männer Preiselbeersaft, Tee und Kaffee. Boris trinkt wie Slawa konsequent keinen Alkohol mehr, doch für Viktoria, wie auch für die meisten Leute hier, wäre ein Geburtstag ohne Wodka kein Geburtstag. Das geht soweit, dass auch die Geburtstage Abwesender von den Daheimgebliebenen mit Wodka begossen werden. Die Tante zum Beispiel betrank sich kürzlich zum Wiegenfest ihres Sohnes, der sich bereits in seiner Jagdhütte aufhielt. Nicht selten nutzen Eltern und Verwandte die Geburtstagsfeier minderjähriger Kinder als willkommenen Anlass, die Schnapsgläser zu leeren, statt mit den Sprösslingen etwas Kindgemäßes zu unternehmen.

Der Abend verläuft fröhlich und harmonisch, und ich bin zufrieden. Als ich danach das Geschirr abräume, sagt Slawa etwas vorwurfsvoll: „Du hättest auch meinen Bruder und seine Lebensgefährtin einladen müssen. Es ist nicht in Ordnung, dass du es nicht getan hast."

„Du weißt doch, dass ich zu ihnen kaum Verbindung habe. Außerdem werden sie es wohl nicht erwartet haben. Sie haben uns doch auch noch nie eingeladen."

Zu Grigori und Tatjana habe ich ein etwas gestörtes Verhältnis. Sie sind im Sommer vorigen Jahres aus Irkutsk beziehungsweise Sljudjanka hierher gezogen, als Tatjana in Rente ging. Grigori hat das Rentenalter noch nicht erreicht. Er gab seine Arbeit auf, um wieder in seinem Heimatdorf zu leben.

Slawa hatte Urlauber aus Deutschland zum Zug nach Juktali gebracht und wartete dann einige Tage auf die Ankunft seiner Angehörigen, um sie auf der Rückfahrt ins Dorf mitzunehmen. Wir nahmen sie herzlich bei uns auf, da sie noch keine eigene Unterkunft hatten. Es würde einige Zeit dauern, ein leer stehendes Haus bewohnbar zu machen. Leider musste ich ihnen eröffnen, dass der Aufenthalt bei uns zeitlich begrenzt sein würde. „Es tut mir leid, aber ihr könnt nur zehn Tage bei uns wohnen, weil wir wieder Feriengäste erwarten. Doch bis dahin ist Viktoria mit dem Renovieren fertig, und ihr könnt zu ihr ziehen."

Ich informierte auch Viktoria, die Schwester, darüber, an welchem Tag der Umzug stattfinden musste. Sie hatte genügend Platz für die Verwandten, bewohnte sie doch allein ein geräumiges Haus mit einer großen Isbuschka im Hof, die aus Sommerküche, einem kleinen Wohnraum und einer Banja bestand. Seit Wochen beschäftigte sie sich mit dem Kalken der Wände und dem Streichen der anderen Flächen und ließ sich damit ungewohnt viel Zeit.

Eines Abends erinnerte ich das Paar an den Umzug: „Geht morgen früh bitte zu Viktoria. Euer Gepäck kann Slawa mit dem Auto hinbringen. Ich brauche den morgigen Tag, um das Haus gründlich zu säubern, die Gästeunterkunft bezugsfertig zu machen und unsere Fahrt nach Juktali vorzubereiten."

Am nächsten Tag begab ich mich ins Gästehaus und kehrte am frühen Mittag zurück, um nun unser Haus in Angriff zu nehmen. Das Gepäck stand unangetastet im Zimmer. Ich stapelte die Sachen im Flur auf Tisch und Boden, damit ich freie Bahn zum Saubermachen hatte. Zur Essenszeit erschienen die Besitzer, die seit einigen Tagen ihr künftiges Heim renovierten. Ich war ungehalten, vor allem auch deshalb, weil sie mich zwangen, unhöflich zu sein und sie regelrecht hinauszuwerfen. „Zum Essenkochen habe ich heute keine Zeit. Ich hatte doch gesagt, ihr sollt mit dem Gepäck zu Viktoria ziehen. Habt Ihr mich nicht verstanden?"

„Doch", antwortete Grigori.

Nach unserer Rückkehr aus Juktali sahen wir, dass sie zwar bei Viktoria schliefen, sich aber sonst immer im Vorraum ihres künftigen Heims aufhielten und auf einem Camping-Gaskocher ihre Mahlzeiten zubereiteten. Das Zusammenleben mit Viktoria funktionierte wohl nicht gut.

In Anbetracht der Tatsache, dass sie sich ein eigenes Heim einrichten mussten, hatten sie erstaunlich wenig Gepäck und keinen Hausrat mitgebracht. Da Grigori in den letzten Jahren einige Urlaube hier verbracht hatte, musste er wissen, dass der Erwerb von Haushaltsgegenständen im Dorf Glückssache ist. In Erinnerung der Hilfsbereitschaft von Verwandten und Dorfbewohnern, hatte Grigori seiner Gefährtin wohl versprochen, sie „bekämen hier alles".

Als ich begann, mit Slawa zu leben, fingen wir ebenfalls bei Null an, denn Slawa hatte buchstäblich nichts und auch kein Geld, um irgendetwas anzuschaffen. Abgesehen von sehr wenigen alten, stark reparaturbedürftigen Möbelstükken, musste ich alles mitbringen. In Irkutsk tauschte ich so viele Euro in Rubel um, dass ich die erforderlichen Einkäufe bezahlen konnte und wir bis zum Winter, bis zu meiner Reise nach Deutschland also, davon leben konnten. Ich erwarb ein aufblasbares Gästebett, Bettdecke, Bettwäsche, Handtücher, Gardinenstoffe, Elektrokocher, Backröhre, Besteck und vieles mehr. Um die vielen Sachen im Zug von Irkutsk nach Mogotscha transportieren zu können, kaufte ich eine zweite Fahrkarte für das Gepäck und bezahlte die Kosten für eine Begleitperson, die mir bei der Handhabung helfen sollte. In Tupik fügte ich Farben, Pinsel, Eimer, Wannen, Töpfe, Pfannen, Schüsseln, Geschirr und Ähnliches sowie eine Menge Grundnahrungsmittel hinzu. Ab Tupik mietete ich ein großes Holzboot mit Bootsführer, das mich nach Srednjaja Oljokma brachte.

Grigoris und Tatjanas Ausstattung dagegen war sogar spärlicher als die, die ich bei Urlaubstouren im Kajak mitzuführen pflegte beziehungsweise die ich bei meinem ersten, nur besuchsweisen Aufenthalt in Srednjaja Oljokma dabeihatte. Glücklicherweise konnten sie Einiges im hiesigen Laden erwerben, was durchaus keine Selbstverständlichkeit war. Anderes wie Töpfe, Pfannen, Geschirr und zahlreiche weitere Gegenstände ließen sie sich von der Verwandtschaft „geben". Ich verstand darunter „leihen", sie gaben jedoch nie etwas zurück, ohne dass man sie mehrmals dazu auffordern musste. Offensichtlich wurde alles, was in ihre Hände gelangte, automatisch zu ihrem Eigentum. Das Luftbett mit der dazugehörigen Luftpumpe behielten sie auch dann noch, nachdem sie im Winter ein

Haben sich Gäste angesagt, dann geht das Backen und Kochen los

Die fertigen Pelmeni werden in Salzwasser gekocht

Bett mit Matratze gekauft hatten. Nach einem dreiviertel Jahr und mehreren Aufforderungen brachte Grigori es endlich zurück. Solch ein Verhalten ist im Dorf nicht üblich, ich erlebte es zum ersten Mal. Jeder ist gezwungen, sich hin und wieder etwas zu leihen, gibt es aber nach Benutzung sofort zurück.

Wildfleisch und Fisch stehen beinahe immer zur Verfügung und können billig erworben werden. Meistens ist der Kauf nicht nötig, da es gang und gäbe ist, bei Jagderfolgen den Verwandten Fleisch zu schenken beziehungsweise Fisch aus guten Fängen. Auch Nachbarn oder Bekannte bitten bisweilen darum, wenn sie nichts mehr haben. Igor und Anton, die allein leben, gerne trinken und sich nie viel Gedanken darum machen, wo das Essen später herkommen soll, wenden sich an uns um Kartoffeln, Öl, Mehl, Zucker, wenn die Speisekammer leer ist. Nie würde man Bedürftigen eine solche Bitte abschlagen. Es war deshalb auch selbstverständlich, dass wir Grigori und Tatjana mit Fleisch, Fisch und Gartenerzeugnissen versorgten.

Vielleicht hatten sie mit noch mehr Großzügigkeiten gerechnet, denn bereits nach zwei Monaten ging das mitgebrachte Geld zur Neige. Beide hatten bis zu ihrer Abreise gearbeitet, und es war anzunehmen, dass sie sich eine finanzielle Rücklage geschaffen hatten. Zudem bekam Tatjana bereits Rente. Ihre Bankguthaben nützten ihnen vorerst nichts, denn sie mussten lange warten, bis jemand zufällig nach Mogotscha fuhr, für sie dort Geld abhob und hierher mitbrachte. Das war kein großes Problem, denn man kann im Laden anschreiben lassen. Obwohl für die Waren ein Aufpreis für den aufwendigen Transport bezahlt werden muss, ist vieles andere hier billig. Man muss zwar die dem Rayon gehörenden Häuser selbst instand halten, zahlt dafür aber keine Miete. Feuerholz wird im Wald geschlagen und Wasser aus dem Fluss geholt beziehungsweise den Regentonnen entnommen. Für die Kilowattstunde Strom bezahlen wir umgerechnet 4 Cent.

Slawa hatte sich ursprünglich auf die Ankunft seines Bruders gefreut und Pläne für gemeinsame Unternehmungen geschmiedet. Er hatte sogar überlegt, ihn auf die Winterjagd mitzunehmen. Die Pläne legte er stillschweigend ad acta, ohne mir gegenüber das Verhalten seiner Verwandten zu kritisieren. Nur in einem Fall brachte er seinen Ärger zum Ausdruck: Grigori fuhr im Winter nach Irkutsk, um seine Garage und das Auto zu verkaufen und dafür einen gebrauchten Kleinbus zu erwerben, in dem er eine Kühltruhe und andere benötigte Gegenstände nach Srednjaja Oljokma transportieren wollte. Slawa bat darum, ihm zwei Ersatzteile für das Schneemobil mitzubringen, die in guter Qualität weder in Tupik noch Mogotscha zu bekommen waren, und legte ihm nahe, gleich zehn Exemplare zu besorgen. Sie waren mit etwa 5 x 15 Zentimeter nicht groß, aber durch das Metallgewicht recht schwer. Slawa wollte die restlichen acht Stück für Grigori mit einem Aufpreis für Besorgung und Transport an die Jäger des Dorfes verkaufen. Als er das Geld für zehn Exemplare plus Aufpreis für acht Exemplare Tatjana übergab, verlangte sie auch von Slawa die Bezahlung des Zuschlags. Hilfsbereitschaft und Großzügigkeit verstand sie offenbar nur als Einbahnschiene.

Gerechtigkeitshalber muss ich jedoch erwähnen, dass Tatjana ausgesprochen arbeitsam ist und in Haushaltdingen bestens Bescheid weiß. Zudem haben sich beide um den Onkel sehr verdient gemacht. Grigori hat ihm als Gehhilfe ein Metallgestell zusammengeschweißt und eine Stange vom Bett bis zur Wand befestigt, an der er sich entlang bewegen kann. Tatjana hat ihn eine Zeitlang täglich besucht, seinen Blutdruck gemessen, ihn massiert und mit ihm Übungen gemacht, die seine noch gesunden Gliedmaßen wieder kräftigen sollten. Sie hat sich den Zeitaufwand bezahlen lassen, was verständlich ist. Nun muss der Onkel weiter üben. Ich bin dabei oft anwesend, denn er ist noch sehr unsicher und fällt manchmal hin. Er vergisst immer wieder, dass er das gesunde Bein vorsetzen und das schwache nur nachziehen und neben das gesunde stellen muss. Die Tante ist zu schwach, um ihm aufzuhelfen und holt mich, wenn er wieder einmal hilflos am Boden liegt. Manchmal weint er dann still vor sich. Nie klagt er, doch es ist sichtlich schwer für ihn, nichts mehr tun zu können und nur noch auf die Hilfe anderer angewiesen zu sein.

Wowka, der Sohn, ist frühzeitig mit dem Boot in sein Jagdgebiet aufgebrochen, das sich etwa 80 Kilometer flussabwärts befindet. Er wird, wenn der Fluss zugefroren ist, zu Fuß zurückkehren und nur wenige Tage im Dorf weilen, bis er mit dem Schneemobil wieder aufbricht. Da er geschieden ist, erwartet ihn kein warmes, gemütliches Haus und vorbereitetes Essen, sondern nur Arbeit. Zusätzlich zu den eigenen Angelegenheiten muss er für die Eltern genügend Holz hacken und Wasser herbeibringen sowie deren Wäsche waschen. Durch die Inkontinenz des Onkels wäre häufiges Waschen von Bettwäsche und Hosen erforderlich, doch die Tante fühlt sich wohl zu schwach für den arbeitsaufwendigen Vorgang und trocknet die Sachen häufig nur, sodass inzwischen ein strenger Geruch das Haus erfüllt. Man mag nicht daran denken, wie es weitergehen soll, wenn auch die Tante nicht mehr im Stande ist, die täglichen Verrichtungen vorzunehmen, zu heizen, zu kochen und ihrem Mann zu helfen. Brot bäckt sie im Herd. Er wird erst stark beheizt, die Glut entnommen und die Backformen mit dem Teig hineingeschoben. Hilfe im Haushalt und Pflege erfordern unter den hiesigen Bedingungen einen ungleich höheren Aufwand als in der Stadt. Sie selbst und der Sohn machen sich darüber wohl wenige Gedanken. Wowka hat sogar vor, nach Mogotscha zu gehen und dort eine Arbeit anzunehmen. Die Tante legt jeden Monat von der Rente Geld zur Seite, damit er da ein Haus kaufen kann. „Lass ihn gehen und dort leben“, sagt sie.

Busenfreunde, die früher beinahe täglich bei dem alten Paar herumsaßen, lassen sich nur noch selten sehen. Medizinische Unterstützung gibt es nicht. Der Feldscher, ein „kleiner Arzt“, hat das Dorf bereits Ende August verlassen, weil, wie er verlauten ließ, seine Frau Leberschmerzen habe und ärztlicher Behandlung bedürfe. Weil sie vor ihrer Abreise die wertvolleren Haushaltsgegenstände und die Kartoffelernte verkauften, kann man annehmen, dass sie in ihrer Heimat Kirgisien bleiben werden. Auf Grund der unklaren Situation sucht die Verwaltung keinen anderen Feldscher, der ohnehin sehr schwierig zu finden sein dürfte. Kaum jemand, der hier keine Wurzeln hat, möchte in unserem abgelegenen Dorf leben. Im günstigsten Fall bleibt die Sanitätsstation nur so lange verwaist, bis der Winterweg befahrbar ist und ein Feldscher nach den Feiertagen im Januar die Arbeit aufnimmt, also nach über vier Monaten. Bis dahin ist niemand in der Lage, Notversorgungen vorzunehmen, Wunden zu nähen, Zähne zu ziehen, Infusionen zu legen. Es ist kein Wunder, dass die Einwohner den Sowjetzeiten vor der Perestroika nachtrauern. Damals genügte eine Anforderung mittels Radiofunk, um einen qualifizierten Arzt herfliegen beziehungsweise einen Kranken ins Krankenhaus nach Tupik ausfliegen zu lassen. Zudem wurde das Dorf regelmäßig von Hubschraubern oder von kleinen Flugzeugen, die im Winter den zugefrorenen Fluss als Landebahn benutzten, angeflogen. Sie beförderten Waren sowie Passagiere gegen geringes Entgelt. Für solche Flüge ist kein Geld mehr da.

Gleichwohl unterstützt der Staat das Leben in Dörfern wie unserem, indem er Angestellte bezahlt, die in Deutschland schon lange wegrationalisiert worden wären. Auf diese Weise haben nicht wenige Familien ein ausreichendes, laufendes Zusatzeinkommen zur Jagd. Was mir anfangs als Verschwendung öffentlicher Gelder erschien, ist bewusste Bevölkerungspolitik, die dazu dient, die Gebiete nicht völlig zu entleeren, sondern eine gewisse Infrastruktur zu erhalten. Nicht zuletzt sind diese besiedelten Stützpunkte wichtig als Ausgangsbasis für die winterliche Zobeljagd. Für die momentan fünf Kinder im Kindergarten sind eine Köchin, eine Reinigungskraft, ein Heizer und zwei Betreuerinnen tätig. Zusätzlich trägt der Rayon die Kosten für die jährliche Renovierung der Anlage, für die Bereitstellung des Feuerholzes und den Kauf von Lebensmitteln für Frühstück, Mittagessen und Vesper. Die Eltern beteiligen sich an den Ausgaben mit monatlich 1000 Rubel für ein Kind, mit je 700 Rubel für zwei Kinder, umgerechnet etwa 25 beziehungsweise 17 Euro zum nun schon mehrere Jahre geltenden Kurs von 1:40. Der gleiche Aufwand wird für die drei Schüler der Vierklassenschule getrieben. Da sie nur dreieinhalb Stunden unterrichtet werden, erhalten sie nur eine kleine Mahlzeit, die für die Eltern kostenlos ist. Weiterhin begleicht der Rayon alle Kosten für das Klubhaus, in dem eine kleine Bibliothek mehrere Stunden in der Woche geöffnet hat. Die meteorologische Station ist mit Personal ebenfalls üppig ausgestattet.

Gemessen an dem geringen Arbeitsaufwand, der in einigen Fällen nicht mehr als drei Stunden täglich beträgt und fast immer keine Ausbildung erfordert, sind die gezahlten Gehälter nicht schlecht und liegen über dem, was ich monatlich für Slawa und mich ausgebe, besondere Anschaffungen nicht mitgerechnet. Dass manche Familien trotzdem regelmäßig in beiden Läden hoch verschuldet sind, liegt am ausgeweiteten Konsum von Zigaretten, Alkohol und Süßigkeiten, die gekauft werden, statt selbst Gebäck und Kuchen zu backen und Marmelade zu kochen.

Die Renten werden, soweit es die Wegverhältnisse zulassen, regelmäßig gezahlt. In der Stadt würde man wohl recht sparsam haushalten müssen, doch hier im Dorf können sogar zwei Personen anständig von nur einer Rente leben, sofern sie arbeitsam die örtlichen Gegebenheiten nutzen und sich beim Einkauf auf die wichtigeren Dinge beschränken. In bestimmten Landkreisen, das heißt im ländlichen Sibirien mit extremen klimatischen Bedingungen, erreichen Frauen bereits mit fünfzig, Männer mit fünfundfünfzig Jahren das Rentenalter. Im übrigen Russland tritt das Rentenalter jeweils fünf Jahre später ein, soll in Zukunft aber angehoben werden.

In Deutschland wird häufig der Fehler gemacht, Einkommen zum Wechselkurs umzurechnen und daraus zu schlussfolgern, dass sie extrem niedrig und nicht ausreichend sind. Der Fehler dabei ist, dass die Lebenskosten in den entsprechenden Ländern nicht berücksichtigt werden und sich daher ein vollkommen falsches Bild der Lebensumstände ergibt.

Die im LKW hergebrachten Grundnahrungsmittel müssen ein Jahr reichen

Nach der Jagd ist vor der Jagd

Mein Angetrauter klagt über starke Rückenschmerzen und unterstreicht die Mitteilung mit lautem Stöhnen. Ich nehme es nicht besonders ernst, sondern ordne es unter die zahlreichen Gebrechen ein, die seit Jahren kommen und gehen wie Regen, Wind und Sonnenschein. Es mag wie ein Widerspruch klingen, doch ein echter Hypochonder ist nicht gesund, wenn ihm nicht etwas weh tut. Vor kurzem erkrankte mein Gefährte zum Beispiel an einer „Grippe" ohne definierbare Schmerzen mit 36,8 Grad Körpertemperatur. Einmal brachte er mich tatsächlich dazu, heimliche Tränen zu vergießen, weil ich ernsthaft befürchtete, er habe Kehlkopfkrebs, nachdem er längere Zeit über einen belegten Hals und Schluckbeschwerden klagte. Mir fiel keine andere Erklärung mehr ein, denn eine Rötung, die auf einen Infekt hingewiesen hätte, war nicht zu erkennen. Ein anderes Mal jammerte er mehrere Tage, sein Ohr jucke und liefe. Der Feldscher hatte ihm einen großen Ohrpfropfen entfernt, und ich meinte schon, er habe mit dem Instrument das Innenohr verletzt, doch plötzlich war alles wieder gut.

Es gibt allerdings gewichtige Gründe, die einen waschechten Jäger den Schmerz überwinden lassen. Trotz seines gefährlichen Rückenleidens bricht Slawa mit Sergej und dessen Begleiter Gleb zu Jagd und Fischfang auf. Fünf Tage verbringen sie in geselliger Runde, denn an dem erwählten Platz haben sich bereits mehrere Jäger aus unserem Dorf versammelt. Während einige draußen am Lagerfeuer nächtigen, drängen sich sechs Personen auf engstem Raum in der Jagdhütte, teils auf dem Fußboden, teils jeweils zu zweit auf den Pritschen. Bei regnerischem, kaltem und windigem Wetter legen sie Fischnetze aus und kontrollieren sie täglich, streifen mit den Hunden tagelang durch die Taiga und erlegen zwei Elche, die gehäutet, zerlegt und zu den Booten geschleppt werden müssen. Es wird üppig gegessen – Fisch und Fleisch satt.

Kaum ist der Jäger zurück, tut der Rücken wieder weh. Er bleibt den ganzen Tag liegen und ächzt und stöhnt bei jeder Körperdrehung zum Gotterbarmen. Um nicht an seinem vorzeitigen Ableben schuld zu sein, behellige ich ihn nicht mit irgendwelchen Wünschen. Gedankenlos versäumen wir eine einmalige Genesungschance, denn erst nach der Abreise von Gleb fällt uns ein, dass dieser sich als Heiler versteht. Er benötigt dafür eine Flasche Wodka, unter deren Einfluss er glaubt, heilende Ströme in die schmerzenden Körperpartien zu senden. Wie ich hörte, hält er seine Hände über die betreffende Körperpartie und macht unter Absondern von Lauten rhythmische Bewegungen. Die Tante wollte seine Dienste in Anspruch nehmen und kaufte eine Flasche des Heilwässerchens. Der Heilkünstler kam an diesem Tage nicht, sodass die Tante den Wodka allein austrank. Das schien ebenfalls geholfen zu haben, denn wir hörten sie laut singen.

Die Zeit bis zum Beginn der Zobeljagd wird allmählich knapp. Zuvor muss zu Hause alles winterfest gemacht werden. Die Ritzen des Blockhäuschens, in dem die Hühner überwintern, müssen fest verstopft werden. Spatzen hatten freizügig Teile der Isolierung herausgezupft und für den Nestbau verwendet. Am Aufwendigsten ist die Reparatur und Ergänzung der mit Sägespänen gefüllten Holzverschalungen, die rings um Hühnerhütte, Wohnhaus, Garage und Banja verlaufen. Um das Haus besser gegen die Kälte zu schützen, will Slawa die Verschalung erhöhen und Beschädigtes ersetzen. Er macht sich im Dorf auf die Suche nach geeigneten breiten, langen Brettern. Er hat Glück – ein Dorfbewohner ist bereit, diese Schätze gegen Benzin zu tauschen. Bretter sind schon lange Mangelware, da es seit der Perestroika keine entsprechende Säge mehr gibt. Seit vier Jahren verspricht der Rayonchef dem Dorf die Lieferung dieses wichtigen Arbeitsgeräts, ohne jedoch das Versprechen einzulösen. Des vergeblichen Wartens müde, hat Slawa nun selbst eine Bandsäge bestellt, die jedoch erst im Winter mit dem Auto hertransportiert werden kann. Sägespäne, wie man sie früher zum Auffüllen der Verschalungen verwendete, gibt es nicht. Stattdessen karrt Slawa mit dem Laster eine große Fuhre Sand herbei, der in der Umgebung reichlich vorhanden ist. Es dauert einige Tage, bis Wowa und Slawa alle *Sawalinki* saniert haben.

Slawa verpflichtet Igor oder Wowa häufig dazu, ihm beim Arbeiten zu helfen. Es missfällt mir, weil ich den Eindruck habe, dass sie keinen gerechten Gegenwert für ihre Arbeit erhalten. Slawa meint jedoch, ohne Arbeit wüssten sie ohnehin nichts mit sich anzufangen und begännen zu trinken. Unrichtig ist das nicht. Als ich Wowa einmal fragte, warum er trinke, erwiderte er, er langweile sich. Auch Igor lebt ohne eigenen Antrieb. Er baut im Garten nichts an, sein Gartenzaun ist seit Jahren reparaturbedürftig und inzwischen schon zusammengefallen, im Haus wird nie renoviert. Wenn Slawa ihn zu Jagd und Fischfang mitnimmt, erhält er den üblichen, gerechten Anteil und hat für eine Weile genügend Fleisch oder Fisch. Ansonsten verzehrt er, was ihm die Leute für seine Arbeit geben. Manchmal erhält er Arbeitsgeräte oder andere nützliche Gegenstände, die er bisher früher oder später leider vertrank wie das große, intakte Holzboot, dass Iwan Georgiewitsch selbst gebaut und das ihm seine Frau nach dessen Tod überlassen hat. Er hat nichts, weiß sich aber zu behelfen.

Eines Tages fragte mich Slawa, ob ich Schlüpfergummi abgeben könne. Er habe gesehen, dass Igor seine Hosen mit in Streifen geschnittenem Fahrradschlauch am Rutschen hindere.

In der letzten Pelztiersaison hat Igor nur einen einzigen Zobel gefangen, weil er die meiste Zeit in der Jagdhütte lag, schlief, Tee trank oder aß. Womit er danach die verbrauchten Lebensmittel bezahlt hat, ist mir ein Rätsel. Wie die meisten Jäger kaufte er vor der Winterjagd auf Pump die benötigten Lebensmittel für den Zeitraum von Mitte Oktober bis Mitte März – Mehl, Reis, Buchweizen, Speck, Salz, Öl, Zucker, Tee sowie Kerzen, Streichhölzer und Zigaretten. In der Regel wird die Schuld nach dem Verkauf der Zobelfelle beglichen.

Nach meiner Beobachtung neigen gerade die Ewenken nicht zum überlegten

Konsum – wenn etwas da ist, wird nicht gespart. Darüber, woher man Nachschub nehmen soll, kann man sich im Bedarfsfall immer noch Gedanken machen. Als Igor und Anton im Sommer am Fluss die beiden Jagdhütten bauten, ließen sie sich viel Zeit. Das wurde teuer für den Auftraggeber aus Ust-Njukscha, der ihnen für die Dauer der Arbeit die Lebensmittel zur Verfügung stellte. Als wir bei einer Vorüberfahrt an ihrem Lager Halt machten, baten sie uns um Tee, weil ihrer alle war. Da ich in Juktali Vorräte eingekauft hatte, konnte ich ihnen zwei 250-Gramm-Päckchen geben, die vier Tage später bereits aufgebraucht waren, wie wir von anderen hörten, die ebenfalls um Tee gebeten wurden. Kein Wunder, sie tranken ihn konzentriert und schwarz wie Kaffee. Als ich Slawa gegenüber mein Unverständnis äußerte, sagte er: „Ach, das ist noch gar nichts. Igor, sein Bruder Schenka und Anton brachen gemeinsam auf zur Winterjagd. Sie nahmen einen Sack Mehl mit zum Backen von *Lepjoschki*. Schon nach einer Woche kam Anton zurück ins Dorf, um Mehl zu holen – sie hatten alles aufgegessen. Jegor, dessen Territorium an das von Igor und Schenka grenzt, erzählte später, er habe sie einmal besucht und bei ihnen übernachtet. Igor, Schenka und Anton hätten bis zum Morgen Karten gespielt, Tee getrunken und Lepjoschki gegessen, dann lange geschlafen und seien nur zwei, drei Stunden jagen gegangen, bevor die Dunkelheit hereinbrach."

Ich lachte. „Anton und sein Bruder sind die reinsten Lebenskünstler. Sie arbeiten kaum, und wenn sie mal was verdienen, setzen sie es in Alkohol um, aber trotzdem müssen sie nicht hungern oder frieren."

Slawa schmunzelte. „Anton ist sehr listig. Manchmal kommt er zu mir, lächelt, tätschelt meine Schulter und sagt: ‚Bruder, Freund, wir haben uns schon lange nicht mehr unterhalten. Wie geht's dir denn so? Ach, und ähh… kannst du mir nicht etwas …… geben?' Mal ist es Zucker, mal Mehl, mal Öl, was er eben gerade braucht. Dafür arbeiten will er aber nur im alleräußersten Notfall. Einmal hatte ich niemanden, der mit mir zur Jagd fuhr, wusste aber, welchen See ein Elch regelmäßig aufsuchte. Ich fragte Anton, ob er zur Jagd mitfahren wolle, um mir bei Erfolg beim Zerlegen und Tragen der Beute vom See zum Fluss zu helfen. Dafür bot ich ihm die Hälfte der Beute an, obwohl nur ich Gewehr und Patronen hatte und wir in meinem Boot und mit meinem Benzin fahren würden. Er wiegte ernst den Kopf, und weißt du, was er antwortete? ‚Das ist eine interessante Frage….., darüber muss ich nachdenken.' Ich habe ihn zum Teufel gewünscht und bin alleine gefahren."

„Aber man kann ihm nicht lange böse sein", sagte ich. „Irgendwie kriegt er einen doch immer wieder herum.

Nur einmal war ich wirklich sauer. Wir hatten einige Leute gegen Bezahlung zur Kartoffelernte bestellt. Alle arbeiteten fleißig, nur Anton nicht. Er sammelte zwischendurch zwar manchmal ein paar Kartoffeln auf, aber vorwiegend rauchte er oder unterhielt sich mit Vorübergehenden. Ich sah mir das eine ganze Weile an und ging dann aufgebracht zu ihm: ‚Anton, wenn du dich erholen willst, geh nach Hause! Wir bezahlen dich nicht fürs Herumstehen!' Das hat er wohl gebraucht, jedenfalls arbeitete er danach tatsächlich."

Benzin und Lebensmittel für die Winterjagd sollen per Boot an eine Stelle transportiert werden, die später von der Jagdhütte aus mit dem Schneemobil gut zu erreichen ist. Für die Reparatur des Schneemobils hat Slawa rechtzeitig Ersatzteile besorgt, die allerdings wieder so ungenau angefertigt sind, dass er sie mit viel Mühe und Ärger mittels seiner sehr einfachen Werkzeuge passend machen muss. Die Männer müssen wahre Meister im Improvisieren und Reparieren der unterschiedlichsten Fahrzeuge, Motoren und Geräte sein – Autos, Schneemobile, Boote, Sägen, Haushaltgeräte und dergleichen mehr.

Ich merke, dass mein Mann der Winterjagd entgegenfiebert. Er ist in seinem Element und arbeitet von früh bis spät. Eigentlich hat Slawa keine Zeit, einen 80 Kilometer weiten Bootsausflug zu machen, um einen weiteren Hund in Empfang zu nehmen. Juri, der entfernte Verwandte aus Tupik, hat schon lange versprochen, ihm einen *Laika* zu besorgen. Er hält sich jetzt in seiner Jagdhütte am Tungir auf und lässt Slawa ausrichten, er könne dort einen Hund abholen. Er bietet sogar an, Slawa das Benzin für die Fahrt zu ersetzen.

„Was will er von dir? Da ist bestimmt ein Haken dran, wenn er dir auch noch das Benzin für die Fahrt geben will", überlege ich misstrauisch, denn Juri ist nicht bekannt für Großzügigkeit, sondern eher für das Gegenteil.

Elche durchschwimmen mühelos den breiten Fluss

„Was soll er wollen? Er hat mir doch schon lange einen Laika versprochen. Ich fahre gleich morgen los."

Slawa kommt zurück mit einer sieben Monate alten Hündin, die bestenfalls ein Laikamischling ist, wie die anderen Hunde des Dorfes übrigens auch. Ein aus Tschita stammender Freund Juris hatte sie mitgebracht und wollte sie wohl loswerden, so mein Verdacht, denn niemand gibt einen guten Hund an Fremde weg. Ihr Name ist Strelka – Pfeil. Slawa sagt, sie sei wild. Ich finde ihr Verhalten jedoch eigenartig; sie ist handscheu und kommt mir überdies fahrig und gestört vor. Abgesehen davon bin ich dagegen, vier Hunde zu unterhalten und sage Slawa, dass nun statt aller zwei Tage täglich ein großer Topf Futter gekocht werden müsse und ich das nicht übernehmen wolle. Das müsse er jetzt selbst tun.

„Ich werde alle Hunde mitnehmen zur Winterjagd und sie testen. Tarzan ist ausgezeichnet, Bobiks Jagdverhalten gefällt mir noch nicht richtig, Naida und Strelka müssen sich bewähren, sonst gebe ich sie weg."

Auch Naida ist eine junge Hündin, angeblich eine Laika, die Slawa von einem Bekannten aus Ust-Njukscha übernommen hat. Sie ist sehr klein und flink, mit Leichtigkeit überspringt sie jeden Zaun, sei er noch so hoch. Sie liebt es, gestreichelt zu werden, egal von wem. Bei der sommerlichen Jagd auf Großwild hat sie nichts geleistet, aber Slawa hofft, dass sie sich als gute Zobeljägerin erweist. Eigentlich braucht man hier keine derart spezialisierten Hunde.

„Wer wird dir denn schlechte Jagdhunde abnehmen und sie durchfüttern?", zweifle ich. Ich vermute, dass Slawa die unbrauchbaren dann töten lassen wird.

Zwei, drei Wochen später lässt Juri ausrichten, sein Bootsmotor sei kaputt, Slawa solle ihm einen borgen. Slawa nimmt Tarzan und Naida mit auf die Fahrt – vielleicht treffen sie unterwegs auf einen Elch oder Hirsch. Als Slawa am nächsten Tag zurückkommt, führt er an seiner Seite einen bildschönen, großen Rüden mit den körperlichen Anzeichen eines Laika. Er trägt den Schwanz über eine Keule gerollt, hat ein weißes Fell mit einigen braunen Flecken, ist noch kein Jahr alt und verhält sich ruhig und gutmütig uns gegenüber. Er sucht Körperkontakt, indem er eng neben uns geht und sich dabei gegen unser Bein lehnt. Aus einigen Merkmalen schlussfolgert Slawa, er trüge wahrscheinlich auch Blut des „Moskowskaja Storoschewaja Sobaka – Moskauer Wachhundes" in sich.

Bobik knurrt den Eindringling böse an, bis Slawa ihn zur Ordnung ruft. Tarzan wird bei seiner Rückkehr von Bobik überschwänglich begrüßt. Beide rasen sofort los – wer weiß, was sie miteinander vorhaben. Mit dem neuen Mitbewohner finden sie sich noch nicht ab. Im Hof, wo er vor einer Hütte angeleint ist, lassen sie ihn zwar in Ruhe, aber als ich ihn draußen an der Leine ein Stück spazieren führe, fallen beide jählings über ihn her, ohne auf meine Befehle zu reagieren. Da ich die Leine nicht loslassen darf, habe ich nur eine Hand frei, mit der ich einen Angreifer am Nacken packen kann. Zufällig finde ich eine Rute, mit der ich unter Zurufen auf sie einschlage, bis sie ablassen und sich in ihre Hütte verziehen. Es ist noch einmal gut gegangen, verletzt haben sie ihn in der kurzen Zeit nicht.

„Ich glaube nicht, dass Juri dir seinen Hund so einfach überlassen hat. Was hat es damit für eine Bewandtnis?", möchte ich wissen.

Slawa druckst etwas herum. „Na ja, es ist nur für die Winterjagd. Umka ist noch jung, unsere Hunde sollen ihn anlernen. Ich habe ihm dafür Naida dagelassen."

Ich schaue skeptisch. „Meinst du, dieses Wechseln ist eine gute Idee?"

Inzwischen ist er wohl selbst nicht mehr davon überzeugt. „Wenn er ein guter Jäger ist, gebe ich ihn nicht zurück", behauptet er. Ich schaue noch skeptischer.

Etwas andere Jagdgeschichten

„……Als das Schmalreh breit stand, zog ich den Kolben fest in die Schulter ein, der Zielstachel fand die tödliche Stelle auf der grauen Decke, und im Schussknall sank das Stück einfach um. Blitzschnell repetiert. ….. Der zweite Schuss brach, das Stück zeichnete deutlich und lag ebenfalls." (Aus „Vom Kampf der Rivalen", Nordwest Media Verlag Grevesmühlen 2009, Erzählung „Im Niederwildrevier" von G. Böttger.)

Die Geschichten, die die hiesigen Jäger und Fischer erzählen, lauten anders, ganz anders…

„Es war im Oktober, die Pelztiersaison hatte gerade begonnen, und der Schnee bedeckte noch kaum den Boden. Den Blick nach unten gesenkt, das kleinkalibrige Gewehr über der Schulter, suchte ich nach Zobelspuren. Als ich die Augen hob, erblickte ich plötzlich in unmittelbarer Nähe einen Bären. Er hatte eben noch Preiselbeeren gefressen und musterte mich nun aufmerksam wie bei einer Fleischbeschau. Nach einer Schrecksekunde raste ich schnell wie ein Zobel den nächsten Baum hinauf. Als sich der Bär verzogen hatte und ich wieder auf dem Boden war, schlackerten mir die Knie wie Wackelpudding. Ich musste mich setzen. Unter allen Fingernägeln war Borke, und ich fragte mich, wie ich überhaupt auf einen dieser astlosen Bäume gekommen war. Ohne Bär völlig unmöglich."

„Ich wartete bereits die zweite Nacht an dem See, an dem ich Elchspuren gesichtet hatte. Seit acht Uhr hockte ich nahe dem Ufer still in meinem kleinen Jagdboot, nichts rührte sich. Endlich – ein gutes Stück entfernt – trat der Elch aus dem Wald, verharrte eine Weile und watete dann ins Wasser, um Wasserpflanzen zu fressen. In diesem Moment meldete sich mein Darm mit einem dringenden Bedürfnis, dem ich zu diesem unpassenden Zeitpunkt aber keinesfalls nachgeben wollte. Um dem Elch näher zu kommen und einen sicheren Schuss anbringen zu können, musste ich immer dann, wenn er den Kopf unters Wasser senkte, behutsam ein Stück auf ihn zu paddeln und regungslos verharren, sobald er den Kopf aus dem Wasser hob und um sich blickte. Sacht paddelnd hatte ich die Entfernung schon stark verringert, als ich nicht länger an mich halten konnte. Mit einem Bein im Boot, das andere auf einem vom Wasser umgebenen Sumpfgrasbuckel, kauerte ich mich übers Wasser. Als ich die Hose hochziehen wollte, rutschte das Boot mit dem einen Bein unaufhaltsam seitlich weg. Ich verlor den Halt und plumpste ins Wasser. Alles schwamm – ich schwamm, vor meinen Augen schwamm die Kacke und der Elch schwamm ans andere Ufer."

„An der Mündung des Tungir in die Oljokma hatte ich unter dem Eis Fischnetze durchgezogen. Eines Tages fanden sich eine Unmenge Charius in den Netzen. Nachdem ich die Netze geleert hatte, lag ein großer Haufen Fisch auf dem Eis, und da merkte ich, dass ich den Sack vergessen hatte. Was sollte ich jetzt machen? Ich zog meine dicke lange Baumwollunterhose aus, band die Beine ab und stopfte den Fisch in die Hose, die sich dehnte und dehnte. Die Leute staunten nicht schlecht, als sie mich mit einer aufs Mehrfache angewachsenen, prall gefüllten Unterhose auf dem Rücken durchs Dorf stapfen sahen."

„Mein Vater war schon alt und konnte nur noch schlecht sehen. Auf die Zobeljagd, der er seit früher Jugend nachging, wollte er jedoch nicht verzichten. „Dann könnt ihr mich gleich auf den Friedhof schaffen", meinte er. Was soll man da machen – ich nahm ihn also immer mit zur Pelztierjagd, solange es seine Gesundheit noch zuließ. Während der Jagd gingen wir getrennte Runden.

Eines Tages schoss er auf einen Zobel, der auf einem hohen Baum saß, nach dem Schuss jedoch nicht herunterstürzte. „Vielleicht habe ich daneben geschossen", dachte er. Er schoss wieder und wieder, bis die Beute mitsamt dem Ast vor seine Füße fiel.

Das Tier war durchlöchert wie ein Sieb, das Fell ein einziges Lochmuster und nicht mehr zu gebrauchen. Wahrscheinlich war bereits der erste Schuss tödlich gewesen, und es war nur deshalb nicht heruntergefallen, weil es sich im Geäst verklemmt hatte.

Schneemobil und Hunde erleichtern die Jagd

„Das soll mir nicht noch einmal passieren“, muss der Vater sich gedacht haben. Als sich ein Zobel das nächste Mal nach dem Schuss nicht rührte, nahm der Vater die Axt und begann, den Baum zu fällen. Er hatte den Stamm bis auf einen schmalen Keil aufgehackt und legte nun eine Hand dagegen, um ihn umzudrükken. Dabei blickte er nach oben. Der Zobel war nicht mehr da, wo er sein sollte. Er saß inzwischen auf dem Nachbarbaum.“

„Ich bewundere immer wieder, welch schlaue Jäger die Wölfe sind. Ich war auf Zobeljagd in meinem Jagdrevier. Als ich auf Skiern meine Runde machte, sah ich die Spuren eines Wolfsrudels, das einen Elch verfolgt hatte. Ein Teil des Rudels war auf dem zugefrorenen Fluss entlanggelaufen, der andere Teil hatte den Elch aus dem Wald in einem Bogen auf den Fluss zugetrieben. Ich weiß nicht, wie sie es gemacht haben, dass der Elch zu dem Zeitpunkt den Fluss erreichte, an dem die Flusswölfe dort zur Stelle waren, ihm den Weg abschnitten und über ihn herfielen. Ich sah die wenigen Reste ihres Mahls, wo sich die beiden Wolfsfährten wieder trafen.

Raffiniert ist auch, wie Wölfe für später vorsorgen, wenn sie gerade satt sind: Sie zerbeißen dem Wild die Gelenksehnen, sodass es nicht verendet, aber im Lauf behindert ist. Wenn sie dann wieder Nahrung brauchen, haben sie bei der Verfolgung des Wildes leichtes Spiel.

Die Wölfe wissen genau, dass der Mensch für sie die einzige Gefahr bedeutet. Sie weichen ihm aus, nur selten bekommt man sie zu Gesicht. Einmal fuhren wir mit dem Auto auf der Oljokma entlang und sahen einen Hirsch auf dem Eis liegen. Er lebte noch, hatte aber zwei große Wunden an der Seite. Rippen fehlten und Lungengewebe war zu sehen. Wir erkannten die Fährten von fünf Wölfen. Sie mussten ihn eben gerissen haben und geflüchtet sein, als sie unser Motorengeräusch hörten. Wir gaben dem Tier den Gnadenschuss, zerlegten es und luden die Teile ins Auto. So klauten wir den Wölfen die Beute. Sie haben später wahrscheinlich die Reste vertilgt.“

Die beiden an der folgenden Geschichte beteiligten Männer sind jung umgekommen. Einer versank an einem Novembertag mit seinem schweren Traktor im Eis des Tungir, der andere starb in seiner Jagdhütte unter nicht ganz geklärten Umständen, wahrscheinlich an den Folgen von Alkoholmissbrauch. Die Geschichte aber erzählt man sich immer noch.

„*Kolonok*“ – so der Spitznahme wegen seines rötlichen Haares, das in der Farbe dem Fell des sibirischen Nerzes ähnelt – und sein Gefährte Dmitri hausten im Zelt, weil sich in diesem Teil ihres Territoriums keine Jagdhütte befand. Kolonok nutzte die Zeit, sich selbst und sein Haar zu waschen, während Dmitri durch die Gegend pirschte. Vor einer mit Schnee halb zugedeckten Öffnung neben dem großen Wurzelstock einer umgestürzten Kiefer begann Dmitris Hund aufgeregt zu bellen. „Aha, da sitzt ein Zobel drin“, dachte Dmitri. Er räumte etwas Schnee beiseite und entfachte ein kleines Feuer, dessen Rauch in die Höhle dringen und den Zobel hinaustreiben sollte. Er kauerte sich davor und blies in die Flamme, um das Feuer anzufachen. Ein lautes „Pfhhhu!“ ertönte, aus der Öffnung blies es kräftig zurück und eine große Pranke wurde sichtbar. Dmitri sprang zurück und raste im vierten Gang in Richtung Zelt, ohne die Zeit mit Umschauen zu verschwenden. Unterwegs entledigte er sich schwitzend aller hinderlichen Kleidungsstücke. Handschuhe, Mütze, Jacke flogen in hohem Bogen beiseite und markierten seine Rennstrecke. Er stürzte ins Zelt, riss die Schüssel mit dem Waschwasser an sich und schüttete es dem Verfolger entgegen. In der Eile hatte er gar nicht bemerkt, dass es keinen gab. Kolonok stand mit eingeschäumten Haaren im Zelt, während alles aufgetaute Wasser draußen im Schnee versickerte.

Beginn der Zobeljagd

Wolkenloser blauer Himmel, strahlender Sonnenschein, der Schnee glitzert wie tausend Diamanten. Den Fluss hinunter schwimmen Eisschollen, zwischen denen sich ein Boot hindurchschlängelt, um zum anderen Ufer zu gelangen, wo bereits zwei Schneemobile und zwei voll beladene Schlitten auf die Fahrt ins Jagdgebiet warten. Im Boot der Bootsführer, zwei Jäger und sechs Hunde. Die Hunde sollen Elche, Hirsche oder Rentiere aufstöbern beziehungsweise Zobel, die auf Bäume flüchten, von denen die Jäger sie herunterschießen.

Ira und ich stehen am Ufer und verfolgen die Abreise unserer Männer, bis sie auf ihren Schneemobilen im Wald unseren Blicken entschwinden. Eine Weile vernehmen wir noch die angestrengten Motorengeräusche, die bei der Überwindung der ersten, steilen Anhöhe mit schwerer Schlittenlast entstehen, bis sich diese, immer leiser werdend, in der Weite der Taiga verlieren. Sie werden die schwierige Fahrt zur Jagdhütte nicht an einem Tag bewältigen und unterwegs das Zelt aufschlagen müssen, denn der erste Schneefall konnte die Unebenheiten des Geländes nicht ausgleichen, und die im letzten Winter genutzte Trasse ist durch umgestürzte Bäume und nachgewachsenes Gestrüpp wieder zur Wildnis geworden.

Vier Wochen wollen sie fernbleiben und auf einem anderen Weg, der größtenteils auf der dann zugefrorenen Oljokma verläuft, zurückkehren. Meine Gedanken begleiten sie. Werden die Wetterbedingungen eine erfolgreiche Jagd ermöglichen, falls es – auch das ist ungewiss – in diesem Jahr genügend Zobel gibt? Werden sie eine ausreichende Anzahl Moschustiere, ein Rentier, einen Hirsch oder Elch erlegen können, um sich und die Hunde ernähren zu können? Wie werden die Hunde arbeiten? Boris hat zwei Hündinnen und einen Rüden mitgenommen, Slawa die Rüden Bobik, Tarzan und Umka. Ich befürchte, dass es zwischen den Rüden einige Machtkämpfe geben wird. Sie begannen bereits zu Hause, nachdem Umka sich etwas eingewöhnt hatte und wir ihn von der Leine ließen. Trotz seiner Jugend kannte er keine Angst vor anderen Hunden. Er lief unbehelligt durchs Dorf und bedrohte nach seiner Rückkehr Bobik, der den Schwanz einzog und sich schleunigst in die Hundehütte verzog. Tarzan war an der Hütte angekettet und deshalb kampfunfähig, gab aber nicht klein bei, sondern knurrte mit gesträubtem Nackenhaar zurück, als Umka sich näherte. Sie wären wohl aufeinander losgegangen, hätte Slawa nicht eingegriffen. Um Umka das aggressive Verhalten gegen unsere Hunde auszutreiben, schlug Slawa ihn mit einer Rute, worauf Umka sich gegen ihn wandte. Das hatte noch mehr Schläge zur Folge, bis Umka sich untergeben duckte. Daraufhin nahm Slawa ihn am Halsband zu sich, sprach mit ihm und streichelte ihn. Der große Bursche hatte das Ganze wohl als Kampf um die Rangfolge verstanden und war als guter Verlierer Slawa gegenüber wieder friedlich und zutraulich. Wie von Beginn an ließ er sich streicheln und suchte Körperkontakt, indem er sich schwer gegen ein Bein lehnte oder seinen großen Kopf auf Arm oder Schoß ruhen ließ.

Mir tut es immer weh, wenn Slawa hart zu den Hunden ist, doch dieses Mal verstand ich, dass er eisern durchgreifen musste, um Kämpfe, bei denen sich die Hunde verletzen können, ein für allemal zu unterbinden. In der Folge ließ Umka unsere Hunde links liegen, wenn er frei war, und diese machten es umgekehrt mit Umka ebenso. Trotzdem ketteten wir vorsichtshalber immer einen der beiden Rivalen an, entweder Umka oder Tarzan. Doch bei der Jagd muss Slawa alle freilassen, und es ist zu befürchten, dass Tarzan und Bobik gemeinsam auf Umka losgehen. Dann werden sie die gleiche Lektion erhalten wie zuvor Umka. Dass plötzlich ein fremder Hund zu einer bestehenden Gemeinschaft hinzukommt, erzeugt Unordnung. Wenn Hunde gemeinsam aufwachsen oder Welpen zu älteren Tieren kommen, regelt sich die Rangfolge ganz automatisch. Die älteren Tiere sind in der Regel die dominanten und zeigen dies eindeutig durch Körpersprache oder bei Fehlverhalten durch ein kurzes „Wuff", was verstanden und akzeptiert wird. Wir Menschen beherrschen diese Sprache aber nicht, sondern müssen unsere Ranghoheit und die Regeln auf andere Weise durchsetzen. Die Hunde begreifen sehr schnell, und Wiederholungen sind nicht nötig.

Bobik und Tarzan zeigen die typischen Charaktereigenschaften der Laikas, der in Russland beheimateten und vorzugsweise eingesetzten Jagdhunderasse, von der es mehrere Untertypen gibt. Sie haben einen ausgeprägten Jagdtrieb und arbeiten bei der Jagd selbstständig, ohne vom Menschen ausgebildet zu sein.

Jagdhunde – Gefährten des Jägers

Lautlos verfolgen sie das Wild, bis es gestellt ist. Erst dann wird gebellt. Sie sind äußerst ausdauernd bei der Jagd und sehr robust. Auch bei großem Frost bleiben neugeborene Welpen draußen in der Hundehütte. Menschen gegenüber verhalten sich Laikas friedlich und anhänglich. Unsere Gäste staunen oft darüber, wie freundlich und gehorsam die Hunde sind. Sie lieben es, gestreichelt zu werden und wetteifern um diese Gunst, gebärden sich aber nicht aufdringlich. Ein „chwatit – genug“ reicht, und sie lassen ab. Damit sie eine unerwünschte Handlung unterlassen, genügt ein leises „nelsja – du darfst nicht.“ Wenn wir im Haus sind, klopfen wir nur kurz ans Fenster mit der gleichen Wirkung. Abgesehen davon, dass wir sie aus bestimmten Anlässen manchmal an die Kette legen müssen, haben sie viel Freiheit. Sie streifen umher und sind bisweilen ein, zwei Tage verschwunden, um zu jagen. Zu bestimmten Jahreszeiten zieht es sie zu den flachen Seen, an denen Bisamratten hausen. Bei der Rückkehr tragen sie manchmal Verletzungen im Gesicht, die von deren scharfen Bissen stammen. Schwerere Verletzungen können sich die Rüden beim Kampf um läufige Hündinnen zufügen. Um seinen wertvollsten Jagdhund zu schützen, legt Slawa Tarzan an die Kette, sobald er von einer läufigen Hündin erfährt. Der Ärmste wimmert jedes Mal zum Gotterbarmen – es drängt ihn, sich wie Bobik dem Gefolge der begehrten Hundedame anzuschließen. Bobik lässt sich dann nur zum Fressen sehen und verschwindet anschließend wieder, um keine Gelegenheit zu verpassen. Gelegentlich kehrt er vom Liebesabenteuer hinkend mit Bisswunden zurück und bleibt ein, zwei Tage in der Hütte, um die Verletzungen zu heilen, bevor er sich wieder in den Kampf stürzt.

Unsere Hunde begleiten uns beim Beerensammeln in der Taiga

Boris und Slawa haben bei Ihrer Abfahrt ins Jagdterritorium den beinahe einzigen Tag im Oktober erwischt, an dem die Fahrbedingungen einigermaßen gut sind, denn der Monat verläuft außergewöhnlich warm. Nachts liegen die Temperaturen zwar um minus fünfzehn Grad, doch tagsüber nähern sie sich dem Gefrierpunkt, sodass der Schnee zwar nicht taut, aber zusammensackt. Normalerweise würden die zurückgebliebenen Frauen mit der Zubereitung von Vorräten beginnen und sie im Vorraum des Hauses einlagern, wo starker Frost für ihre Haltbarkeit sorgen würde, doch dazu ist es noch nicht kalt genug. In der Zwischenzeit koche ich aus Zucchini oder Kürbis, getrockneten Aprikosen und Zukker etwa 30 Halbliter-Gläser Zucchini- und Kürbiskonfitüre. Einige davon werde ich Slawas Schwester Viktoria geben, damit sie sie verkauft. Sie ist Verkäuferin in einem unserer kleinen Läden und hat bereits meine überschüssigen Tomaten und Paprikaschoten in Rubel umgesetzt.

Ira und ich nutzen den Sonnenschein und die milden Temperaturen zu ausgedehnten Spaziergängen und zum Sammeln von Birkenrinde, die als Feueranzünder dient. Die Rinde schälen wir mit scharfen Messern von den umgestürzten Bäumen im Birkenhain, der sich am Flussufer entlangzieht. Wir stopfen sie in große Säcke, die wir auf dem Rücken nach Hause schleppen. Ein Dauergeräusch vom Fluss her erinnert an fernen Motorenlärm. Es wird von treibenden, aneinander reibenden Eisschollen erzeugt. An der Flussbiegung geraten sie ins Stocken, verkeilen sich hochkant ineinander und versperren den nachfolgenden, sich gegen das Hindernis aufbäumenden Schollen den Weg. Die so entstandenen Gebilde frieren zu einer weiträumigen bizarren Eislandschaft von wilder Schönheit zusammen. Auch an ruhigen Flussabschnitten bildet sich langsam eine teils noch dünne Eisdecke, die an einigen Stellen betreten werden kann, doch es gibt noch weite Strecken offenen Wassers.

Viktoria, die ohne handfesten Grund keinen Fuß vor die Tür setzt, bezeichnet Iras und meine Spaziergänge als „Ausgang der Närrinnen." Ira kontert: „Die Närrin bist du. Sitzt stundenlang vor dem Ofen und vergiftest dich mit Nikotin."

Viktoria macht fast nie ohne einen speziellen Anlass Besuche und lässt auch kein Verlangen nach Gästen erkennen. Die gern gebrauchte Formel „Komm wieder vorbei" ist wohl noch nie über ihre Lippen gekommen. Sie selbst bittet nur sehr selten um etwas. Anfangs fragte ich sie gelegentlich, ob sie Gartengemüse, Eier oder anderes benötige und hörte darauf immer „Ich brauche nichts", bis ich endlich merkte, dass man es ihr einfach in die Hand drücken muss. Gerechterweise muss ich zugeben, dass sich Viktoria im Dienste der Familie nicht schont. Wie es Brauch ist, feiert sie in Abwesenheit Slawas dessen Geburtstag mit einer Flasche Wodka und kippt am nächsten Tag eine weitere Flasche zum Geburtstag des vor einigen Jahren verunglückten Bruders Valerka, zu dessen Todestag Anfang Mai das gleiche Zeremoniell fällig werden wird. Familienmitglieder mit großer Verwandtschaft, einem guten Gedächtnis für Jahrestage und Sinn für Traditionen haben auf diese Weise beständig Gründe, ihre Leber zu strapazieren –

vor allem im fortgeschrittenen Alter, wenn sich die Todesfälle um sie herum gehäuft haben. Den Dahinscheidendenden mag es ein Trost sein, dass ihrer regelmäßig gedacht werden wird.

Anders als in allen vorangegangenen Jahren hat der Fluss Ende Oktober noch immer keine kompakte Eisdecke gebildet. Ein Jäger aus unserem Dorf verliert dadurch seine beiden Jagdhunde, die einen Elch auf die trügerische Fläche verfolgen. Der Elch bricht durch die Eisdecke und mit ihm die Hunde. Elch und Hunde werden von der Strömung unter das Eis gezogen und verschwinden lautlos in der kalten, erstickenden Todesfalle. Bis auf die Öffnung im Eis, die bald zufrieren wird, hinterlässt das Drama keine Spuren. Die in sanftem Auf und Ab verlaufenden Bergketten, die dunklen Wälder, der erstarrte Fluss – alles verharrt in stiller Harmonie. Nicht ohne Grund sagt man, die Taiga sei stumm – sie gibt ihre Geheimnisse nur selten preis.

Wir könnten uns freuen über die anhaltend milde Witterung, doch sie bringt die Ordnung der Dinge aus dem Gleichgewicht. Die vielen im Keller lagernden Kohlköpfe beginnen bereits zu welken. Sie müssen dringend gehobelt, in Salz eingelegt, drei Tage gesäuert und eingefroren werden. Das Einfrieren ist wichtig, damit die Gärung beendet und das Kraut nicht wirklich sauer wird. Sauerkraut, wie wir es in Deutschland kennen, würde niemand essen.

Unerwartet wird es wärmer und wärmer. Am ersten Novembertag erreicht das Thermometer im Schatten plus sechs Grad – ein Novum –, und die folgenden Tage sind gleichfalls nicht viel kälter. Normal wären Tagestemperaturen um minus 20 Grad und Nachttemperaturen um minus 30 Grad. Im Fernsehen zeigt man Bären auf Kamtschatka, die noch keine Winterhöhlen gegraben haben und auf der Suche nach Futter umherstreifen. Sie haben jede Scheu verloren, suchen die Dörfer heim und halten sich an Autotrassen auf. Beinahe erwarten wir, aufgetauten und wieder zum Leben erwachten Mammuts zu begegnen. Ohnehin leben wir in den Dörfern wie in früheren Zeiten, nicht gerade wie zur Zeit der Mammuts, aber wie vor einigen Jahrhunderten, sieht man von Elektrogeräten und benzinbetriebenen Fahrzeugen ab. Die ebenerdigen Blockhäuser aus Lärchenholzstämmen mit den großen Öfen in der Hausmitte und der Wassertonne in der Küche, die braunen Holzdielen, blauen Fensterumrahmungen und hellblau gekalkten Wände, das Klohäuschen im Garten, die Banja in der Blockhütte mit den rauchgeschwärzten Wänden sind unverändert geblieben. Im Winter schleppen in wattierte Monturen, Pelzschapkas und Filzstiefel gekleidete Menschen Brennholz ins Haus, das in langen Stapeln entlang der Zäune gelagert ist, tragen volle Wassereimer durch die niedrige Türöffnung der Banja und ins Haus, leeren mit klammen Fingern, die sie immer wieder an kleinen Holzfeuern wärmen, unter dem Eis durchgezogene Fischnetze. Es ist eine archaische Welt, die wir trotz aller Unbequemlichkeiten lieben.

Einige frostige Tage lassen uns hoffen, der Winter habe sich nun endlich auf seine Pflichten besonnen und beschere uns die jahreszeitlich angemessenen Temperaturen. Ich verarbeite dieses Jahr lediglich 25 Kilogramm Weißkohl und benötige dazu nur vier Stunden, aber Ira hat sich die doppelte Menge vorgenommen, um außer der hier lebenden, zur Zeit im Krankenhaus befindlichen Schwiegermutter auch die große Familie in Ust-Njukscha zu versorgen. Als ich am Abend zu ihr komme, ist sie vollkommen erschöpft, hat aber noch einen großen Haufen Kohlköpfe vor sich.

„Oh je! Ich werde dir helfen", biete ich an. Sie gibt mir ein Messer und ein Frühstücksbrettchen.

„Was soll das denn? Hast du keinen Hobel? Das Messer ist auch viel zu klein."

„Der Hobel funktioniert nicht richtig. Darum habe ich alles mit diesem Messer geschnitten, ein anderes ist nicht da."

„Um Himmels willen, das dauert doch ewig. Ich gehe rasch zu mir und hole andere Geräte."

Ich bringe einen großen Hobel, mit dem ein ganzer Kohlkopf zerkleinert werden kann, ein langes, scharfes Messer und ein großes Brett. Ich hätte auch eine Plastikwanne mitbringen sollen, denn es ist nur eine relativ kleine Schüssel da, die ich ständig leeren muss. Während ich hoble, schneidet Ira die Möhren, die unter das Kraut gemischt werden, in feine Streifen, statt sie auf einer groben Reibe zu schnitzeln. Da sie mit Sicherheit eine bessere und geübtere Hausfrau ist als ich, wundere ich mich über die umständliche Arbeitsweise, mit der sie sich bescheidet. Nach zwei Stunden sind wir fertig, und ich begebe mich zufrieden auf den Heimweg. Am nächsten Tag erhält meine Zufriedenheit einen kräftigen Dämpfer – mein Kraut saftet kaum. Wenn das so bleibt, verdirbt es und alle Arbeit war umsonst – das Aussäen, Umpflanzen und Hegen der Setzlinge, die Vorbereitung der Pflanzlöcher mit Humus und Holzasche, das Abdecken mit Schädlingsnetzen, das ständige Gießen und schließlich das Zerkleinern. Von Ira erfahre ich, dass sie mehr Salz verwendet, als ich es getan habe. Entnervt schütte ich das Kraut in eine Wanne, mische weiteres Salz darunter und stopfe alles erneut in das Holzfass, worauf dann zu meiner Erleichterung das gewünschte Ergebnis erzielt wird.

Endlich ist die Temperatur nachts auf minus dreißig Grad gefallen, sodass ich es wagen kann, die Kühltruhe abzuschalten und zu entleeren. Im frostigen Lagerraum des Hauses sortiere ich, bekleidet mit Filzstiefeln, Daunenjacke, Pelzmütze und Handschuhen, viele große Gefrierbeutel mit Fleisch, Fisch, Gemüse, Kuchen und Broten in verschiedene Behältnisse. Angesichts der Fleischmengen hoffe ich beinahe, dass Slawa nicht noch mehr Fleisch mitbringt.

Dann beginne ich mit der Zubereitung von Fertiggerichten, die ich den Jägern beim nächsten Aufbruch mitgeben will. Gefüllte Paprikaschoten, Kohlrouladen, Gulasch, mit Schmorkohl, Hackfleisch oder süßem Quark gefüllte Pirogi, Kekse und anderes wandern allmählich in die Vorratskammer. Leider habe ich bald keine Eier mehr. Die Ladenregale sind leer, weil der Winterweg nach Tupik noch nicht befahren werden kann, und unsere Hühner haben mich im Stich gelassen. Die vierzehn Hennen legten seit geraumer Zeit immer weniger Eier, bis zum Schluss jeden zweiten Tag nur zwei Eier in den Nestern lagen. Doch plötzlich, von einem Tag zum anderen, blieben auch diese aus. Die beiden Hennen müssen sich abgesprochen haben: „Ehrlich, das stinkt mir. Wir sind die einzigen, die hier noch schuften – die anderen machen sich 'nen Lenz. Sehe ich ja gar nicht ein, künftig mach ich das genauso." „Hast recht, abgemacht – ab morgen keine Eier mehr."

Die Hühner haben das unfruchtbare Alter erreicht, könnten aber noch gut einige Jahre ohne Frondienste glücklich vor sich hin picken, bis ihr natürliches Lebensende eintritt. Stattdessen werden wir sie ermorden und aufessen, weil wir sie erstens nicht die ganze Zeit weiter füttern wollen und zweitens den Platz für neue Hühner brauchen. Sie freizulassen ist auch keine Lösung, denn sie würden keine zehn Minuten überleben, weil die Hunde sofort Jagd auf sie machen würden. Zum ersten Mal kann ich die Haltung der Veganer voll und ganz nachvollziehen, nicht aus gesundheitlichen, sondern aus ethischen Gründen. Man züchtet Tiere, nutzt sie aus und dann – weg damit. Noch problematischer ist der Fleischkonsum, der hier bei uns besonders hoch ist. Das Töten von Tieren für den Lebensunterhalt ist für die Ortsansässigen normal. Für den europäischen Stadtmenschen, der beim Tragen von Lederschuhen und Essen von Fleisch, Wurst, Eiern und Käse gern vergisst, dass die Tiere ein nicht artgerechtes Leben führen müssen beziehungsweise seinetwegen spätestens dann geschlachtet werden, wenn sie ihren Dienst getan haben, mag es ein Anlass zu Kritik oder Verurteilung sein. Ich kann die hiesige Lebensweise jedoch nicht verdammen, ohne eine Alternative anbieten zu können. Im Gegensatz zum Stadtmenschen besteht unsere Arbeit fast ausschließlich aus Muskelarbeit, und Muskeln benötigen zum Aufbau und Erhalt Eiweißnahrung.

Wie wichtig Eiweiß für die Muskeln ist, erfuhr ich am eigenen Körper eher durch Zufall. Es war Winter, und Slawa war einige Wochen unterwegs zur Winterjagd. Ich ernährte mich in dieser Zeit vorwiegend von Kohlehydraten, einigen Erbsen, eingefrorenen Puffbohnen und eingefrorenem Gemüse. Da ich etwas mehr Zeit für mich hatte, konnte ich mit den Hanteln regelmäßig die Muskulatur trainieren. Dann aber merkte ich, dass ich sogar schwächer wurde. Erst nach einigen Tagen ausgewogener Ernährung erreichte ich den vorherigen Trainingsstand. Mir wurde bewusst, dass der hohe Fleischkonsum, den vor allem die Männer hier bevorzugen, keine bloße Angewohnheit ist, sondern eine dem Klima und den Arbeitsumständen geschuldete Notwenigkeit. Eiweiß ist vor allem in Fleisch, Fisch und tierischen Produkten wie Käse und Eiern enthalten. Ich versuche möglichst oft, die Nahrung mit dem Eiweiß aus Hülsenfrüchten zu ergänzen, von denen man hier aber nur Erbsen kaufen kann. Von Sojabohnen und Tofu kann man nur träumen – ich weiß aber auch nicht, ob pflanzliches Eiweiß dem tierischen gleichwertig ist.

Slawa und Boris haben dieses Mal ein genaues Rückkehrdatum genannt. Als Slawas Schneemobil vor dem Haus hält, erwarten ihn ein sauberes, warmes Heim, seine Lieblingsspeisen, eine geheizte Banja und offene Arme. Männer ohne Frau müssen auf all das verzichten. Ihre Behausung ist in der Regel ungepflegt und ihr Essen einfach. Meistens sterben sie frühzeitig nach Alkoholmissbrauch. In den ersten acht Jahren meines Hierseins starben sechs allein lebende Männer auf diese Weise.

Boris und Slawa bringen einen Schlitten voll Fleisch mit. Sie haben gleich zu Anfang des Jagdaufenthalts zwei Elche erlegt und sich hauptsächlich von deren Fleisch ernährt. Innereien und minderwertigere Teile wurden an die sechs Hunde verfüttert. Slawa meint, die Hundemeute hätte wahrscheinlich innerhalb einer Woche einen ganzen Elch verputzt, wenn man es zugelassen hätte. Scharen von Vögeln, vor allem Meisen, schwirrten um das abgedeckte Fleischlager und labten sich an den herumliegenden Abfällen. Häufig krochen sie sogar unter die Abdeckung, um an das Fleisch zu kommen, erzählt Slawa. Ich erinnere mich an meinen Aufenthalt in den Jagdhütten ganz am Anfang unserer Bekanntschaft. An die verschneiten, außerhalb der Pelztiersaison menschenleeren, unendlichen Taigawälder am Usmun-Fluss, durchzogen von gebirgigen Ausläufern und den Eisstraßen gefrorener Bäche. An die vielen Vögel, die ich dort beobachten konnte, und an die Spuren von Hase, *Kabarga*, Hirsch, Elch, Zobel, Eichhörnchen, Wolf, Vielfraß. Zu gern würde ich Slawa wieder einmal in sein winterliches Reich begleiten.

Die Zobeljagd verlief bisher nicht schlecht, obwohl einige Felle auf Grund der warmen Witterung noch nicht die beste Qualität aufweisen. Die Zobel finden zu Winterbeginn unter der dünnen Schneeschicht noch genügend Preiselbeeren und *Stlanik*-Zapfen mit den nahrhaften Nüsschen und erbeuten Nager, sodass sie nicht auf ausgelegte Köder angewiesen sind. Sie werden in dieser Zeit mit Hunden gejagt, vor denen sie auf Bäume flüchten und dort vom Jäger abgeschossen werden. Später, wenn hoher Schnee ihre Nahrungssuche erschwert, werden für das begehrte Pelztier Fangeisen ausgelegt, die mit Teilen von Auerwild und Rebhuhn beködert sind.

Kabarga – Moschustiere, fängt man in Drahtschlingen. Die Drahtschlingen werden in Kopfhöhe über die von Tieren ausgetretenen schmalen Pfade gehängt, die die Kabarga gern mitbenutzen. Obwohl auch ihr Fleisch verzehrt wird, haben es die Jäger besonders auf die Moschusdrüsen der männlichen Tiere abgesehen, denn die Aufkäufer zahlen dafür in diesem Winter pro Gramm umgerechnet zwölf bis dreizehn Euro, sodass eine Moschusdrüse mittleren Gewichts um die 250 Euro einbringen kann. Der Preis variiert pro Aufkäufer und Jahr. Ich erinnere mich, dass er schon sehr viel niedriger lag.

Weil Drahtschlingen und Fangeisen auch für die Hunde eine Gefahr bedeuten, müssen sie nun im Dorf bleiben. Außerdem rauben manche Hunde die Köder aus den Fangeisen. Unsere Hunde machen manchmal sogar vom Dorf aus Ausflüge mit genau dieser Absicht. Sie stellen sich bei ihren Raubzügen offenbar recht geschickt an, doch eines Tages hinkte Katja in den Hof und verzog sich sofort in die Hütte. Zum Glück hatte Slawa sie kommen sehen und wollte ihre Verwundung anschauen. Dabei stellte er fest, dass ihre Pfote verletzt in einem Fangeisen klemmte und sie sich damit viele Kilometer nach Hause geschleppt hatte. Es dauerte mehrere Wochen, bis sie wieder laufen konnte ohne zu hinken. Bobik hatten wir einmal schon beinahe aufgegeben, als er nach dreitägiger Abwesenheit mit einer Drahtschlinge um den Hals doch noch heimkehrte. Es war ihm gelungen, den Draht durchzunagen.

Slawas Territorium ist sehr weitreichend. Das kleinere Nachbarterritorium wird von seinem Schwager Wasja bejagt, der sonst in Tupik lebt und arbeitet. Dieses Jahr ist er im Spätherbst mit seinem Sohn Kolja, einem zwanzigjährigen, unglaublich langen und dürren Burschen, hergekommen. Nach kurzem Aufenthalt im Dorf begaben sie sich mit dem Boot zur ersten Jagdhütte am unteren Usmun, um Lebensmittel hinzubringen und dann auch die drei anderen Jagdhütten zu inspizieren und zu reparieren. Der regenreiche Sommer hatte den Usmun über die Ufer treten lassen, Hütten unter Wasser gesetzt und verschmutzt. Auch Bären suchen die Hütten immer wieder heim und zerstören sie. Nachdem Wasja und sein Sohn mit dem Boot ins Dorf zurückgekehrt waren, warteten sie wie die anderen Jäger auf Frost und Schnee, mussten den hindernisreichen, über Bäche und Berge führenden Weg ins Jagdgebiet dann aber zu Fuß zurücklegen, da sie kein Schneemobil besitzen. Das erschwert die Aufenthaltsbedingungen ungemein. Slawa erzählt mir, dass Wasja nach einem Fußmarsch von zwanzig Kilometern zu ihnen kam, nur um sie zu bitten, bei ihrer jetzigen Fahrt ins Dorf dreißig Kilo Mehl für ihn mitzubringen. Dabei wusste Wasja nicht einmal, in welcher Jagdhütte sie sich aufhielten. Es hätte auch eine weit vom Fluss entfernte sein können. Wasja berichtete, nahe ihrer Isbuschka seien vier Wölfe über den Fluss ans andere Ufer gewechselt. Als sie das Gewehr aus der Hütte geholt hatten, waren sie jedoch schon verschwunden.

Slawa erzählt, ein Bär habe seine Hütte am Usmun verwüstet, das Glasfenster zerbrochen, alles durcheinander geworfen und verschiedene Gefäße zerbissen, selbst die Plastikflasche mit dem Geschirrspülmittel. Glücklicherweise habe er nicht das Dach heruntergerissen oder einen anderen größeren Schaden angerichtet. Das Fenster konnten sie mit einer starken Plastikfolie abdichten, von der sie in weiser Voraussicht immer einen Vorrat mitnehmen.

Wie Boris und Slawa kommen einige andere Männer von ihrem ersten Jagdaufenthalt zurück ins Dorf. Einer von ihnen betrauert seine gute Jagdhündin, die einem Wolf zum Opfer gefallen ist. „Mein Sohn und ich saßen in der Isbuschka und säuberten Zobelfelle, als wir draußen ein lautes Wimmern hörten. Ich ging mit dem Gewehr raus und sah, dass ein Wolf meine Hündin gepackt hatte und in Richtung der Anhöhe wegzog. Ich lud sofort durch und erlegte ihn. Die Hündin lebte noch, obwohl er ihr den Bauch aufgerissen hatte und die Därme heraushingen. Ich musste sie erschießen. Die Wölfin ging uns am nächsten Tag in die Falle, die wir am Berg aufgestellt hatten."

Sein achtzehnjähriger Sohn Sascha hat mit dem Mobiltelefon die erlegten Wölfe aufgenommen und zeigt mir die Videos. Leider ist die Qualität der Aufnahmen ziemlich schlecht. Bei meiner ersten Anwesenheit in Srednjaja Oljokma spielte der damals zehnjährige Sascha mit einigen Klassenkameraden oft in meinem Haus. Jetzt geht er schon mit dem Vater auf die Jagd und sein Freund Pascha leistet den Wehrdienst ab. Manchmal merke ich erst an diesen Veränderungen, wie viel Zeit seitdem vergangen ist – viele Leute, die ich kannte, sind gestorben, andere weggezogen, wenige zugezogen, und sechs Kinder wurden geboren.

Freudige Heimkehr aus der Jagdhütte

Eine große Gaunerei

Sehr beunruhigt hören wir aus Tupik, dass ab kommenden Sommer am Oberlauf der Oljokma nach Gold gegraben werden soll, wie es schon seit Jahren an einem kleinen Zufluss des Tungir in der Nähe Tupiks geschieht. Da der Umweltschutz in Russland keine wesentliche Rolle spielt, fürchten wir, dass das Wasser unserer wunderbaren, sauberen Oljokma verunreinigt wird.

Außerdem erreichen uns Gerüchte, dass die Hälfte des Territoriums unseres Landkreises an Chinesen „abgegeben" wird. Die Information entstamme einer Zeitungsmeldung, bestätigt mir die Frau unseres Dorfvorstehers auf meine Nachfrage. Was „abgegeben" in diesem Falle bedeutet, welche Gebiete, zu welchem Zweck und ab wann – keiner weiß es, aber alle bleiben erstaunlich ruhig und niemand erfragt bei der Administration in Tupik Genaueres. Dabei bilden die Waldgebiete, Seen und Flüsse die Lebensgrundlage für die Bevölkerung unseres Rayons. Schon die Vergabe von weitreichenden Lizenzen für Jagd, Fischfang oder Holzeinschlag an Organisationen oder Einzelne, egal ob Chinese oder Russe, würde das Lebensumfeld stark verändern und vor allem die Bewohner der abgelegenen Taigadörfer empfindlich treffen.

Alles, was wir hören, muss mit Skepsis aufgenommen werden. Die Leute lieben es, beieinander zu hocken und zu schwatzen, ohne es mit der Wahrheit allzu genau zu nehmen. Zur Unterhaltung wird manches einfach frei erfunden, anderes dichterisch ergänzt. Nachrichten werden schon beim Hören oder Lesen unvollständig aufgenommen und erfahren bei der Weitergabe von Mund zu Mund verblüffende Veränderungen.

Ich dränge Slawa, den Rayonchef in Tupik anzurufen und die Fakten zu erfragen, doch auch er ist nicht interessiert.

„Ich begreife nicht, warum ihr euch nicht bemüht, die Sachlage zu klären", äußere ich mein Unverständnis.

„Es kommt, wie es kommt. Das erfahren wir noch früh genug. Machen kann man sowieso nichts dagegen." Slawas Antwort spiegelt den Fatalismus der Dörfler wider. Das Schicksal wird von oben bestimmt – entweder von Gott, dem Zaren, der Regierung, dem Rayonchef oder irgendeinem Anderen, der das Sagen hat.

Erst Wochen später hören wir Genaueres von einem Milizionär aus Mogotscha, der hergekommen ist, um die registrierten, legalen Gewehre und deren korrekte Unterbringung in verschlossenen Stahlschränken zu überprüfen sowie nach illegal vorhandenen Gewehren zu fahnden. Es versteht sich, dass es im ganzen Dorf nicht die Spur eines illegalen Gewehrs gibt. Was soll er machen, er kann ja nicht in jedes Loch kriechen. Der Milizionär weiß zu berichten, dass ein umfangreiches Waldgebiet zwischen Amasar und Gulja für den Holzeinschlag freigegeben wurde. Die Lizenz dafür erhielt ein chinesisches Unternehmen. Das Holz soll ein von Chinesen zu erbauendes Zellulosewerk bei Amasar mit Rohstoff versorgen. Amasar ist eine Siedlung im Rayon Mogotscha an der Bahnstrecke der TRANSSIB unweit der chinesischen Grenze.

„Ein Glück, dass Srednjaja Oljokma in einem so unzugänglichen Gebiet liegt, das den Holztransport schwierig und teuer machen würde“, sage ich erleichtert zu Slawa.

„Ich glaube nicht, dass das die Chinesen schrecken würde. Die bauen in Nullkommanichts eine Trasse durch die Taiga“, meint er.

Angeblich will der Rayonchef noch vor Neujahr eine Versammlung bei uns abhalten, bei der man konkret nachfragen könnte.

„Das glaube ich erst, wenn er leibhaftig vor mir steht“, zweifle ich. Der Zweifel stellt sich leider als berechtigt heraus. Einige Aufklärung bringt erst Ende Mai 2014 ein Artikel in der Zeitung „Effekt“, einem regionalen Blatt für Transbaikalien. Dort wird unter der Überschrift „Amasar: Baustelle des Jahrhunderts oder Schwindel des Jahrhunderts?“ folgendes berichtet:

Nach längeren vorbereitenden Gesprächen und Verhandlungen wurde im Jahr *2004 in Mogotscha die russisch-chinesische Gesellschaft „Zellulosekombinat Polarnaja“ registriert und damit die Weichen gestellt für den Bau eines großen Zellulosekombinats bei Amasar mit einer Kapazität von bis zu vierhunderttausend Tonnen Zellulose jährlich. Für den Bau wurde der Gesellschaft eine Fläche von 735 Hektar zur Verfügung gestellt, und für die Versorgung mit dem Rohstoff Holz 1.600.000 Hektar Wald im Rayon Mogotscha für die Dauer von bis zu 49 Jahren verpachtet, wobei mit einem Holzverbrauch von 1.300.000 Kubikmetern gerechnet wurde – fast einem Drittel des ganzen Mogotschinsker Rayons.*

Hinter dem angeblich gemeinsamen russisch-chinesischen Unternehmen stand jedoch ausschließlich chinesisches Kapital, nämlich 100 Prozent. Mit der Koordination des Projekts beauftragt wurde das Unternehmen SABINKOM des russischen Oligarchen Konstantin Nagajev .

Die Entscheidungen, Verträge und Bedingungen wurden von Seiten des Sabaikalskij Kraj unter Führung des Gouverneurs Rawil Geniatulin und seiner Beamten beschlossen – offenbar im engsten Kreis, denn die Öffentlichkeit erfuhr erst 2013 durch einen neu gewählten Kreishauptverwalter davon, der darüber in seinem Blog schrieb.

Das Zellulosekombinat sollte innerhalb von fünfeinhalb Jahren betriebsfertig sein, doch bis zum heutigen Zeitpunkt ist nur ein geringer Teil davon gebaut worden. Der Zeitpunkt des Produktionsbeginns ist nicht absehbar. Das Holz allerdings, das im Zellulosekombinat verarbeitet werden sollte, wird fleißig gefällt und nach China gebracht, schon ab dem Zeitpunkt, als noch kein Stein des Kombinats stand. Wie bekannt wurde, gibt es keine Möglichkeit, das zu unterbinden. Offensichtlich sieht der Wald-Pachtvertrag keinerlei Einschränkungen bezüglich der Ausfuhr und der Verwendung des Holzes vor, obwohl der Abschluss ja mit dem Zellulosewerk begründet wurde. Es besteht der Verdacht, dass der

Bau des Kombinats nur vorgeschoben war, um über einen langen Zeitraum an große Mengen Holz zu kommen.

Leider ist der Artikel etwas konfus und ungenau abgefasst, was die harten Fakten betrifft, und enthält auch keinerlei Informationen über Vertragsbedingungen, Sanktionen bei Nichteinhaltung, Pachtbeträge, Steuerzahlung und dergleichen. Zum Beispiel wäre es interessant zu wissen, wie der Wald-Pachtvertrag in wesentlichen Punkten aussieht und weiterhin, ob vertraglich festgelegt war, das Zellulosewerk bis zu einem bestimmten Zeitpunkt in Betrieb zu nehmen und welche Sanktionen bei Nichteinhaltung vorgesehen waren.

Nach meinem Empfinden wäre es bereits strafbar und müsste mit einer Schadenersatzklage gegenüber den Verantwortlichen geahndet werden, wenn die leitenden Beamten, unter anderem der großmächtige Gouverneur, aus Dummheit diese riesengroßen Schlupflöcher offen ließen. Aber so dumm kann einfach keiner sein. Als Erklärung bleibt nur eins – Korruption. Bisher wurde jedoch nicht bekannt, dass die beteiligten russischen Beamten zur Verantwortung gezogen wurden. Armes reiches Russland!

Feste feiern

Ira hat Slawa und mich, Viktoria, Tatjana und Grigori zu ihrem Geburtstag eingeladen. Der kleine Tisch ist bedeckt mit verschiedenen Speisen, die alle mit wenig Salz und Gewürzen zubereitet sind. Außer schwarzem Pfeffer, Dill, Lorbeerblatt und selten verwendetem Chili benutzt man hier keine Gewürze. Bis auf den gebratenen Fisch und das Fleisch mit dem kräftigen Eigengeschmack schmecken die Zubereitungen etwas fade – vielleicht sind meine Geschmacksknospen durch den Gebrauch von deutschen und exotischen Ingredienzien schon verdorben.

Da die beiden Läden vor über drei Monaten das letzte Mal mit Waren versorgt wurden, ist selbst der Wodka, das *glawnyj produkt* - Hauptprodukt, ausgegangen. Stattdessen steht eine Kanne *Spirt*, wie der 96-prozentige Alkohol genannt wird, auf dem Tisch. Der „Bekömmlichkeit" wegen ist er mit Wasser vermischt. Ira und ich trinken „Wein", der ebenfalls einen kräftigen Spirtgeruch ausströmt und so süß ist, dass ich ihn stark verdünnen muss. Trotz der bescheidenen Dosis führt der Alkohol zu Leichtsinn und Übermut, denn nur so kann ich es mir später erklären, eine Einladung zum „Tag des Jägers" ausgesprochen zu haben. Sie soll ein Ersatz für Slawas Geburtstagsfeier sein, die durch seine Abwesenheit ausgefallen ist. Ich bin der Meinung, den „Tag des Jägers" eben erst erfunden zu haben, aber später höre ich, dass es diesen Ehrentag tatsächlich gibt und er in den Oktober fällt.

Im Winter nutzt man das Eis zur Wasserversorgung im Haushalt

Früher feierte man ihn ausgiebig, manchmal drei Tage lang, bevor die Jäger zur Winterjagd in ihre Territorien aufbrachen. In Russland gibt es jede Menge solcher Ehrentage – Tag des Lehrers, Eisenbahners, des medizinischen Personals und und und –, die gewissenhaft begossen werden.

Unsere Ehemänner bleiben nur wenige Tage im Dorf, um die Schneemobile zu überholen, Lebensmittel und saubere Kleidung einzupacken und Wasser vom Fluss zu holen. Die Wasservorräte sollen den Daheimgebliebenen drei bis vier Wochen reichen. Da Slawas Cousin Wowka sich noch immer im Jagdgebiet aufhält, muss auch der Haushalt seiner Eltern und seiner geschiedenen Frau mit den vier Kindern versorgt werden. Schwester Viktoria benötigt ebenfalls Wasser. Slawa fährt viele Male zum Eisloch im Fluss, um die Blechtonne auf dem Schlitten zu füllen, das Wasser in Eimern ins Haus zu tragen und in die 200-Liter-Tonne in der Küche zu schütten. Da die jeweils 200 Liter keine vier Wochen reichen, bringt Slawa im Schlitten noch große, aus dem Flusseis geschlagene Eisbrocken herbei und deponiert sie im Hof, von wo sie nach Bedarf ins Haus getragen und aufgetaut werden können. Zum Feiern bleibt keine Zeit. Nach der Abreise von Boris und Slawa erinnern mich Ira und Tatjana an meine Einladung und meinen, wir könnten den Tag auch in deren Abwesenheit begehen. Die Männer hätten sich bei Iras Geburtstag sowieso gelangweilt und sich ziemlich schnell zum Fernseher zurückgezogen.

„Nun gut, dann feiern wir eben einen *Tag der Frauen der Jäger und Fischer*“, erkläre ich mich einverstanden, denn Grigori fischt neuerdings, wenn er nicht gerade seiner Arbeit auf unserer Elektrostation nachgeht.

Die kleine, rundliche Tatjana hat sich in ein schickes Oberteil gezwängt, das die Nähte zu sprengen droht. „Als ich letzten Sommer hierher kam, passte es noch“, erklärt sie. „Jetzt sind mir viele Sachen zu eng geworden. Kein Wunder, ich backe jeden Tag etwas Süßes.“

„Dazu hätte ich keine Lust. Es gibt ohnehin immer genug zu tun“, werfe ich ein.

„Ich tue es wegen Grigori. Allerdings bleibt der immer schlank, egal, was er isst. Als ich noch allein lebte, habe ich gekocht, wenn ich Lust und Appetit hatte, aber jetzt müssen die Mahlzeiten regelmäßig auf den Tisch kommen. Das ist mir oft lästig. Und überhaupt – das Leben in dieser Einöde ist ziemlich langweilig; außer Arbeit gibt es hier ja nichts. Meine Freundinnen in Sludjanka haben mich gewarnt. Mir würde es ungebunden doch prima gehen. Warum wolle ich nun in die Wildnis ziehen, um wieder mit einem Mann zusammenzuleben und mich seinen Interessen unterzuordnen, meinten sie. Damals zerstreute ich die Bedenken, aber im Nachhinein muss ich ihnen Recht geben.“

Ira entsetzt sich: „Aber ohne ihn wärst du doch ganz allein!“

„Wieso denn das? Ich war doch nicht allein, sondern hatte meine Bezugspersonen – gute Freunde, mit denen zusammen ich etwas unternehmen konnte, meine Arbeitskollegen, meinen Sohn mit Familie. Im Klubhaus gab es oft interessante Veranstaltungen. Ich konnte tun und lassen, was und wann ich wollte. Das fehlt mir jetzt alles.“

Ira kann das nicht nachvollziehen. Sie geht ganz in ihrer Familie auf. Ihr Leben besteht in ewigen Wiederholungen aus Kochen, Backen, Bewirten und den dafür erforderlichen Vorbereitungen – wie in einem Hamsterrad. Sobald das Rad stillsteht, weiß sie nichts anderes anzufangen, als Leute zu besuchen oder fernzusehen, obwohl sie intelligent ist. Es ist wie bei einem Workaholic, der außer seiner Arbeit nichts anderes mehr weiß und will. Doch dann überrascht sie mich mit der etwas wehmütigen Bemerkung: „Ich habe Boris mit neunzehn Jahren geheiratet und bin ihm hierher gefolgt. Vorher lebte ich in Irkutsk, arbeitete als Kranführerin und betrieb Fallschirmspringen als Sport. Ich war damals so neugierig.... Wollte alles erfahren und noch so viele Dinge machen.... Als wir im Winter hierher einen ganzen Tag durch unbewohnte Taiga fuhren, dachte ich: Um Gottes willen, wohin bringt er mich nur? Die erste Zeit war ich sehr unglücklich und habe viel geweint.“

Nach einiger Zeit, unsere Wangen sind von der Mischung aus Spirt, Traubensaft und Zucker – Wein laut Etikett – schon gerötet, animiere ich Ira und Tatjana zum Singen. Ich liebe diese russischen Volksweisen, die von den Frauen in einer ganz bestimmten, lauten und metallisch klingenden Tonlage vorgetragen werden. Sie lassen sich nicht lange bitten und legen lächelnd los. Iras Goldzähne blitzen und Tatjanas Augen im runden Gesicht werden vor Vergnügen zu schmalen Schlitzen.

Einige Tage darauf feiert Tatjana Geburtstag. Sie hat Viktoria, Ira und mich eingeladen. Ihr Haus ist klein, die Wohnräume bestehen aus einer schmalen Küche und zwei kleinen Zimmern. In der Ecke über dem Esstisch steht auf einem Brettchen ein kleiner Fernseher. Auf der Mattscheibe herrscht Dauerschneesturm, hinter dem das Geschehen nur schemenhaft zu erkennen ist. Der Ton ist unbeeinträchtigt und dröhnt mir und Ira direkt ins Ohr, bis ich ihn leise drehe. Das Gerät läuft den ganzen Abend, obwohl niemand hinschaut.

Grigori ist noch in der Elektrostation. Tatjana vermutet, dass ihr Geburtstagsgeschenk nicht fertig ist und er dort daran bastelt. Alle Augen sind neugierig auf ihn gerichtet, als er erscheint, doch seine Hände sind leer.

„Was für ein Geschenk?“ antwortet er auf Nachfrage.

Tatjana nimmt es mit Humor, und ich registriere, dass die Lebensgemeinschaften hier wohl generell anderen Regeln folgen als denen, die ich aus Deutschland kenne. Nachdem sich der Hausherr am Tisch gestärkt hat, kümmert er sich um das Musikprogramm. Bald tönen die beliebten russischen Schlager durch den Raum. Sogar Viktoria, sonst nicht gerade eine Stimmungskanone, wiegt sich in ihrem Rhythmus. Ira und Tatjana tanzen, während ich mir zu diesen Weisen höchstens rhythmische Sportgymnastik für Betagte vorstellen kann. Grigori, angeblich ein guter Tänzer, fordert Ira auf. Der Tanz, bei dem im gleichen Rhythmus von einem Bein aufs andere getreten wird – eins, zwei, eins, zwei –, ist mir unbekannt. Lass diesen Kelch an mir vorübergehen, bete ich, doch ich werde nicht erhört. Grigori fordert mich auf – linkes Bein, rechtes Bein, linkes Bein, rechtes Bein. Er lobt mich anschließend als gute Tänzerin, ein Prädikat, das ich zum ersten Mal im Leben in Anspruch nehmen kann.

Überraschend erhalte ich eine Einladung ins Klubhaus zum *Prasdnik* - Feiertag. Dort erfahre ich, dass der Tag der Mütter und der Tag der Pensionäre zusammengelegt wurden und nun festlich begangen werden sollen. Die gute Absicht ist erkennbar. Das Klubhaus ist mollig warm geheizt und der lange Holztisch mit Zeitungspapier gedeckt, auf das nun jeder sein Essgeschirr und die zu Hause vorbereiteten Speisen drapiert. Die Gesellschaft der Feiernden ist arg zusammengeschrumpft, vergleiche ich sie mit der Feier vor neun Jahren. Damals begleitete ich meine alten Freunde Dora Michailowna und Iwan Georgiewitsch zum Tag der Pensionäre ins Klubhaus. Heute sind viele Leute nicht erschienen, aber auch der Tod hat die Reihen gelichtet.

Ich finde es schade, dass das Klubhaus zwar täglich geheizt und regelmäßig renoviert, aber selten genutzt wird. Da man in Russland gern singt, die Texte aber immer mehr aus dem Gedächtnis schwinden, könnte man einmal im Monat im Chor gemeinsam singen. Man könnte überlieferte Handarbeiten aufleben lassen, Gefäße aus Birkenrinde herstellen, Felle bearbeiten und vernähen, statt jeden Abend vor der Glotze zu hocken. Vielleicht haben die Menschen kein Interesse, selbst etwas zu organisieren oder sind nach der täglichen Arbeit einfach zu müde. Auch ich habe es bisher nicht geschafft, Weidengeflechte herzustellen und Felle zu imprägnieren, obwohl ich dafür in Deutschland extra Anleitungen und Alaun für die Felle besorgt habe. Immerhin lernte ich anhand eines Buches Socken zu stricken und fabrizierte viele Paare, nachdem ich aus Deutschland haltbare Sockenwolle mitgebracht hatte.

Im Gespräch erfahre ich von der Frau des Dorfvorstehers, dass Srednjaja Oljokma vor der Perestroika 270 Einwohner hatte, davon 70 Kinder. Die beiden großen Räume des Klubhauses waren an Feiertagen voll fröhlicher Menschen.

Anatoli Semjonowitsch bringt das Gespräch auf die Lebensbedingungen im Sozialismus und Kapitalismus und fragt mich, in welchem System die Menschen besser leben.

„Das ist so generell schwierig zu beantworten“, überlege ich. „Es gibt wohlhabende kapitalistische Länder, in denen der Durchschnitt der Bevölkerung gut lebt und in denen durch umfassende Sozialleistungen auch Einkommenslose ein menschenwürdiges Dasein führen können. Andererseits gibt es nicht wenige kapitalistische Länder, in denen die Masse weitaus schlechter lebt, als es in den meisten sozialistischen Ländern der Fall war. Und Lebensqualität definiert sich ja auch nicht nur darüber, wie hoch das Einkommen ist und wie viel man kaufen kann.“

Anatoli Semjonowitsch fragt mich nach Unterschieden zwischen Deutschland und Russland. In den Augen der Russen ist Deutschland ein Land, in dem Milch und Honig fließen. Dass dafür gewissenhaft gearbeitet und sparsam mit Ressourcen umgegangen wird, wird nicht wahrgenommen. Ich versuche, die augenfälligsten Gegensätze zu nennen und fasse mich möglichst kurz, denn die meisten Anwesenden interessieren sich nicht dafür. Ernsthafte Gespräche werden bei solchen Feiern als unpassend empfunden.

Anwesend sind auch drei der Frauen, die sich gegen die Alkoholsucht behandeln ließen. Obwohl sowohl Wein als auch Wodka auf dem Tisch stehen, bleiben sie bei Fruchtsaft und Tee. Ich freue mich für sie. Tamara, eine Russin Mitte fünfzig, sehr mager, gehört nicht zu ihnen. Sie ist ein lieber, sympathischer Mensch; jeder mag sie. Leider trinkt sie seit frühester Jugend, ist jedoch sehr sparsam im Verbrauch. Sie benötigt nur wenige Schlucke Alkohol, um benebelt zu sein, und isst wie ein Vögelchen. Allerdings muss sie immer für einen gewissen Alkoholspiegel sorgen und ist deshalb trotz ihrer Rente in beiden Läden so verschuldet, dass sie vorerst nichts mehr bekommt.

Vor zwei Monaten hatte ich ihr eine Hose geschenkt, die mir zu eng geworden war. Sie schlussfolgerte daraus wahrscheinlich, ich habe einen sozialen Tag und pumpte mich sofort an – sie brauche dringend Waschpulver, Zucker und Tee. Ich zögerte: „Wenn ich dir Geld gebe, kaufst du vielleicht Wodka oder Bier dafür. Es wird wohl besser sein, wenn wir gemeinsam zum Laden gehen und ich die Dinge kaufe."

„Aber nein, ich kaufe keinen Alkohol. Ich brauche doch dringend die anderen Sachen."

Da ich gerade mit einer Arbeit beschäftigt war und für den Besuch des Ladens eigentlich keine Zeit hatte, gab ich ihr das Geld, ermahnte sie aber, keinen Alkohol zu kaufen.

„Nein, ganz bestimmt nicht", beteuerte sie und hatte es vermutlich auch nicht vor. Der Geist war willig, aber das Fleisch war schwach. Zwei Stunden später traf Slawa sie betrunken auf der Straße an. Wir wundern uns immer, dass sie diese Lebensweise übersteht. Sie ist nie krank und verdingt sich oft für verschiedene Arbeiten in Haus und Garten. Der Auftraggeber muss dann allerdings immer das 16-prozentige Starkbier als Hilfsmittel bereithalten, damit sie nicht schlappmacht.

Jetzt blinkert sie mir verlegen zu. „Entschuldige, dass ich dir das Geld noch nicht zurückgegeben habe."

„Kein Problem, gib es mir bitte, nachdem du die nächste Rente erhalten hast." Es ist kein großer Betrag, und ich hätte ihr die Schuld erlassen, aber nicht für den Kauf von Alkohol. In Gedanken schreibe ich das Geld trotzdem ab, denn ich vermute, dass auch ihre Dezemberrente nicht reichen wird, alle Schulden zu bezahlen und mit dem restlichen Bargeld Wodka zu kaufen, um die Auszahlung der Rente zu feiern. Doch Tamara überreicht mir später tatsächlich die Rubel.

Kurz darauf treffen aus Tupik die ersten Fahrzeuge dieses Winters ein, ein Kleinbus und ein Jeep, die Waren für einen der Läden, Geld für Angestellte und Renten sowie Post mitbringen. Mitgekommen ist auch der Jagdpächter, der Zobelfelle und Moschusdrüsen aufkauft. Er drückt wie üblich die Preise, um selbst möglichst viel daran zu verdienen. Dazu klagen die Jäger über eine zu geringe Zobelbeute, was vielleicht an dem noch immer relativ milden Wetter liegt. Mit nachts selten einmal 40 und tags meist weniger als 30 Grad Frost wurden noch keine wirklich tiefen Temperaturen gemessen, wie wir sie aus anderen Jahren gewohnt sind, und die Schneedecke ist kaum dreißig Zentimeter hoch. In den weiter südlich und westlich gelegenen Gegenden Sibiriens fiel die Jahreszeit bisher mit nicht wesentlich unter dem Gefrierpunkt liegenden Temperaturen noch wärmer aus.

Die Eröffnung des Winterwegs, die Ankunft von Geld und Waren sind ein Grund zum Feiern. Im Laden gibt es lang entbehrte Güter wie Wurst, Eier, Käse, Obst, Süßigkeiten, Zigaretten, endlich wieder Tee, Bier und natürlich das glawnyj produkt – Hauptprodukt, sprich Wodka, von dem 0,5 Liter umgerechnet nun schon 12 Euro kostet. Es wird kräftig zugelangt. Die bezahlten Summen liegen in der Regel um die zweihundert Euro und damit doppelt so hoch wie mein Einkauf, obwohl ich mich mit reichlich Äpfeln, Käse, Wurst und einer langen, dicken Stange Schinken eindecke. Nastia, die eingebürgerte, dicke Tschuktschin, bezahlt sogar über dreihundert Euro, weil sie unter anderem Unmengen Süßigkeiten, Gebäck, Limonade und ähnliche Güter einkauft, vielleicht als Ersatz für den Alkohol. Als ich den Laden verlasse, schwankt mir Wowa mit stierem Blick entgegen. Er will wohl Nachschub holen.

Hoffnungsvoll begebe ich mich zur Bibliothek, wo die eingegangene Post liegen soll. Voller Freude kann ich fünf Briefe aus Deutschland und einen Brief von Dora Michailowna entgegennehmen, die erste Post, die mich in diesem Jahr erreicht. Sie lag monatelang auf dem Postamt in Tupik. Glücklich ziehe ich mich damit zurück und lese sie genüsslich bei einer Tasse Kaffee. Dora Michailowna lebt inzwischen in einer großen Stadt bei ihrer Tochter. Aus dem Fenster im siebenten Stock sieht sie auf tausende vorüber fahrende Autos. Sie sehnt sich nach Srednjaja Oljokma, wo sie jeden Morgen aus dem Haus in ihren Garten treten und nach wenigen Metern den Wald erreichen beziehungsweise auf den Fluss hinunterschauen konnte. Doch sie ist nun weit über achtzig und wäre nicht mehr in der Lage, das körperlich anspruchsvolle Leben hier zu meistern. Nach dem Tode ihres Mannes, Iwan Georgiewitsch, holte die Tochter sie zu sich.

Zwei Tage später, am Abend, trifft unerwartet Boris ein. Sein Schneemobil ist defekt, und er benötigt für die Reparatur Ersatzteile. Auf der Fahrt hierher passierte er Wowas Jagdhütte, vor der dessen Hunde angekettet waren. Er ist empört, als er hört, dass Wowa schon den dritten Tag trinkend im Dorf weilt und die Hunde seitdem ohne Futter geblieben sind. Nach der Reparatur des Schneemobils, die über einen Tag in Anspruch nimmt, bricht Boris wieder auf, während

Wowa weiterzecht und sich der Verantwortung für seine Tiere entzieht. Boris befreit die Hunde, die nach fünf Hungertagen abgemagert ins Dorf gelaufen kommen.

Die Öffnung des Winterweges ist verbunden mit Besuchern aus der Zivilisation, die hier Geschäfte machen wollen oder von der Administration beauftragt wurden, Kontrollen beziehungsweise Arztbesuche durchzuführen. Häufig bringen sie Krankheitskeime mit, sodass im Dorf plötzlich Magen-Darm-Erkrankungen und grippale Infekte grassieren. Manchmal kommt es mir vor, als wäre ich in alte Zeiten versetzt, in denen Fremde kamen und den Einheimischen Feuerwasser und Krankheiten brachten.

Kaum zu glauben

Ira stöhnt. Von der gebückten Haltung beim Teig ausrollen schmerzen ihr Nakken und Rücken. Als Vorrat für unsere Weidmänner hat sie wieder einen Eimer voller *Pelmeni* – mit Hack gefüllte Teigbällchen – zubereitet und eingefroren, nachdem sie vorher das viele Fleisch durch den Wolf gedreht hatte. Es ist nicht der erste Eimer, von dem sie mir berichtet, und natürlich auch nicht das einzige Fleischgericht. Wahrscheinlich hat sie inzwischen einen ganzen Elch verarbeitet und zerstückelt nun das Rentier, das Boris kürzlich mitbrachte. Ich bin nicht im Bilde, da alles Fleisch bei Boris im Schuppen lagert.

Unwillkürlich lasse ich mich durch Iras Übereifer anstecken. Eine lange, mit „Salami" bezeichnete Wurst, die jedoch unserer Jagdwurst ähnelte, habe ich Boris mitgegeben. Wie ich die Männer kenne, reicht sie gerade einmal für zwei Mahlzeiten, bei denen mit dem Brot sehr sparsam umgegangen wird. Die zweite Wurst muss deshalb ökonomischer eingesetzt werden. Sie sowie ein Teil des Schinkens und der Käse landen auf fast fünfzig Pizzazungen, die ich an zwei Abenden backe. Als ich am Folgetag nachts um halb zwölf das dreihundertfünfundachtzigste Pelmeni aus der Form schüttle, nachdem ich zuvor Kuchen gebakken hatte, frage ich mich plötzlich, ob ich noch ganz bei Trost bin. Will ich wirklich für jede Mahlzeit der Männer ein Fläschchen vorbereiten? Sie kehren wegen der einsetzenden Dunkelheit spätestens um 17 Uhr in die Jagdhütte zurück, essen und haben dann noch höchstens drei Stunden zu tun – Holz hacken, Eis auftauen, Zobel abziehen, vielleicht Schlingen fertigen oder Fangeisen reparieren. Die Hütte wird durch die Petroleumlampe beziehungsweise eine batteriegespeiste LED-Leuchte nur schwach erhellt, und die Stunden bis zum Aufstehen um 7 Uhr sind lang. Sie haben genügend Zeit, für eine Mahlzeit am Tag selbst zu sorgen. Slawa bestätigt das stets und will nie viel Vorbereitetes mitnehmen.

Im letzten Winter hielt ich mich mehrere Monate in Deutschland auf, und Ira war in Ust-Njukscha geblieben. Dadurch mussten sich Boris und Slawa weitgehend selbst versorgen. Bei meiner Rückkehr fand ich Slawa wie immer gut gepolstert vor, aber „Boris sah aus wie ein Hungerhaken" sagt Ira und krümmt anschaulich den Finger. Jetzt arbeitet sie im Marathon dagegen an. Offenbar ist sie überzeugt, dass ein Mann ohne Muttermilch nicht überleben kann, oder sie weiß mit der vielen Zeit, die sie allein verbringen muss, nichts anderes anzufangen.

„Ira, wir übertreiben es maßlos. Ich mache das nicht mehr mit. Die Männer können sich eine Mahlzeit am Tage selbst kochen. Zeit dafür haben sie. Was machen sie denn sonst den ganzen Abend? Sie sitzen herum, rauchen, trinken Kaffe und langweilen sich."

„Meinst du? Und wenn sie sich nichts kochen?"

„Das ist dann ihr Problem, selbst schuld. Das sind doch keine kleinen Kinder!"

„Ach, die sind schlimmer als Kinder."

„Das muss man ja nicht noch unterstützen", meine ich abschließend, glaube aber, dass sie so weitermachen wird.

Bis auf Tarzan sind die Hunde zu Hause geblieben. Umka folgt mir wie ein Schatten, egal, wohin ich mich wende und wie lange ich dort bleibe. Er sitzt solange vor der Tür, bis ich wieder auftauche, um sich dann zu gebärden, als baumle gerade das leckerste Fleischstück seines Lebens vor seiner Schnauze. Allerdings hege ich keinen Zweifel, dass er das Fleischstück vorziehen würde, hätte er die Wahl. Rufe ich ihn, kommt er von weither herbeigeflitzt. Kümmere ich mich aber nicht um ihn, berührt er mich auffordernd mit der Pfote, und kauere ich mich zu ihm hin, steckt er den Kopf unter meinen Arm oder versucht sogar, auf meinen Schoß zu klettern. So ein liebes großes Schoßhündchen, denke ich – anfangs. Doch je heimischer er sich fühlt, desto mehr entpuppt er sich als unerzogener Rüpel, der auf die Schlüsselworte „*nelsja* – du darfst nicht" und „*uchodi* – geh weg", deren Bedeutung die Hunde normalerweise schon als Welpen lernen, nicht reagiert. Mit Vorliebe schlüpft er in den Vorraum des Hauses, um sich nach Essbarem umzusehen oder um mir im Haus vielleicht sogar Gesellschaft zu leisten. Da ihn dort die Rute, verbunden mit lautem *nelsja*, erwartet, lässt er das ziemlich schnell. Auch später, als im Vorraum ein Haufen Elch- und Rentierteile liegt und Windstöße die Tür einladend auf- und zuschwingen lassen, bleibt er draußen. Allerdings sitzt er ausdauernd davor und kratzt beharrlich daran in der Hoffnung, dass aus dem *du darfst nicht* vielleicht doch ein *du darfst*

Die Hunde lieben es, mich auf den Spaziergängen zu begleiten

wird. Mehrere Abende versucht er es beharrlich mit wolfsartigem Heulen. Nein, mein Lieber, *du darfst nicht* ins Haus.

Eine weitere Unart bestand darin, an mir hochzuspringen. Das habe ich ihm abgewöhnt, er springt jedoch immer noch nach der Futterschüssel. Da meine Hände besetzt sind, kann ich kaum dagegen einwirken. Nachdem ich ihn mit Fußtritten einige Male vom Treppenpodest befördert habe, wartet er nun lieber, bis ich im Hof stehe, ohne sich dort durch Tritte mit meinen weichen Filzstiefeln am Springen hindern zu lassen. Sobald Slawa zurück ist, müssen wir gemeinsam etwas dagegen unternehmen. Das Schoßhündchen ist im wahren als auch im übertragenen Sinn ziemlich dickfellig. Geht er mit mir durchs Dorf und verletzt dabei die Territorien der anderen Hunde, kümmert er sich nicht um deren Bellen und Knurren, sondern geht ohne eine Reaktion einfach weiter. Statt sich auf den Eindringling zu stürzen, lassen sie ihn dann passieren.

Eines Tages suchte ich den Dorfvorsteher auf, dessen Hunde gerade fraßen. Umka schlenderte sofort hin und beteiligte sich seelenruhig an der Mahlzeit, obwohl die Hunde bellten und knurrten, weil ihnen das verständlicherweise gar nicht gefiel. Auf einen Kampf wollten sie sich aber nicht einlassen. Slawa erzählte mir, dass Umka sich einmal auf Tarzan setzte, der ihn böse angrollte, was Umka aber nicht im Geringsten störte. Wirklich problematisch und untypisch für Laikas ist aber, dass er jetzt angefangen hat, ihm Unbekannte in unserem Hof anzubellen, zu knurren und sogar nach der Kleidung zu schnappen. Vermutlich kommen da die Gene des Moskauer Wachhundes zum Ausdruck. Wenn er uns nicht gerade begleitet, liegt er auf der Treppe vor der Eingangstür und passt auf uns auf. Die Leute bleiben nun vorsichtshalber draußen vor dem Zaun stehen und machen sich durch Rufen bei uns bemerkbar. Er tut nach seinem Verständnis nur seine Pflicht, doch solch einen Hund können wir in unserem Dorf nicht gebrauchen. Womöglich beißt er irgendwann einmal jemanden. Trotzdem schmerzt es mich, ihn zurückzuschicken, nachdem er sich hier eingelebt hat und mich offenbar in sein Hundeherz geschlossen hat.

Neulich sah ich, dass Umka und ein fremder Hund sich auf Bobik gestürzt hatten. Ich musste mit einem Stock dazwischen gehen, damit sie von ihm abließen. Der fremde Hund flüchtete, und Umka bekam unter lautem Schimpfen einige Schläge. Sie waren nicht wirklich schmerzhaft für ihn, aber er verstand die Nachricht und „kroch zu Kreuze". Von Bobiks Ohren lief das Blut herunter, weitere Verletzungen hatte er zum Glück nicht davongetragen. Er verzog sich sofort in seine Hütte, doch als ich zu einem Gang durchs Dorf aufbrach, schloss er sich mir an. „Bleib du schön zu Hause, ich jedenfalls habe für heute genug von Hundekämpfen", murmelte ich und kettete ihn an. Am nächsten Tag sah ich, dass Umka ihm die Ohren ableckte – nichts für ungut.

Nicht immer bleiben die Folgen harmlos. Viktoria hatte ein kleines, schmutzigweißes, zotteliges Hündchen, das jahrelang unbehelligt durchs Dorf gestreift war. Eines traurigen Tages fanden wir es tot mit Bisswunden auf der Uferwiese.

Manche Tierfreunde werden sich wahrscheinlich empören über die Behandlung, die unsere Hunde zuweilen erfahren. Aber bei älteren Tieren, die nicht schon als Welpen in ein Rudel hineingewachsen sind, ist es manchmal schwierig, unerwünschtes Gebaren zu unterbinden. Wichtig ist, nur im unmittelbaren Zusammenhang mit dem Fehlverhalten zu bestrafen, nicht unüberlegt im Zorn, und immer konsequent zu sein. Vor allem müssen sie den Menschen als „Rudelführer" akzeptieren, was sie nur tun, wenn sie ihn als den Stärkeren erleben. Ich lobe sie oft, weil ich sie von Herzen liebe. So entsteht eine enge, freudige Beziehung.

Die meisten Dorfbewohner streicheln ihre Hunde nicht, weil die Gefahr der Übertragung des Hundebandwurms besteht, wenn die Hände nach Berührungen und vor dem Essen nicht gründlich gereinigt werden. Der Hund ist Endwirt des nur 4 Millimeter großen Hundebandwurms und scheidet die Eier mit dem Kot aus. Durch Schnüffeln, Wälzen, Liegen können Eier am Fell des Hundes haften bleiben, beim Streicheln an die Hände gelangen und dann oral aufgenommen werden. Im Menschen entwickeln sich aus den Eiern Larven, die Leber, Lunge oder andere Organe befallen und bei nicht erfolgreicher Behandlung zum Tode führen können. Hunde- und Fuchsbandwurm sind für den Menschen wesentlich gefährlicher als Schweine- und Rinderbandwurm.

Unsere Hunde erhalten jedes Jahr eine Wurmkur. Trotzdem besteht keine Garantie für Wurmfreiheit über das gesamte Jahr. Ich streichle unsere Hunde wesentlich seltener, nachdem in unserem Dorf zwei Menschen an Echinokokkose erkrankt sind, in Tschita operiert und über einen langen Zeitraum weiterbehandelt werden mussten.

Von einem Tag zum anderen hören wir, dass das Dieselöl für den Stromgenerator höchstens noch zwei, drei Tage reichen wird. Vor knapp einer Woche hatte Grigori mir mit einer bezeichnenden Handbewegung zum Hals bedeutet, der Treibstoff sei bis zur nächsten Lieferung überreichlich vorhanden – eine aus der Luft gegriffene Behauptung, wie sich jetzt zeigt. Anatoli, der hauptverantwortliche Mitarbeiter, weilte seit vier Wochen in seiner Jagdhütte, und seitdem verschlief Grigori oft die Zeit, zu der der Generator nachts abgeschaltet werden musste. Er lief dann manchmal bis spät in die Nacht hinein. Ich bat Grigori, das Dieselöl nicht auf diese Weise zu verschwenden, damit wir nicht eines Tages im Finstern sitzen müssten. Er behauptete daraufhin, die Uhr in der Elektrostation ginge falsch und er hätte dort keine andere. Seltsamerweise tat sie das nur nachts. Ich schenkte ihm eine Uhr, bei der ich den Wecker auf ein Uhr nachts eingestellt hatte.

Man hätte von Zeit zu Zeit die Kraftstoffmenge kontrollieren müssen, um rechtzeitig Sparmaßnahmen durch Verkürzen der Laufzeiten des Generators ergreifen zu können und dadurch die Stromversorgung zumindest reduziert aufrechtzuerhalten, sodass täglich die wichtigsten Aufgaben erledigt werden könnten. Stattdessen werden wir nun so lange ohne Strom auskommen müssen, bis der Winterweg auch für den schweren Tankwagen befahrbar ist, also noch mindestens zwei Wochen. Waschmaschine, Backröhre, Elektrokocher können nicht mehr benutzt werden, und in der dunkelsten Zeit des Jahres müssen wir uns bis zehn Uhr morgens und ab fünf Uhr nachmittags mit Taschenlampenlicht behelfen. Mich schmerzt, dass ich das Notebook nicht mehr benutzen kann, wenn der Akku erst einmal leer ist.

Nachdem der verantwortliche *Natschalnik* in Tupik über den dringenden Bedarf an Dieselöl informiert wurde, überschlägt er den durchschnittlichen Verbrauch und stellt ihn der laut Unterlagen gelieferten Menge von sechs Tankwagen gegenüber. Dabei stellt er eine Fehlmenge von 6000 Litern fest, etwas mehr als der Inhalt eines ganzen Tankwagens. Das Öl hätte noch bis in den Februar reichen sollen. Der Verdacht liegt nahe, der Fahrer des Tankwagens habe bei jeder Lieferung einen Teil des Öls abgezweigt und auf eigene Rechnung verkauft, weil er wusste, dass die Mengen bei der Abnahme durch Anatoli nicht kontrolliert werden.

Anatoli wird zurückgerufen und sagt auf Nachfrage: „Der Fahrer ist doch ein Freund! Den werde ich doch nicht kontrollieren!“ Die beiden hatten jedes Mal gemeinsam ausgiebig gebechert, wenn der „Freund“ Dieselöl gebracht hatte.

Ich freue mich auf Slawas Rückkehr von der Jagd. Da erzählt mir Ira, die jeden zweiten Tag mit ihrer Tochter in Ust-Njukscha telefoniert, Slawa habe von seinem Satellitentelefon aus in Ust-Njukscha angerufen und seinen Bruder gebeten, demnächst mit dem Auto nach Srednjaja Oljokma zu kommen und dann weiter nach Mogotscha zu fahren, um mich zum Zug zu bringen. Ich bin entgeistert über diesen unsinnigen Mehraufwand, denn Ust-Njukscha liegt 280 Kilometer in entgegengesetzter Richtung. Außerdem verabscheue ich es, jemanden für mich einzuspannen, es sei denn, es handelt sich lediglich um eine kleine Gefälligkeit oder um ein Geschäft mit angemessener Bezahlung. Auf keinen Fall will ich diesen nicht mit mir abgesprochenen Dienst in Anspruch nehmen und hoffe, dass Slawa die Idee fallen lässt.

Nicht lange darauf poltert Slawa eines frühen Abends mit vereistem Bart und Augenbrauen durchgefroren, aber strahlend ins Haus. Nach der Begrüßung muss erst der Schlitten, in dem ein Rentier liegt, entladen und das Schneemobil in die Garage gefahren werden, bevor wir uns Tee trinkend am Tisch niederlassen können. Als erstes eröffnet mir Slawa, ich würde am übernächsten Tag nach Mogotscha fahren. Morgen käme ein Auto, um mich abzuholen.

Also doch. Trotzdem bin ich perplex.

„Welches Auto?“, frage ich, da Ira mich gebeten hatte, Stillschweigen über ihre Mitteilung zu wahren.

„Das ist ja egal, ein Auto eben. Du hast doch gesagt, dass du bis zum 15. Dezember hier wegwillst, damit du noch vor den Feiertagen in Deutschland bist.“

„Das war vor zwei Jahren. Über dieses Jahr haben wir noch gar nicht gesprochen, das wollte ich jetzt tun. Von Boris hörte ich, dass er und Ira erst kurz vor Neujahr nach Hause fahren werden, weil ihr in Kürze noch einmal zur Jagd aufbrechen wollt. Darum dachte ich, am besten würde es vielleicht passen, wenn wir nach den Feiertagen mit unserem LKW nach Mogotscha fahren. Mit den ersten Jagderlösen könntest du Benzin kaufen und ins Dorf mitnehmen. Oder du könntest Waren für den Laden befördern, sodass die Fahrkosten abgedeckt wären und du außerdem noch etwas Geld dabei verdienen würdest."

Slawa freut sich. „Dann könnten wir *novyj god* zusammen feiern?"

„Hatte ich gedacht."

Nun muss er mir noch beibringen, dass sein Bruder im Anmarsch ist. „Morgen bekommen wir Besuch, mein Bruder Wowka."

„Ach so? Welche Überraschung!"

Am nächsten Morgen kurz vor neun Uhr trifft Wowka ein. Er ist stark angetrunken. Er und ein weiterer Fahrer, Sergej, waren in jeweils einem Auto am Vortag um zehn Uhr in Ust-Njukscha aufgebrochen und hatten für die 280 Flusskilometer beinahe vierundzwanzig Stunden gebraucht, ohne eine Schlafpause eingelegt zu haben. In diesem Winter hatte noch kein Auto die Strecke von Ust-Njukscha nach Srednjaja Oljokma befahren. Die Fahrbedingungen auf dem Fluss waren schwierig, und sie mussten oft zu Fuß vorangehen, um eine sichere Route ausfindig zu machen. Die Hauptursache für die lange Fahrdauer bestand aber wohl darin, dass sie an jeder Jagdhütte anhielten und mit den Bewohnern pichelten. Zehn Flaschen Wodka und anderthalb Liter Kognak flossen unterwegs durch die Kehlen, wie sie fröhlich erzählen. Man muss schon einiges gewöhnt sein, wenn man unter solchen Umständen trotzdem am Ziel ankommt.

Der wesentlich jüngere Sergej trägt noch keine Spuren seines häufigen Alkoholkonsums im Gesicht, das faltenfrei und trotz der langen Fahrt von frischer Farbe ist. Wowka dagegen sieht stark mitgenommen aus. Er ist noch keine fünfzig, mager, relativ klein und hat ein ungepflegtes, lückenreiches Gebiss. Übermüdet und betrunken hockt er herum, will nichts essen und versucht schwerfällig, Konversation zu machen. Slawa legt ihm nahe, sich hinzulegen und auszuschlafen.

„Tagsüber schlafe ich nicht, das ist Gewohnheit", lehnt Wowka ab, bis Slawa ihn beinahe zwingt, sich niederzulegen. Er schläft bis zum Abend, trinkt Tee, isst etwas und würgt alles wieder hoch. Ich muss es zum Glück nicht mitansehen. Am nächsten Tag geht es ihm etwas besser.

Wie mir schon in Ust-Njukscha aufgefallen war, trinkt er häufig, sodass ich eine Warnung für angebracht halte.

Ruhig, aber bestimmt sage ich: „Wowka, was gewesen ist, ist gewesen. Aber ich möchte nicht, dass du auch nur ein Glas Alkohol anrührst, solange du unser Gast bist. Falls doch, werfe ich dich ohne Diskussion aus dem Haus – und das meine ich ernst. Hast du mich verstanden?" Er nickt.

Sie wollen schon am nächsten Tag wieder nach Hause fahren. Beide Autos sind Dieselfahrzeuge, der mitgebrachte Treibstoff reicht aber nicht mehr für die Rückfahrt. Entweder haben sie durch die lange Fahrdauer mehr als geplant verbraucht oder sie hatten zuwenig mitgenommen in der Annahme, hier welchen zu bekommen. Vielleicht hatte Slawa sogar versprochen, aus der Elektrostation Dieselöl zu beschaffen, denn für die Fahrt nach Mogotscha hätte auf jeden Fall zusätzlicher Treibstoff bereitgestellt werden müssen. Doch selbst, wenn es dort noch einen Vorrat gegeben hätte, wäre dieser „Sommerdiesel" für die Fahrt bei tiefem Frost ungeeignet gewesen, wie auch die hundert Liter, die in unserem Schuppen für den Traktoreinsatz lagern. Sie sind dickflüssig wie Sirup. Bei den herrschenden Temperaturen bedarf es speziellen Dieselkraftstoffs, der hier im Dorf nicht aufzutreiben ist.

Da der Kraftstoff für ein Auto noch reicht, machen sie sich damit auf den Rückweg. Sie müssen demnächst mit ausreichend Winterdiesel zurückkommen, um das zweite Fahrzeug zu holen. Zusammengerechnet mit ihrem ersten Besuch sind das dann 6 x 280 = 1680 Kilometer, die sie ohne erkennbaren Nutzen zurücklegen.

„Warum sind sie überhaupt hierher gekommen, wenn die Wegverhältnisse derart schlecht sind und sie nach zwei Tagen schon wieder losfahren wollen?", frage ich Slawa.

„Weiß ich nicht. Als ich hörte, dass Wowka uns besuchen will, habe ich ihm gesagt, dass er dich nach Mogotscha bringen könnte, falls er Zeit habe."

Das klingt anders als das, was Ira mir erzählt hat. Von wem er das in der Taiga wohl gehört haben kann? Was soll ich nun glauben?

Aus gegebenem Anlass habe ich an der Wand des Plumpsklos ein Schildchen angebracht, auf das der Blick der Männer unweigerlich fallen muss: Ich hasse schmutzige Toiletten. Nicht daneben urinieren! Wowka muss es übersehen oder nicht für voll genommen haben. Festgefrorener Urin ist großzügig um die runde, eimergroße Öffnung verteilt. Jetzt bin ich wirklich ärgerlich, denn ich kann das Klo im Winter nicht reinigen, da das Wasser sofort gefrieren würde. Ich habe keine andere Wahl, als mich auf die gefrorene Pisse zu stellen. Alle dörflichen Stehklos, die ich bisher aufsuchen musste, waren rund um die Öffnung verschmutzt. Den Leuten macht es offenbar nichts aus, doch ich finde es ekelhaft und achte darauf, unser Klo sauber zu halten. Slawa meinte anfangs, es sei für einen Mann unmöglich, immer ins Loch zu treffen, aber durch ständiges Training gelingt ihm das Wunder nun doch. Nicht so unseren russischen Besuchern. Sie müssen untenherum anders gebaut sein als die Deutschen, denn die Toilette im Gästehaus ist immer sauber. Eine wohlmeinende Leserin fragte mich, warum wir denn kein Sitzklo errichten würden mit einer Auflage aus Styropor und Filz gegen die Kälte, wie sie es am Baikalsee gesehen habe. Ganz abgesehen davon, dass die Winter am Baikalsee erheblich wärmer sind und die Sitzfläche bei uns trotz des Bezugs buchstäblich a....kalt wäre, würde sich keiner, aber wirklich keiner der russischen Machos beim Pinkeln hinsetzen, sondern ohne Bedenken den Sitz verschmutzen. Als Frau müsste man sich dann darauf setzen. Ich mag es mir nicht einmal vorstellen.

Wasja und sein Sohn kommen von der Jagd zurück und bitten Grigori, sie mit seinem Kleinbus nach Tupik zu bringen. Grigori willigt ein, doch auf halber Strecke bleibt der Bus liegen, glücklicherweise in der Nähe einer Jagdhütte. Schließlich kann man ihn soweit reparieren, dass er es zwei Tage später bis Tupik schafft, wo eine größere Reparatur durchgeführt werden muss, die Grigori einige Tage dort festhält.

Auch Kolja, der in Tupik seine beiden Enkelkinder abholen will, kommt nicht am ersten Tag an, weil sein Wagen wegen eines Defekts nur noch ein sehr langsames Tempo zulässt. Siebzig Kilometer vor Tupik muss er die Nacht verbringen. Wesentlich besorgniserregender ist der Verlauf seiner Rückfahrt mit den beiden kleinen Enkeltöchtern, denn auf ihre Ankunft wird in Srednjaja Oljokma vergeblich gewartet. Jagdhütten zum Übernachten gibt es nur in größeren Entfernungen, die Kinder zu Fuß nicht zurücklegen können. Lässt man den Motor lange Zeit laufen, ist irgendwann das Benzin verbraucht. Als sie am Nachmittag des zweiten Tages noch nicht eingetroffen sind, borgt sich der Vater der Kinder von Slawa Benzin und fährt zusammen mit seinem Schwager in einem LKW los, die Vermissten zu suchen. Nach zwölf Kilometern friert der Radiator ein und verhindert die Weiterfahrt.

Es ist nach dreiundzwanzig Uhr, als ein Jeep aus Mogotscha in Srednaja Oljokma eintrifft, der die Gestrandeten unterwegs aufgelesen hat. Kolja hatte glücklicherweise ein Öfchen, Rentierfelle und ein Zelt mitgenommen, in dem sie übernachten und sich warm halten konnten, bis Rettung nahte.

Bei einem Telefonat mit ihrer Tochter Natalja in Ust-Njukscha erfährt Ira, dass Slawas Bruder Wowka an Bord seines Kumpels Sergej aufgebrochen sei, um sein in Srednjaja Oljokma stehendes Fahrzeug abzuholen. Unerklärlich früh, denn Boris hatte mit ihm abgesprochen, dass er ihn anrufen würde, wenn er und Slawa von einem weiteren Jagdaufenthalt zurück sein würden. Erst dann sollte Wowka losfahren, um Boris und Ira auf der Rückfahrt nach Ust-Njukscha mitzunehmen. Boris wollte ihm den Treibstoff dafür bezahlen, sodass diese Lösung für beide vorteilhaft sein würde. Statt zur Jagd zu fahren, wartet Boris nun auf Wowkas Ankunft. Als er auch am zweiten Tag nicht eintrifft, vermuten wir ausufernde Trinkgelage, die ihn unterwegs aufgehalten haben. Der dritte und vierte Tag verstreicht. Danach erzählt Iras Tochter, dass die beiden Genossen wieder aufgetaucht seien und Wowka nun versuche, neuen Kraftstoff für die Fahrt nach Srednjaja Oljokma aufzutreiben. Sie seien gar nicht zu uns aufgebrochen, sondern hätten sich irgendwo mit Gleichgesinnten die Zeit vertrieben und dabei den vorhandenen Treibstoff verbraucht. Sergejs Frau wolle ihn nun nicht noch einmal fortlassen.

Dann ist Wowka wieder verschwunden. Zwei, drei Tage tut sich nichts. Boris und Slawa warten auf das nächste Gerücht aus Nataljas Mund. Es macht mich ganz kribbelig.

„Boris, warum rufst du nicht direkt Wowka oder, falls du ihn nicht erreichst, seine Lebensgefährtin Sweta an? Sie weiß doch am ehesten, was Sache ist."

„Er sagt ihr doch nicht, wohin er geht. Sie weiß auch nichts."

„Na, bestimmt mehr als eure Tochter über den Buschfunk. Aber selbst wenn nicht, wird Wowka zwischendurch oder irgendwann bei ihr auftauchen. Lass ihm über Sweta etwas ausrichten, zum Beispiel, dass ihr jetzt zur Jagd fahrt und an welchem Datum du wieder im Dorf bist und seine Ankunft erwartest. Dann braucht ihr jetzt nicht tatenlos herumzuhängen aus Angst, ihn zu verpassen."

Schließlich ruft Slawa Wowka an und erreicht ihn auch. Er behauptet, das Auto sei unterwegs kaputt gegangen und nun hätte er keinen Treibstoff mehr.

„Lüge mich doch nicht an", schnauzt Slawa, der Nataljas Darstellung glaubt.

Wie auch immer, Tatsache ist, dass der Sprit fehlt. Nun bittet Boris seinen Schwiegersohn, sich um ein Fahrzeug zu bemühen, das Ira und ihn von hier abholen kann. Dieses Fahrzeug soll angeblich am siebenundzwanzigsten Dezember hier eintreffen. Der Zeitraum bis dahin ist viel zu kurz, um alle aufgestellten Fangeisen im Jagdgebiet zu kontrollieren. Unter Umständen muss Slawa die restlichen Kontrollen allein durchführen. Vielleicht haben das unterdessen schon die Vielfraße erledigt, denn seit dem Aufstellen der Fangeisen ist viel Zeit verstrichen. Boris und Slawa wollen gleich am nächsten Morgen aufbrechen, am vierundzwanzigsten Dezember. Versonnen und etwas sehnsuchtsvoll sage ich: „Morgen feiern sie Deutschland Weihnachten."

Es tut Ira leid, mich so zu sehen. „Ich komme zu dir", schlägt sie vor. „Wir trinken Wein, hören Musik und tanzen."

Es ist die russische Vorstellung vom Feiern. Ich glaube, sie kennen keine besinnlichen Feste, ausgenommen vielleicht christliche unter Gläubigen. Ich kann mein Erschrecken nur schlecht verbergen. „Oh nein, bloß nicht", entfährt es mir. „Weihnachten ist ein stilles Fest innerhalb der engsten Familie, bei dem traditionelle Gepflogenheiten eine wesentliche Rolle spielen. Es fängt mit den Adventssonntagen an, an denen man beginnt, die Räume weihnachtlich zu schmücken. Am Adventskranz werden Kerzen angezündet, man bastelt mit den Kindern Weihnachtsschmuck, isst spezielles Gebäck, unterhält sich, singt oder hört Weihnachtslieder und besucht Weihnachtsmärkte. Am Heiligabend legt man schön verpackte Geschenke unter den geschmückten Weihnachtsbaum, und nach der Bescherung gibt es ein traditionelles Weihnachtsessen."

Ira nickt, und Slawa will trotz der schon herrschenden Dunkelheit sofort aufbrechen, um mir eine Kiefer zu holen, denn Tannen und Fichten wachsen in unserem Klima nicht. „Nein, lass es", wende ich ein. „Es ist wirklich nicht nötig. Wenn ich gewollt hätte, hätte ich es früher gesagt. Man kann eine Tradition nicht einfach in ein anderes Land verpflanzen, es funktioniert nicht. Wir sind in Russland und werden stattdessen novyj god feiern, und zwar nach russischer Sitte."

Ich bin sogar froh, allein zu sein und in Stille an meine Lieben daheim denken zu können. Wäre Slawa anwesend, würde den ganzen Abend die Schießerei aus dem Fernseher an mein Ohr dringen. Slawa hatte unsere hundert Liter Dieselöl zur Elektrostation gebracht und auch andere hatten ihre Reste zusammengekratzt, um eine reduzierte Stromversorgung noch für zwei, drei Tage länger zu ermöglichen. Als nichts mehr ging, warf Slawa abends unseren Benzingenerator an. Jeden Nachmittag musste die Garage geheizt, der bleischwere Generator zum Aufwärmen dorthin geschleppt und dann zurück in den Hof bugsiert werden, bevor man ihn benutzen konnte. Er knatterte mehrere Stunden wie ein Traktor und blies Abgaswolken in die Hundehütten.

Am Tag nach Slawas und Boris Abfahrt erscheint zu meiner Überraschung Bruder Wowka in der Tür. Er war am vierundzwanzigsten in Ust-Njukscha losgefahren. Gerüchte erfährt man immer schnell, Tatsachen seltener und genaue Absprachen fürchtet man wie der Teufel das Weihwasser. Vielleicht deshalb, weil garantiert etwas dazwischen kommt. Ich kann mich nicht entsinnen, dass jemals ein Termin eingehalten wurde, wenn tatsächlich einmal jemand so leichtsinnig war, sich festzulegen.

Bruder Wowka hat Cousin Wowka aus seiner Jagdhütte am Fluss mitgebracht. In diesem großen Land herrscht ein bedauerlicher Mangel an Vornamen. Einige der alten Vornamen vergibt man nicht mehr und ausländische Namen sind ungebräuchlich, ausgenommen einige französische aus der Zarenzeit. In unserer unmittelbaren Verwandtschaft und Bekanntschaft existieren zehn Wladimire, kurz Wowka, Wowa oder zärtlich Wowotschka genannt. Es ist verwirrend, und ich weiß ohne erklärende Zusätze nie, von welchem Wowka die Rede ist. Die Russen folgern es blitzschnell aus den Zusammenhängen, so, wie sie auch sprachliche Abkürzungen ohne Probleme meistern. Bietet man jemandem zum Beispiel Kaffee an und er antwortet „ich Wein", hieße das genau genommen „ich bin Wein", doch der Russe entnimmt daraus "nein danke, ich trinke Wein", anstatt eine derart umständliche Formulierung zu erwarten. Ich weiß allerdings nicht, wie weit man darin gehen kann. Da ich mir die russischen Begriffe für Substantive besser merken kann als die vielfältigen, sehr verschieden zu konjugierenden Verben, wäre es eine große Hilfe, wenn ich letztere einfach weglassen könnte: Ich Wörterbuch, er mich, sie Socken, ich Brille.

Ich biete Bruder Wowka Tee und Essen an, doch er lehnt ab. Er sei bei Cousin Wowka untergekommen und würde jetzt gleich zurückgehen, um sich zu erholen. Er habe seit der Abfahrt am vergangenen Tag nicht geschlafen. Die Dramatik in Gestik und Stimme lassen befürchten, er bräche gleich zusammen.

„Warum bist du nicht schon vor Tagen gekommen? Wir hatten gehört, dass ihr losgefahren seid und haben gewartet und gewartet."

„Mein Auto ist unterwegs kaputt gegangen."

„Bist du denn nicht mit Sergej in seinem Auto losgefahren? Wo wart ihr vier Tage lang? Und wie seid ihr mit dem kaputten Auto zurückgekommen nach Ust-Njukscha?"

„Nein, ich bin allein losgefahren in meinem Auto. Es hat so lange gedauert, bis ich es repariert hatte", versichert er mit bester Vertreterstimme.

Ich komme mir vor wie in einem sich schnell drehenden Lügenkarussell. Was stimmt nun, was kann man überhaupt noch glauben? In meinem Kopf kreiselt es, und ich habe das Gefühl, dass meine Augen schon überkreuz schauen.

Am nächsten Tag holt er sich den Garagenschlüssel, um unsere Garage zu heizen, in der sein Dieselfahrzeug steht. Er müsse etwas reparieren und das Rad wechseln. Tee und das angebotene Essen lehnt er ab und meint, er sei völlig fertig, denn er habe die ganze Nacht nicht geschlafen.

„Warum nicht? Du warst gestern gegen achtzehn Uhr bei mir und sagtest, du wollest dich nun erholen. Da hattest du doch die ganze lange Nacht Zeit zum Schlafen!"

„Ich konnte nicht, ich war zu unruhig bei dem Gedanken, was ich heute alles erledigen muss." Der arme Mann hat es wirklich schwer, ist nun schon fünfzig Stunden auf den Beinen, ohne ein Auge zuzutun.

Ich gebe ihm den Schlüssel und bitte ihn auf Slawas Geheiß, die Garage abzuschließen, wenn er weggehe. Dort befänden sich Benzin und Ersatzteile, die Slawa nicht unbeaufsichtigt lassen wolle. „Ja, ja", meint er und gibt mir nach dem Aufschließen das Schlüsselbund zurück.

Es dämmert bereits, als Ira zu mir kommt und einen Schwall Kälte mitbringt. Ich bin dabei, Pelmeni zu formen. Sie erzählt mir, dass Wowka und sein Kumpel zusammen mit einigen Einheimischen den größten Teil der vergangenen Nacht mit Trinken verbracht hätten, und er jetzt am Nachmittag erschöpft und zittrig zu ihr gekommen sei und um Essen gebeten habe, da er den ganzen Tag noch keinen Bissen zu sich genommen habe.

„Mir hat er erzählt, er konnte vor lauter Sorge nicht schlafen. Essen wollte er nichts. Ich war den ganzen Tag zu Hause, er hätte nur rüberzukommen brauchen."

„Er ist schon lange nicht mehr in eurer Garage, das Rad haben sie woanders montiert. Nach dem Essen bei mir ist er verschwunden, keine Ahnung, wohin."

„Dann steht sie seitdem offen, der Schlüssel liegt bei mir." Als die Pelmeni fertig sind, schließe ich die Garage ab. Keines der beiden Autos befindet sich darin.

Abends um zehn Uhr findet sich Wowka ein, schmutzig und sehr betrunken. „Die Garage ist abgeschlossen", sagt er.

„Ja, natürlich. Ich habe dir gesagt, du sollst abschließen. Weshalb hast du es nicht getan?", schimpfe ich.

„Ich hatte keinen Schlüssel."

„Und warum hast du ihn dir nicht von mir geholt? War der Weg über die Straße zu weit?"

Stolz wie ein Prinz – es passt nicht ganz zur äußeren Erscheinung – wirft er hin: „Keine Minute länger bleibe ich in Srednjaja Oljokma, ich fahre jetzt sofort zurück nach Ust-Njukscha“, und macht auf dem Absatz kehrt.

Verblüfft schaue ich Ira an. „Das habe ich jetzt nicht erwartet. Normal wäre gewesen zu sagen: Tut mir leid, aber ich muss das Auto in die Garage stellen, öffne sie bitte.“

Ira bleibt ruhig. „Er kann nicht zurückfahren. Meine Tochter hat ihm das Benzin für die Fahrt hierher gegeben, und er braucht von uns noch das Benzin für die Rückfahrt.“

Ich frage mich, wie seine Lebensgefährtin Sweta es mit Wowka aushält. Mir scheint, viele der hiesigen Männer suchen und finden keinen Sinn in ihrem Leben und wären ohne ihre Frauen wie verlorene Seelen auf einem unwirtlichen Planeten. Einmal fragte ich Ira, was Boris ohne sie tun würde. Sie konnte es sich kaum vorstellen und meinte, er wäre dann wie eine wurzellose Pflanze. Die Frauen geben dem Dasein Inhalt und schaffen ein gemütliches Heim. Manche Männer wissen es zu schätzen und manche setzen es gedankenlos aufs Spiel. Doch auch in funktionierenden Ehen finden – nach meiner Beobachtung hier auf dem Land – kein geistiger Austausch, kaum Gespräche über das Notwenige oder den Dorfklatsch hinaus, kaum innige Kontakte außerhalb des Bettes statt. Es ist, als lebten die Geschlechter auf getrennten Himmelskörpern und würden sich nur manchmal zu bestimmten Zwecken treffen.

Die Ehe wird wohl eher als Zweckgemeinschaft verstanden, die beiden Vorteile bietet, auf die man nicht verzichten will oder kann. Solange sich der Mann einigermaßen ausreichend um die „Männerarbeiten“ kümmert, also Holz, Wasser, Fleisch und Fisch besorgt und körperlich schwere Arbeiten übernimmt, ist die Frau zufrieden. Alles, was er sonst macht, ist ihm überlassen. Gemeinsamkeiten bestehen im Fernsehen, Feiern, Besucher empfangen und Ausflügen in die Taiga zum Beeren- und Pilzesammeln.

Ich sitze am Computer, als es an die Tür klopft. Tatjana streckt ihren Kopf herein: „Moschno – darf ich?“ „Natürlich“, antworte ich. Sie kommt von der Nachbarin, deren Kuh vor kurzem gekalbt hat und bei der man jetzt frische Milch kaufen kann. Das Kälbchen steht in einer abgetrennten Ecke in der warmen Küche.

Tatjana knöpft ihren eng gewordenen Wintermantel auf. Ihr dralles, faltenloses Gesicht ist rot vor Kälte, und als sie die Pelzschapka vom Kopf zieht, kommt graues, zum Pferdeschwanz gebundenes Haar zum Vorschein, dessen Enden noch die rote Färbung tragen.

„Die graue Farbe steht dir gut, besser als die rote, finde ich. Hast du das Färben aufgegeben?“

„Ach, was soll's. Es war mir lästig.“

„Kaffee oder Tee? Es ist mir peinlich, aber ich kann dir dazu gar nichts anbieten, weil ich nicht gekocht habe. Wenn Slawa in den Jagdhütten ist, mache ich mir nur etwas, wenn ich Hunger verspüre. Kekse und Konfekt sind auch nicht im Haus – ich bin eine schlechte Gastgeberin."

Tatjana winkt ab. „Kaffee bitte. Ich wollte dich eigentlich nur etwas fragen. Hättest du nicht Lust, mit mir nach Wladiwostok, vielleicht auf die Kurilen oder nach Kamtschatka zu reisen? Ich möchte so gern einmal dorthin. Ich bin auf den Kurilen geboren, kann mich aber nur an Weniges erinnern, denn meine Eltern sind schon vor meiner Einschulung nach Irkutsk gezogen. Ganz alleine will ich nicht fahren. Grigori könnte zwar Urlaub von seiner Arbeit in der Elektrostation nehmen, aber wer soll dann den Garten versorgen, unser Stierkalb, die Hunde und die Hühner? Außerdem weiß ich nicht, welche Strecken man mit der Eisenbahn fahren kann, wie die Autotrassen verlaufen, Schiffslinien und all das. Eine Karte oder einen Atlas habe ich auch nicht."

„Sogar große Lust hätte ich, dorthin zu reisen. Aber du weißt ja selbst, wie schwierig es ist, hier loszukommen. Die Reise müsste im Sommer stattfinden, aber da bin ich mit Gartenarbeit, Beeren- und Pilzesammeln und Einkochen ausgelastet. Außerdem erwarten wir wieder Feriengäste. Deshalb fahre ich ja immer nur im Winter nach Deutschland."

Ich hole eine Russlandkarte herbei, auf der alle Ortsbezeichnungen leider ins Englische transkribiert sind. Tatjana freut sich, als wir nahe der japanischen Küste die „Grüne Insel" finden, auf der sie geboren ist.

Ich überlege: „Wie man auf die Kurilen kommt, kann ich hier nicht sehen. Es gibt von Chabarowsk aus vielleicht eine Flugverbindung nach Sachalin oder auf eine der größeren Kurileninseln und von da aus Schiffsverkehr. Aber deine kleine, abgelegene Insel wird wahrscheinlich nicht oft angelaufen. Nach Kamtschatka kommt man von uns aus am Besten, wenn man mit der Transsib nach Chabarowsk fährt. Von dort fliegen wahrscheinlich Flugzeuge nach Petropawlowsk, dem Hauptort auf Kamtschatka. Dort oder auch schon in Chabarowsk könntest du verschiedene Reisebüros aufsuchen, nach Gruppenreisen auf Kamtschatka fragen und dich einer Gruppe anschließen. Auf diese Weise bekämst du mehr zu sehen, als wenn du alles auf eigene Faust organisieren müsstest. Ich würde es jedenfalls so machen. Wenn die Internetverbindung über Satellit in der Schule endlich mal funktionieren würde, könnten wir mehr herausfinden."

Tatjana ist etwas enttäuscht, dass man nicht einfach mit der Bahn nach Kamtschatka fahren kann. Sie hat sich die Reise weniger aufwendig vorgestellt. Aber wer weiß – wenn sich so ein Gedanke erst einmal eingenistet hat... In ihr scheint eine Abenteuernatur zu schlummern. Schade, dass ich keine Zeit habe.

Brot backe ich das ganze Jahr über selbst, inzwischen gelingt mir das gut

Picknick mit Feriengästen auf der zugefrorenen Oljokma

Väterchen Frost

Pünktlich zu *novy god* - Neujahr kommt tatsächlich Väterchen Frost zu uns. Allerdings nicht in Gestalt des russischen Weihnachtsmannes *djed moros*, den man, ebenso wie seine Begleiterin *Snegoroschka* - Schneeflöckchen, in unserem Dorf vergeblich sucht, sondern in Form entsprechender Temperaturen. Am Morgen messen wir minus 48 Grad. Unsere Fensterscheiben sind innen mit einer dicken Eisschicht überzogen, obwohl wir am Abend zuvor noch einmal tüchtig eingeheizt hatten. Um das berühmte „Sternenflüstern“ hervorzurufen, bei dem der Atemdampf in der Luft knisternd gefriert, gehe ich hinaus, atme und atme, bis mir schwarz vor Augen wird. Nichts flüstert – vielleicht bin ich nicht heißblütig genug. Dann mache ich es Wintergästen nach, die kochend heißes Wasser in die Luft geschleudert hatten, wo es sofort zu Wasserdampf wurde, der gefror und in einer Wolke knisternd zu Boden fiel. Es funktioniert! „Slawa, Slawa!“, schreie ich begeistert. „Schau her!“, aber er sagt nur: „Na und?“

Den Ofen in der Garage hatte Slawa mit klobigen Lärchenscheiten gefüttert und legt jetzt noch zweimal nach, damit die vier von der Jagd mitgebrachten Moschushirsche auftauen. Erst am Nachmittag kann er die Tiere zerlegen. Die Moschusdrüsen schneidet er heraus und spannt sie zum Trocknen auf ein Brett, um sie später zu verkaufen. Alle Innereien und minderwertigen Teile erhalten die Hunde, für die es ein üppiges Gelage wird. Zum Platzen voll, die Bäuche aufgebläht, suchen sie ihre mit Heu gepolsterten Hütten auf.

Weder Slawa noch ich verspüren Lust auf eine Silvesterfeier, wir haben keine Gäste eingeladen. So können wir den Abend ganz ruhig angehen lassen. In der Banja lassen wir uns viel Zeit, entspannen, schwitzen vor uns hin, schäumen uns von Kopf bis Fuß gründlich ein, schrubben die Haut mit einem speziellen Kunstschwamm, der wie ein Peeling wirkt, und übergießen uns mit viel klarem Wasser.

Als wir aus der Banja treten, um durch den Garten ins Haus zurückzugehen, empfängt uns beißende Kälte und ein tiefdunkler, sternenübersäter Himmel mit einer schmalen, silberglänzenden Mondsichel. Um meine Bronchien zu schonen, atme ich durch die ins Gesicht gezogene Kapuze meines flauschigen Bademantels. Das Dorf liegt still und dunkel, nur aus den Fenstern der ebenerdigen Blockhäuser dringt gedämpftes Licht.

Viele Bewohner hatten schon seit Tagen emsig vorgefeiert und sind nun schonungsbedürftig. Zwei junge Männer hatte man betrunken schlafend im Schnee gefunden, gerade noch rechtzeitig, um irreparable Frostschäden zu vermeiden. Cousin Wowka wollte das Feiern wohl zivilisiert angehen und trank statt Wodka Wein, aber nicht Schlückchen für Schlückchen, sondern auf die hier übliche Weise. Egal, wie viel Wein oder Wodka im Glas ist, abgesetzt wird erst, wenn es leer ist. Ira macht mich immer darauf aufmerksam, es sei unhöflich, nach dem Trinkspruch einen Rest Wein im Glas zu lassen. Auch sie trinkt ein volles Glas Wein auf Ex, aber ich weigere mich, egal ob unhöflich oder nicht. Cousin Wowka musste, um Wirkung zu erzielen, möglichst schnell eine größere Menge Wein zu sich nehmen – insgesamt zwei Liter aus dem Tetrapack. Es bekam ihm nicht. Er lag danach fünf Tage im Bett und litt unter starken Kopfschmerzen. Seine Mutter kam besorgt zu uns und wollte zum Dorfvorsteher gefahren werden, damit dieser telefonisch einen Arzt in Tupik konsultierte. Slawa musste ablehnen, da das Auto nicht fahrbereit war. Sie verzichtete dann auf den Besuch beim Dorfvorsteher, weil sie durch anhaltendes Feiern ebenfalls angeschlagen und ihr der Weg ins obere Dorf zu weit war. Es wäre ohnehin verlorene Liebesmüh gewesen, denn Heilmittel sind keine vorhanden, und kein Arzt würde wegen Kopfschmerzen den Weg zu uns auf sich nehmen. Seit Monaten ist die Sanitätsstelle verwaist. Ob sie jemals wieder besetzt wird, steht in den Sternen.

Slawa hatte angeboten, zu *novy god* einen Baum aus dem Wald zu holen, doch ich habe darauf verzichtet, zumal auch er keinen Wert darauf legt. Ein festlich geschmückter Baum würde mir die Tristesse des Fernsehabends umso nachhaltiger vor Augen führen, fürchte ich. Wenigstens wird im Fernsehen nicht geschossen, und Slawa sieht mir zuliebe sogar eine unterhaltsame interessante Sendung über Reisen in verschiedene Länder an. Mit einem ruhigen, liebevollen Abend klingt unser Jahr aus.

Weiße Rauchsäulen steigen aus den Schornsteinen der Häuser senkrecht in den blauen Himmel, als wir am Neujahrstag zu einem kurzen Spaziergang aufbrechen. Der Schnee gleißt in der Sonne, deren Strahlen die Temperatur um einige Grade erhöht haben. Nicht genug – meine ungeschützte Nasenspitze erstarrt nach wenigen Minuten zum Eiszapfen. Ich muss sie häufig mit dem Fellhandschuh abdecken und in die Höhlung atmen. Die Hunde stürmen übermütig voran. Sie lieben es, uns zu begleiten. Immer wieder kehren sie zurück, um sich liebkosen zu lassen. Unser Weg führt zur ehemaligen Silberfuchsfarm und ist gesäumt durch kahle, hohe Lärchen und Kiefern, deren Grün weiß bestäubt ist. Das Astwerk der Stlaniksträucher mit den langen, weichen Nadelbüscheln hat sich nach den ersten Frösten demütig zu Boden gelegt und wird sich erst im Frühjahr wieder zu voller Höhe aufrichten. Die Bagulniksträucher halten die bereits angelegten Blütenknospen fest geschlossen. Ende Mai werden sie das Waldstück in ein pinkfarbenes Gewand hüllen. Im Umkreis der Farm besteht der Boden aus feinem hellen Sand, teils dünenartig aufgehäuft. Die Bäume dort sind noch jung, haben aber seit Einstellung des Betriebs nach der Perestroika die vormals freien Flächen erobert. „Es war alles frei geholzt, damit Waldbrände die Farm nicht gefährden konnten“, erklärt Slawa. Nur wenige, freistehende Kiefern hatte man belassen, deren Stämme sich nun stark und gerade gewachsen zum Himmel rekken.

„Wenn ihr im Wald zu eng stehende Bäume ausgeholzt hättet, hättet ihr jetzt viele solcher starken, geraden Stämme zur Verfügung“, sage ich, obwohl die Betrachtung müßig ist. Niemand würde so weit in eine ungewisse Zukunft investieren. Man müsste das Waldstück kaufen oder für einen langen Zeitraum zur Nutzung pachten können, Arbeitskraft und Benzin aufwenden, um viele Jahre später Nutzholz zu haben, von dem man nicht weiß, ob man es zu diesem Zeitpunkt überhaupt noch gebrauchen oder verkaufen könnte.

Ein Tankwagen mit Dieselöl hat den Dorfgenerator wieder zum Leben erweckt. Heute, am staatlichen Feiertag, liefert er den ganzen Tag Strom. Einen Auerhahn, unser Festessen, habe ich bereits am Tag zuvor zubereitet, sodass ich ihn nur noch aufwärmen und die Kartoffeln kochen muss, bevor wir uns zu einem wirklich köstlichen Mahl niederlassen.

Die Winter sind schön, aber mit unter minus 50°C extrem

Die Technik ist für sibirische Temperaturen gebaut

Eine Fahrt mit Hindernissen

Wir haben uns vorgenommen, nach den Feiertagen in unserem LKW nach Tupik und weiter nach Mogotscha zu fahren, wo ich in die TRANSSIB nach Irkutsk steigen werde, um von dort den Flug nach Hamburg anzutreten. Slawa will für eine nach Tupik umsiedelnde junge Familie Möbel transportieren und auf dem Rückweg Waren für einen unserer Läden mitbringen, sodass die Benzinkosten abgedeckt sind und er zusätzlich etwas verdient.

„Nach den Feiertagen" ist in diesem Fall ein dehnbarer Begriff. Es gibt im Januar nur einen offiziell arbeitsfreien Feiertag, den ersten Januar. Nach dem alten, julianischen Kalender fällt das orthodoxe Weihnachtsfest auf den siebenten Januar und das alte Neujahrsfest auf den 14. Januar. Bis dahin geht meistens gar nichts, still ruht der See. Ich weiß nicht, ob die Leute Urlaub nehmen müssen oder traditionsgemäß eine ruhige Kugel schieben dürfen, jedenfalls kann man nichts erledigen, weil die Personen, die man braucht, nicht in ihren Ämtern sind. In dieser Zeit wird viel gereist. Die Plätze in Zügen und Flugzeugen sind schnell ausgebucht und teurer als gewöhnlich.

Slawa beginnt sofort nach Neujahr mit der Inspektion des LKW, bei um die minus 40 Grad eine sehr kalte Angelegenheit, denn das Fahrzeug steht draußen. Unsere Garage ist für Traktor und Schneemobil ausreichend, aber bei Weitem nicht hoch und groß genug für den Lastwagen.

Um auch bei starkem Frost losfahren zu können, befindet sich unter der Motorhaube russischer Lastwagen ein Vorwärmkessel. Dieses sinnreiche Gerät wärmt vor dem Starten des Motors das Motorenöl, das Kühlwasser und den Motor vor. Erst wenn eine bestimmte Temperatur erreicht ist, wird der Motor gestartet.

Nachdem Slawa den Vorwärmkessel in Gang gesetzt hat, gerät dieser, warum auch immer, in Brand. Slawa löscht den Brand mit Schnee, worauf einer der Schläuche einen Riss bekommt. Das Gerät ist so nicht nutzbar und muss ausgebaut werden. Um heranzukommen, müssen zuerst mehrere andere Teile entfernt werden. Mit der Arbeit kann erst gegen Mittag begonnen werden, wenn die Temperatur etwas angestiegen ist.

Ein junger Mann hilft ihm beinahe die ganze Zeit. „Warum hilft er dir? Das ist ja nicht gerade ein leichter Job bei diesen Temperaturen", frage ich Slawa.

Er lächelt. „Eine Hand wäscht die andere – er muss mir helfen. Ich habe ihm im Sommer einen neuen Luftschlauch für seinen LKW gegeben."

An Gesellschaft fehlt es ihnen nicht. Anteil nehmend oder Rat gebend bleibt jeder Mann, der mit Schneemobil oder Auto vorbeifährt, eine Weile bei ihnen stehen. Doch niemand kann mit einem Ersatzschlauch dienen. Slawa kann den Aufwärmkessel nicht wieder einbauen, sondern muss die Anschlussstücke für den Schlauch mit zwei geschnitzten Holzpflöcken verschließen. Fast zwei Tage, immer in der Kälte hantierend und lange Zeit unter dem Auto liegend, braucht Slawa, bis der Kessel ausgebaut ist, die Anschlüsse verschlossen und die übrigen

Teile wieder an ihrem Platz sind. Die Bedingungen sind grausam, aber er klagt nicht. Noch vor Kurzem richtete er sich morgens unter bühnenreifen Schmerzensschreien im Bett auf, doch jetzt schmerzen weder der Rücken, noch die Leber. Das Herz macht keine Beschwerden und die Nieren peinigen nicht. Lourdes oder andere Orte von Wunderheilungen sind nichts gegen eine sibirische Kältekur, scheint es.

Das Aufwärmen muss nun durch ein unter dem Laster brennendes Feuerchen geschehen. Es sind nicht gerade die besten Voraussetzungen für unsere Fahrt nach Tupik, doch ängstlich bin ich nicht. Was auch geschehen mag, wir werden weder erfrieren noch verhungern, denn mein *nastojaschtschij Sibirjak* - gestandener Sibirjak wird jede Situation auf irgendeine Weise meistern.

Ausgerechnet jetzt wird es kalt und kälter. Das Thermometer fällt auf minus zweiundfünfzig Grad. Einen Tag vor unserer Abfahrt füllt Slawa das in Mogotscha gekaufte, mit Antifrostmittel versehene Kühlwasser in den Kühlwassertank und entfacht unter dem Wagen ein kleines Feuer. Immer wieder legt er etwas Holz nach, bis er nach vier Stunden Feuerwache endlich den Motor starten und ihn warmlaufen lassen kann. Danach fährt er zu Dimka, der mithilfe seiner Brüder Möbel auf die Ladefläche packt. Sie sind für seine Schwester bestimmt, die im Herbst mit ihrer Familie nach Tupik umgezogen ist. Dimka wird uns auf der Fahrt begleiten. Als Beifahrer kann er bei eventuell auftretenden Schwierigkeiten Hilfe leisten. Mehrere Leute bringen Pakete, die wir ihren Verwandten und Bekannten übergeben sollen. Auch wir nehmen Geschenke für Freunde und Bekannte in Tupik und Mogotscha mit: mehrere Kartons Preiselbeeren, einen Sack gefrorener Fische sowie gefrorenes Elchfleisch. Fische und Fleisch müssen hundesicher verstaut werden, denn zum Schluss wird Umka eingeladen, der zu seinem Herrchen zurückkehren soll.

Damit das Auto am Morgen startklar ist, steht Slawa in der Nacht alle drei Stunden auf und lässt den Motor eine Weile laufen. Ich werde jedes Mal wach, und so sind wir beim Aufbruch beide übernächtigt. Slawa ist zudem nervös – wird das Auto durchhalten?

Nach etwa fünfzig Kilometern Fahrt stellt er fest, dass wir Kühlwasser verlieren. Die Kühlerwanne ist undicht. Ich denke an Umkehr; noch ist es nicht zu spät. Lediglich zu hören, dass jemand auf der Strecke liegenblieb, fühlt sich sehr viel anders an als der Verdacht, selbst vor der Situation zu stehen. Die Kälte ist durchdringend. Weit und breit befindet sich keine Isbuschka. Gefahr für Leib und Leben besteht trotzdem nicht. In weiser Vorsicht habe ich mich gut eingepackt: Wattierte Hosen, warme Rentierfellstiefel, Pelzmütze, Fellhandschuhe, lange Unterwäsche, Wollpullover, wattierte Weste, Daunenjacke. Für die Mitnahme von Matratzen und Schlafsäcken, einem kleinen eisernen Ofen, einem Leinenzelt mit Öffnung für das Ofenrohr sowie selbstverständlich Axt, Jagdmesser und Teekessel hat Slawa gesorgt. Das mitgenommene Essen würde für drei Tage reichen.

Slawa entscheidet sich für die Weiterfahrt. Das Kühlwasser darf dabei nicht zu heiß werden und durch die undichte Stelle verdampfen. Da mit Kühlwasser geheizt wird, ist die Temperatur in der blechernen Fahrerkabine entsprechend niedrig, und ich bin froh über meine warme Kleidung. Der junge, sehr rundliche Dimka muss eine verblüffend leistungsfähige Innenheizung haben. Er sitzt ohne Jacke und Mütze neben mir und springt ohne diese verweichlichenden Assesoires auch nach draußen, bis ich ihn anflehe, doch wenigstens die Mütze aufzusetzen, denn mir wird allein beim Anblick seines unbedeckten Kopfes eiskalt. Es ist gefährlich, den Kopf starkem Frost auszusetzen. Langanhaltende, grausame Kopfschmerzen sind die Folge.

So oft ich die Strecke auch schon gefahren bin – sie bietet jedes Mal einen anderen Anblick und andere Herausforderungen. Eher ungewöhnlich, hatte der Fluss im Herbst beim Zufrieren einen hohen Wasserstand. Die Folge davon sind ganze Felder von Eisschollen, die sich wie Packeis an Meeresküsten kreuz und quer übereinander geschoben haben. An manchen Stellen bilden sie nur ausgedehnte, wie Trümmerfelder aussehende Flächen, an anderen Stellen haben sie sich hoch aufgetürmt. In jedem Fall sind sie weder zu Fuß, noch mit Autos oder Schneemobilen passierbar. Respekt den Pfadfindern, die in diesem Jahr als erste den Winterweg angelegt haben! Wir folgen ihren Fahrspuren, die sich durch das Labyrinth der Schollen schlängeln oder auf das holprige Ufer ausweichen. Nicht nur deshalb kommen wir langsam voran. Immer wieder muss angehalten und ein Feuer entfacht werden. Die Männer haben ein langes, dünnes Lärchenstämmchen abgeschlagen und entrindet. Bei jedem Halt wird es schräg in den Schnee gerammt, um daran den mit Schnee gefüllten Eimer über das Feuer zu hängen. Es dauert eine Weile, bis genügend Schnee geschmolzen ist und Kühlwasser nachgefüllt werden kann.

Den letzten Teil der Strecke vor Tupik holpern wir im Schritttempo durch ein Sumpfgebiet, das übersät ist mit großen, steinhart gefrorenen Sumpfgrasbuckeln. Die Einheimischen nennen es *dolina smerti* - Tal des Todes. In der Stalinzeit sei durch das Tal und weiter durch menschenleere Taiga, durch Sümpfe, über Flüsse und Berge, eine Trasse angelegt worden, die von Tupik nach Tschara führte. Tschara ist, nahe Jakutien, die nördlichste Ortschaft unseres Verwaltungsbezirks und konnte trotz der Trasse nur im Winter erreicht werden, wenn Sümpfe und Flüsse zugefroren waren. Beim Bau der Trasse sind viele Sträflinge erfroren. Man sammelte die gefrorenen Leichen dann mit einem Laster ein. Auch später, während der Nutzung, kamen immer wieder Menschen um, zum Beispiel dann, wenn ihr Auto streikte und sie in diesem riesigen, unbewohnten Gebiet festsaßen. Das zuverlässigste Transportmittel waren und sind Rentiere, die ihr Futter in der Taiga finden und schwieriges Gelände überwinden. Jetzt hat die Taiga die Trasse zurückerobert und eine Fahrt ist nur noch mit Rentierschlitten möglich. Vor einigen Jahren, zum Feiertag der „Verabschiedung des Winters“ Ende März, kamen einige Ewenken mit ihren Tieren auf diesem langen, beschwerlichen Weg aus

Tschara nach Tupik. Früher wurde entlang der alten Trasse auch nach Gold gegraben. In vielen Gebieten unserer Gegend liegt Gold unter der Erde, von dem bisher nur ein unbeträchtlicher Bruchteil gefördert wurde.

Seit Fertigstellung der Baikal-Amur-Magistrale (BAM) kann *Nowaja Tschara* - Neues Tschara per Eisenbahn erreicht werden, von Tupik, Mogotscha oder der Bezirkshauptstadt Tschita allerdings nur über einen gewaltigen Umweg. Die neue Siedlung wurde beim Bau der BAM nahe dem alten Tschara gegründet. Die Ortsnamen gehen auf den gleichnamigen Fluss zurück, an dessen Ufer sie liegen. Auf den Fluss weist auch die Bezeichnung des seltenen Schmucksteins Tscharoit bzw. Charoit hin, denn der weltweit einzige Fundort befindet sich zwischen den Flüssen Tschara und Tokko. Im Einzugsgebiet der Tschara gibt es auch bedeutende Erzvorkommen, zum Beispiel eine der weltweit größten Kupfererzlagerstätten. Unweit davon liegt eine Titan-Vanadium-Eisenerzlagerstätte mit dem bisher bekannten größten Titanvorkommen Russlands und der nach Gesamtvorräten größten erkundeten Vanadiumlagerstätte der Welt, die als Nebenprodukte Nickel, Cobalt, Platin, Palladium, Rhodium, Iridium, Silber und Gold enthält. Die klimatischen und geografischen Bedingungen machen den Abbau allerdings schwierig.

Unser LKW und Slawa sind startklar

Slawas Entscheidung, die Fahrt trotz defekter Autoteile vorzunehmen, müssen wir nicht bereuen. Nach zwölfstündiger Fahrt erreichen wir wohlbehalten Tupik und stellen den Laster vor dem Haus ab, für das die Möbel bestimmt sind. Die Reparatur muss warten, bis es Slawa gelungen ist, Bekannte zu finden, die demnächst per Auto nach Tschita fahren und von dort die benötigten Ersatzteile, eine Kühlerwanne und einen Vorwärmkessel, mitbringen können.

Am nächsten Tag kutschiert uns Sergej, der Bäcker, in seinem Jeep nach Mogotscha. Längs der Trasse sind über eine lange Strecke alle Bäume abgeholzt und an der Seite kreuz und quer zu einem nun verschneiten Wall aufgetürmt. Ich frage Sergej nach der Ursache.

„Man will eine sehr reichhaltige Goldader ausbeuten. Sie zieht sich hier entlang und dann in einem Bogen bis unter den Gebirgszug, den du da hinten sehen kannst."

„Was wird mit den vielen gefällten Bäumen?"

„Da fährt im Frühjahr der Traktor drüber und macht sie platt."

Ich bin konsterniert. „Aber das ist doch schade um das ganze Holz! Warum hat man es nicht wenigstens billig oder kostenlos als Feuerholz an die Bevölkerung abgegeben, anstatt alles verkommen zu lassen?"

Sergej zuckt die Schultern. „Tja, so macht man das eben in Russland."

Wir müssen in Mogotscha übernachten, denn ich kann erst am folgenden Tag mit der TRANSSIB nach Irkutsk weiterfahren. Slawa hat uns telefonisch bei Genka angemeldet. Bei ihm ist genug Platz, denn er lebt allein in einem der dörflichen Holzhäuser mit Garten, die viele Leute den engen kleinen Wohnungen in den Betonblocks vorziehen. Mit den Frauen hat Genka kein Glück. Seine erste Frau, mit der er eine kleine Tochter hat, war dem Wodka verfallen und ließ Heim und Tochter verkommen. Er wies sie aus dem Haus. Seine zweite Frau, eine hübsche, schlanke, modebewusste, schwarzhaarige Erscheinung, hat ihn vor zwei Monaten wegen eines anderen Mannes verlassen. Die Enttäuschung sitzt noch tief. Er versucht wohl, sie mit Alkohol zu betäuben, denn wir treffen ihn stark angetrunken an. Obwohl wir beteuern, er brauche uns nicht zu versorgen, wuselt er hektisch umher und entschuldigt sich immer wieder, dass er nichts zu essen im Haus habe. Seit unserer letzten Begegnung hat er sich verändert. Freundlich und hilfsbereit ist er auch jetzt noch, aber damals trank er nicht und schien recht ausgeglichen.

Ich schaue mich um. Es ist ein Haus ähnlich unserem in Srednjaja Oljokma, wirkt aber eng und düster. Großgemusterte Tapeten bedecken die Wände, die fast neuen Möbel sind in deprimierendem Dunkelbraun gehalten. Als Genkas zweite Frau einzog, haben sie einen hohen Kredit mit enormen Zinsen aufgenommen, um die Räume neu einzurichten. Trotzdem macht alles einen zusammengeschusterten, bedrückenden Eindruck. Unsere eigene Einrichtung in Srednjaja Oljokma mit gebrauchten, sehr einfachen Möbeln ist weitaus bescheidener, aber alles ist hell und geräumig.

Statt eines einfachen kleinen *Umywalniks*, wie wir ihn benutzen, steht in der Küche ein Möbelstück. Es besteht aus einem per Hand zu befüllenden Wasserkasten mit Wasserhahn über einem Waschbecken mit Ausfluss. Unter dem Waschbecken in einem Schränkchen steht der Abwassereimer, der rechtzeitig entleert werden muss, bevor er überläuft. Der Wasserhahn gibt nur ein sehr spärliches Tröpfeln frei. Ich fühle mich wie in der Wüste, benetze nur mein Gesicht etwas und verzichte sogar aufs Zähneputzen. Genka hat uns das Ehebett zur Verfügung gestellt, da er jetzt immer auf der Couch schlafe. Die Bettwäsche sei sauber. Sie riecht aber nicht so, sondern müffelt. Ich lege mich kerzengrade auf den Rücken, um möglichst wenig Berührungsfläche zu haben.

Am Abend verschwindet Genka für eine Weile, wohl um nachzutanken. Es bekommt ihm nicht. Er erbricht sich in der Küche in den Abwassereimer. Wir liegen schon im Bett, doch da diese Häuser keine Türen haben, dringen alle Geräusche ungehindert ans Ohr.

Am Morgen fühle ich mich schmutzig und erschöpft und bin froh, als ich in den Zug steigen kann. Dort gibt es wenigstens saubere Bettwäsche und genügend Wasser aus dem Umywalnik in der Toilette.

Bei Flussfahrten wird jeder Bootszentimeter ausgenutzt

Was sind schon fünf Tage

„Was??? Fünf Tage dauert der Weg von Hamburg bis in Ihr Dorf? Oh Gott!" Das ist die normale Reaktion in Deutschland, wenn ich von unserem Leben erzähle.

„Na ja, nicht immer."

„Ach so", erleichtertes Aufatmen.

„Wenn alles glatt geht. Sonst länger, den Umständen entsprechend. Man darf das nicht so eng sehen. Was sind schon fünf Tage in Sibirien."

Dieses Mal kehre ich spät aus Deutschland zurück. Erst im Mai lande ich in Irkutsk. Slawa erwartet mich am Flughafen. Er hatte im Winter in Irkutsk Ersatzteile für sein Schneemobil bestellt, die in dieser haltbaren Qualität weder in Tupik, noch in Mogotscha oder Tschita zu bekommen waren. Sie wiegen zusammen etwa 60 Kilogramm und sind von mir allein nicht transportierbar.

Wir übernachten bei meiner Freundin Natascha, weil wir erst am nächsten Tag mit der TRANSSIB nach Tschita weiterreisen können, wo Slawa seine bevorzugte Zahnarztpraxis aufsuchen will. Sie ist, im Gegensatz zu den staatlichen Praxen, mit modernsten Geräten ausgestattet, das ärztliche Personal ist hervorragend ausgebildet und sehr kundenorientiert. Es arbeitet sonntags und nachts, falls der Patient es nicht anders einrichten kann. Der Gesamtpreis für Zahnersatz ist nicht wesentlich höher als die Zuzahlungen, die ein Kassenpatient in Deutschland leisten muss. Dieses Mal allerdings muss Slawa tief in die Tasche greifen, denn er hat sich für einige teure Zahnimplantate entschieden.

Unser Zug kommt am Sonntag in den frühen Morgenstunden in Tschita an. Am Bahnsteig erwartet uns Andrej. Slawa hat seinen jungen, kräftig gebauten Neffen telefonisch über unser Eintreffen informiert und ihn gebeten, beim Tragen des schweren Gepäcks zu helfen und uns zum Hotel zu chauffieren.

Ein Gepäckträger mit Karre bietet auf dem Bahnsteig seine Dienste an und verlangt umgerechnet 3,60 Euro dafür. Bereitwillig hieven die beiden starken Männer an meiner Seite die zwei Taschen mit den Ersatzteilen auf die Karre. Dort bleiben sie nur wenige Meter, denn eine steile und sehr lange Treppe am Ende des Bahnsteigs muss überwunden werden. Der schmächtige Gepäckträger schleppt die Karre und die dreißig Kilogramm schweren Taschen nacheinander die Treppe empor, um sie dann noch ein Stück zum Auto zu fahren. Beim Bezahlen stellt sich heraus, dass der genannte Preis pro Gepäckstück gilt und wir dafür über sieben Euro zu bezahlen haben.

Die Zeit zwischen den Zahnbehandlungen nutzen wir vor allem für Besorgungen, denn Vieles, was wir im kommenden Jahr benötigen, können wir in Mogotscha oder Tupik nicht bekommen. Obwohl Tschita die Hauptstadt unseres 412.300 Quadratkilometer großen Verwaltungsbezirks Sabaikalskij Kraj ist, bietet sie außer den Einkaufsmöglichkeiten ohnehin nicht viel Interessantes.

Seit meinem ersten Besuch wurde immens viel gebaut, nicht nur Geschäftshäuser, sondern vor allem große Wohnanlagen mit vielen Stockwerken, die durch eine einfallsreiche, gefällige Außengestaltung ansprechend wirken. Neue, große Wohnviertel sind um den ursprünglichen Stadtkern entstanden, und die Dörfer in Stadtnähe erfuhren teilweise eine Verdopplung der Einwohnerzahlen durch Städter, die sich dort ein Eigenheim mit Garten bauten. Gekauft werden Wohnungen als Geldanlage beziehungsweise als Eigenunterkunft, letztere häufig mit Bankkredit. Sieht man die alte Bausubstanz, wird der riesige Bedarf an Wohnungen verständlich, doch ich frage mich, wie und wer die teuren Wohnungen finanzieren kann. Auf jeden Fall muss eine Menge Geld bei den Einwohnern vorhanden sein, sonst würde sich die Bautätigkeit nicht lohnen. Auch die vielen teuren Autos aus westlicher Produktion auf den Straßen lassen auf gute Verdienstmöglichkeiten in Tschita schließen.

Auf der Straßenseite gegenüber unserem Hotel steht, am Rande eines Viertels aus alten einstöckigen Holzblockhäusern mit kleinen Gärten, einer dieser fünfzehn bis zwanzigstöckigen Wohntürme wie ein Fremdkörper. Das ganze alte Viertel ist durch einen Brand verwüstet, die Holzhäuser unbewohnbar geworden. Slawa meint, das Feuer wurde gezielt gelegt, um Baugrund für neue Gebäude freizumachen.

Glücklicherweise hat Slawa auch in Tschita Bekannte, die uns stundenlang mit dem Auto in verschiedene Geschäfte fahren. Die Läden sind voll, und man hat den Eindruck, dass alle westlichen Erzeugnisse auch hier erhältlich sind, sogar Mineralwasser, obwohl daran in Russland nun wahrlich kein Mangel herrscht. Das trifft jedoch nicht auf alle Produkte zu, denn erst im neunten Laden finden wir das spezielle Motorenöl, das Slawa für die neu erworbene kanadische Bandsäge, die in Mogotscha auf den Transport nach Srednjaja Oljokma wartet, braucht. Außerdem benötigen wir spezielles Öl für das Benzin-Öl-Gemisch, mit dem unser japanischer Zweitakt-Bootsmotor versorgt werden will. Der Rubelpreis des aus dem Westen importierten Öls ist gegenüber dem Vorjahr um das Doppelte gestiegen. Durch den auf dem Weltmarkt stark gesunkenen Ölpreis, der für Russlands Wirtschaft als Öl exportierendes Land immens nachteilig ist, ist der Kurs des Rubels gegenüber Dollar und Euro abgesackt. Die enorm angestiegene Ölförderung, unter anderem in den USA und Kanada, und andererseits die Nutzung alternativer Energiequellen führte zu einem Überangebot und dadurch zum Sturz des Ölpreises von über 100 Dollar auf unter 40 Dollar pro Barrel. Viele fürchten eine drastische Rubelentwertung, wie sie unter der Präsidentschaft Jelzins zweimal erfolgt war und die die Russen ihrer über Jahre angesammelten Ersparnisse beraubt hatte.

Ich bin immer noch müde. Durch die Zeitverschiebung ist für mich eine Nacht ausgefallen, und bei Natascha konnte ich nicht gut schlafen. Deshalb verbringe ich die übrige Zeit vorwiegend schlafend und lesend im Hotelbett, während

Slawa beim Zahnarzt ist, fernsieht oder telefoniert. Sein Mobiltelefon ist pausenlos im Einsatz. Im Laufe des Tages hört er, dass ein Bekannter seines Bekannten mit dem Auto von Tschita nach Tupik fahren wird und die schweren Ersatzteile mitnehmen kann. So müssen wir uns nicht weiter mit ihnen abplagen.

Slawa eröffnet mir, dass unser Boot mit allen Sachen, die wir für die zweitägige Bootsfahrt brauchen – wetterfeste Kleidung, Kochgeschirr, Axt, Benzinkanister –, in Ust-Njukscha an der Oljokma statt in Tupik am Tungir liegt. Als er nach Irkutsk aufbrechen musste, führte der Tungir auf Grund längerer Trockenheit zu wenig Wasser und war über weite Strecken mit dem Motorboot nicht befahrbar. Slawa musste den gewaltigen Umweg über Ust-Njukscha/Juktali und mit der BAM über Tynda in Kauf nehmen. Mir graut vor dem gleichen Weg zurück, weil es keine durchgehende Zugverbindung gibt und eine zusätzliche Übernachtung in Tynda nötig wird. Slawa beruhigt mich:„Das ist gar kein Problem. Wir fahren über Tupik zurück. Ein Bekannter hat mich gebeten, sein Boot nach Srednjaja Oljokma zu bringen. Wir tun ihm einen Gefallen damit. Boris wird dann unser Boot aus Ust-Njukscha nach Srednjaja Oljokma fahren."

Wir besteigen am nächsten Tag den Zug und kommen morgens um halb fünf in Mogotscha an, eine sehr unfreundliche Zeit für denjenigen, der uns empfangen muss. Der neue Bahnhof ist im Bau, der alte bereits abgerissen. Es gibt nur noch einen kleinen Container, in dem Fahrkarten verkauft werden. Wir müssten einige Stunden im Freien stehen, würden wir die Nachtruhe unseres Bekannten, in diesem Falle Tolja, schonen. Er wohnt fünf Minuten zu Fuß entfernt vom Bahnhof und ist vorgewarnt, dass wir ihn zu nachtschlafender Zeit heimsuchen werden.

Kaum sind wir bei ihm eingetreten, leert er seinen Kühlschrank. „Hier sind Wurst, Käse und Brot. Und ich werde euch ein paar Eier braten."

„Tolja, danke, aber wir wollen nichts essen, nur eine Tasse Tee trinken."

„Hier ist geräucherter Fisch, gestern gekauft!"

„Vielen Dank, nicht nötig. Wir frühstücken nie. Und selbst wenn – es ist ja noch Nacht, viel zu früh, um zu essen."

„Esst doch Piroschki! Die hat *Baba* gestern zubereitet!"

„Nein, wir wollen nicht."

„Aber schaut mal, der Fisch sieht doch wirklich gut aus. Den mögt ihr bestimmt!"

„Nein, bitte nicht", flehen wir.

„Na gut, dann legt euch hin und schlaft."

„Vielen Dank, wir haben seit gestern Mittag im Zug geschlafen und sind nicht müde. Aber leg du dich doch hin. Wir warten hier nur bis acht Uhr, dann holt uns Wanja ab."

Aber nein, der Gastgeber fühlt sich verpflichtet, uns zu unterhalten. Wie aus einem Maschinengewehr feuert er unablässig Text auf uns ab. Antworten sind weder nötig noch möglich. Ohnehin verstehe ich bei dieser Schnelligkeit kaum die Hälfte. Zudem ist seine Aussprache wegen der vielen Zahnlücken sehr verwaschen. Zwischen seinen Erzählungen fordert er uns immer wieder herzlich auf, zu essen und zu schlafen. Das sibirische Gastgeberprogramm läuft auf Hochtouren.

Endlich – ich bin schon fix und fertig – holt uns Wanja ab. Er hat heute einen freien Tag und bringt uns zu sich nach Hause. Der Garten seines Hauses ist zu einer Art Reede für Autos geworden. Vier Wagen verschiedenen Typs vom PKW über Jeep bis zum Lastwagen bevölkern die Beete. Sein aktueller PKW passt nicht mehr hinein und muss vor dem Haus bleiben.

„Wozu brauchst du denn die vielen Autos?“, wundere ich mich.

„Ich wollte eigentlich zwei verkaufen, aber dann tat es mir leid. Vielleicht brauche ich dann einmal gerade diese.“

Seine Frau schüttelt resigniert den Kopf. Sie hat es schon aufgegeben, sich gegen die Sammelwut zu wehren.

Wanja fährt uns in verschiedene Geschäfte, in denen wir Vorräte kaufen. Danach warten wir auf Nikolaj, der in einem sechzig Kilometer entferntem Dorf wohnt und uns in seinem Jeep nach Tupik bringen wird. Er verspätet sich etwas. Da man ihm für ein Jahr den Führerschein entzogen hat, muss er die Information abwarten, dass die Miliz gerade keine Kontrollen auf den Straßen unternimmt. Ich hoffe, dass die Info verlässlich ist und er nicht unsertwegen Strafe zahlen oder noch länger auf die Rückgabe des Scheins warten muss.

Entlang der Trasse nach Tupik sehe ich bereits die Spuren des Goldabbaus. Die Erdwälle erinnern mich an die Gegend um den Klondike in Kanada. Dort hatte ich den Eindruck, ein Riese habe weiträumig das ganze Erdreich um und umgegraben und nur lange, vegetationslose, gespenstisch wirkende Wälle hinterlassen.

In Tupik nisten wir uns bei Tamara, einer entfernten Verwandten, ein. Die Rückfahrt in unser Dorf wird zum Problem, denn auf einmal ist keine Rede mehr davon, dass ein Boot nach Srednjaja Oljokma überführt werden soll. Slawa will nun von irgendjemandem ein Boot plus Motor leihen, damit wir auf dem Tungir nach Hause fahren können. Er leiht sich einen Motor und treibt einen alten Kahn auf, den er innerhalb eines Tages notdürftig repariert. Dann jedoch befindet er, es sei zu unsicher, damit die Reise anzutreten. Die Bretter seien morsch. Schließlich spürt er ein besseres Boot auf, das der Besitzer jedoch nicht verleihen, sondern nur gegen die Kaufsumme von umgerechnet zweieinhalbtausend Euro abgeben will. Slawa meint, unser Nachbar Valerka brauche ein Boot und würde es mit Sicherheit kaufen. Ich solle das Geld solange vorstrecken. Doch ich weigere mich. Zweieinhalbtausend Euro sind eine Menge Geld, und die Sache ist mir zu ungewiss. Wer weiß, ob Valerka das Gefährt dann auch wirklich kaufen will und bezahlen kann. Ich schlage Slawa vor, zurück nach Mogotscha und von dort aus nach Ust-Njukscha zu reisen, aber nun stellt sich heraus, dass Boris mit unserem Boot bereits nach Srednjaja Oljokma unterwegs ist. Schließlich ist der Bootsbesitzer in Tupik einverstanden, dass Slawa das Geld zehn Tage später bringt, wenn er Freunde abholt, die bei uns eine Woche Urlaub machen und fischen wollen.

Als wir endlich abfahrbereit sind, setzt Dauerregen ein. Unsere Regenkleidung ist mit Boris unterwegs nach Srednjaja Oljokma. Wir müssen einen Tag warten, bis sich das Wetter etwas gebessert hat.

Acht Tage nach meinem Abflug aus Hamburg erblicke ich vom Fluss aus die ersten Häuser unseres Dorfes auf dem hohen, felsigen Steilufer.

Zu Hause freue ich mich über eine positive Neuigkeit. Slawas Verwandte, die Geschwister Wowa und Marina, trinken seit geraumer Zeit nicht mehr, nachdem Slawa sie nach Tschita mitgenommen hatte, wo sie eine Injektion gegen die Alkoholsucht erhielten. Slawa unterstützt Wowa in vielerlei Hinsicht und hat ihn zu seinem Jagdpartner gemacht, nachdem Boris nach den Neujahrsfeiertagen nicht aus Ust-Njukscha zurückgekehrt war und die Partnerschaft aufgegeben hatte. Wowa wirkt eher unreif und wenig selbstbewusst, obwohl er dreißig Jahre zählt. Er ist klein und schmächtig, kann aber kräftig zupacken und schont sich beim Arbeiten nicht, obwohl seine Gesundheit durch langjährigen Alkoholmissbrauch und die dadurch erfolgte Vernachlässigung des Körpers geschädigt ist. Er hat eine große Aussackung an der Beinvene und durch die schwere, körperliche Arbeit häufig Schmerzen in den Armen. Da er Kälte, Wind und Regen ignoriert, ist er oft unzureichend gekleidet; die Schmerzen in weiteren Körperteilen sind vielleicht darauf zurückzuführen. In der Jugend hat ihm ein Tauchervogel, den er aus dem Fischnetz befreien wollte, mit dem Schnabel das Auge verletzt. Es ist blind geworden und sieht milchig aus. Seine Vorderzähne fehlen beziehungsweise sind schwarz verfärbt. Auf Slawas Empfehlung hin verwendet er einen Teil der winterlichen Einkünfte für den Besuch einer privaten Zahnarztpraxis und sieht danach aus, als habe er ein neues Gesicht bekommen. Die oberen Vorderzähne wurden ersetzt, doch die untere Zahnreihe musste nur gereinigt werden und wirkt nun wie neu.

Durch die Jagdpartnerschaft und verschiedene, mit Slawa geplante Vorhaben sieht Wowa optimistisch in die Zukunft und macht freudig Pläne, was er in diesem und folgenden Jahr alles realisieren möchte. Anders als früher hat er nun Ziele.

Marina ist einige Jahre älter als ihr Bruder. Sie hat vier Kinder. Auch sie hat früher viel getrunken. Ihre Zähne sind so schlecht und ungepflegt, dass unlängst viele gezogen werden mussten und sie beim nächsten Zahnarztbesuch Ersatz bekommen muss. Abgesehen davon ist sie eine hübsche, schlanke Frau und eine gute Hausfrau. Sie ist ungebildet und einfach im Gemüt, doch sie hat einen freundlichen Charakter und kann niemandem etwas abschlagen, selbst wenn es zu ihrem eigenen Nachteil ist. Sie hat ihre Tante Tamara aufgenommen, die ihr Haus unbewohnbar gemacht hat, weil sie alles vertrunken hat, was nicht niet- und nagelfest war. Danach kam sie mal hier, mal dort unter, bis man sie jeweils hinauswarf. Obwohl Marina stundenweise einer bezahlten Tätigkeit nachgeht und zudem mit Haushalt, Kindern und Garten viel zu tun hat, kümmert sie sich noch um die alten, hilfsbedürftigen Eltern ihres geschiedenen Mannes.

Slawa zeigt mir eine Urkunde, die den Dank des Rayonchefs für „gute Resultate in der Jagdsaison, die einen spürbaren Beitrag zur sozialökonomischen Entwicklung des Rayons beisteuerten" enthält.

Obwohl Slawa schon viele Jahre als Zobeljäger tätig ist, musste er lange auf die Genehmigung warten, bestimmte Gewehrarten kaufen und benutzen zu dürfen. Er besaß nur ein altes, gebraucht gekauftes Gewehr TOC 34, doch nun hat er zwei neue Gewehre angeschafft, ein Karabin OP-CKC Kaliber 7,62 x 39 für zehn Patronen und ein Rep. Kaliber 7,62 x 54 für fünf Patronen, sowie ein Zielfernrohr. Er kaufte auch einen neuen Schaft für das TOC 34, denn das Holz des alten hatte sich unter der wechselnden Witterung verformt. Als Slawa ihn ersetzen will, stellt er fest, dass der neue Schaft innen sehr grob und „natürlich" nicht passgenau angefertigt ist, was man nur sieht, wenn man beide nebeneinander hält. Wir wundern uns über Derartiges nicht mehr, ärgern uns aber trotzdem. Slawa flucht vor sich hin. Es wird erhebliche Feinarbeit am Holz erfordern, den Schaft passend zu machen. Schnitzwerkzeug besitzt niemand im Dorf.

Dass die Pelztiersaison erfolgreich endete und mein Mann in meiner Abwesenheit an mich und daran gedacht hat, mir das Leben zu erleichtern, folgere ich auch aus den vielen Geschenken, mit denen er mich überrascht. Er hat unter anderem eine vollautomatische Trommelwaschmaschine gekauft, für die man keine zentrale Wasserversorgung benötigt, sondern die das Wasser einem großen, selbst zu befüllenden Plastikbehälter entnimmt. Sie bietet viele verschiedene Waschprogramme einschließlich Wasser erhitzen, einweichen, spülen, schleudern und entleeren. Ich bin begeistert. Endlich hat das mühsame Wäschewaschen mit der anderen Maschine ein Ende, bei dem das Wasser auf dem Herd erhitzt werden musste, die Wäsche sich während des Waschvorgangs ineinander verschlang und mehrmals entwirrt sowie nach dem Waschen von Hand gespült und gesondert geschleudert werden musste. Jetzt müssen wir uns nur noch darum kümmern, frisches Wasser aufzufüllen und das Abwasser zu entsorgen.

Stolz präsentiert mir Slawa eine Küchenmaschine mit mehreren Geräten und Funktionen, die mir die Arbeit vereinfachen soll. Meine neuen Gummistiefel mit herausnehmbaren Innenstiefeln aus Filz sind für die Übergangszeit gedacht, in der der Schnee zu tauen beginnt. Ich freue mich auch über einen halben Sack Trockenmilch. Zum *Kascha* kochen, Pfannkuchen und Kuchen backen kann ich sie gut gebrauchen. Es gibt nur eine Kuh im Dorf, deren Milch Slawa nicht zu sich nehmen will, weil Hausfrau und Haus unsauber sind. Meine Freude währt nicht lange, denn der Sack enthält keine echte Trockenmilch, sondern eine Kaffeeweißer ähnliche Substanz, die mit viel Zucker versetzt ist. Auf dem Sack mit dem weißen Geriesel finden sich keinerlei Angaben zum Inhalt. Slawa war wohl davon ausgegangen, die Verkäuferin wüsste, was sie da im Laden verkaufte. Aber hier wird häufig kein Unterschied gemacht zwischen Trockenmilch und Milchersatz. Frage ich im Geschäft nach Trockenmilch, wird mir meistens Milchersatzpulver angeboten. Wenn ich ablehne und ausdrücklich „Naturprodukt aus Milch" verlange, fördert man manchmal doch noch Trockenmilch zutage. In Ermanglung einer Alternative versuche ich, mit dem erworbenen Pulver Grießbrei zu kochen, doch selbst dafür ist es nicht zu gebrauchen. Der Brei schmeckt wie mit Wasser gekocht, obwohl ich Unmengen des Pulvers hineingerührt habe.

Eine große Überraschung bietet mir das Fernsehen. Mittels neuer Empfangsgeräte können wir nun fast hundert verschiedene, russische Kanäle empfangen. Mehrere davon übertragen Sendungen aus aller Welt, die russisch kommentiert werden. Es ist ein weitender Blick auf das Geschehen außerhalb Russlands. Mir fällt auf, dass in Ländern mit einer breiten, relativ wohlhabenden Mittelschicht Zeit, Geld und Interesse vorhanden sind, Hobbys und ausgefallene Steckenpferde zu pflegen. Das spielerische Element im Leben ist im Gegensatz zu Russland stark vertreten. Zu unserer Erheiterung tragen ungewollt amerikanische Serien bei, die das Leben im „Outdoor" zum Inhalt haben. Es ist lustig, riesige, von einer Maschine perfekt gerollte Heuballen bei einer Familie zu entdecken, die angeblich unter schwierigen Verhältnissen weit entfernt von der Zivilisation in Alaska lebt.

Selten sind nach wie vor Dokumentationen aus Russland, die sich mit dem eigenen großen, vielfältigen und so interessanten Land, seiner Natur und den verschiedenen Kulturen beschäftigen. Lediglich Angelexkursionen werden sehr häufig gezeigt, denn Angeln ist ein Volkssport, der ohne Prüfung und ohne Lizenzen ausgeübt werden darf. Ein Kanal sendet vorwiegend Dokumentationen, die im Auftrag des Geografischen Vereins Russland produziert wurden und in denen russische Moderatoren durch die Welt reisen, manchmal auch durch das eigene Land. Es gibt mehrere Sender, die ausschließlich sportliche Ereignisse zeigen, sodass wir nun Olympiaden und Weltmeisterschaften verfolgen können.

Verschiedene Sendungen haben die aktuelle politische Lage im Blickfeld oder beschäftigen sich mit Missständen wie katastrophalen Wohnverhältnissen in abbruchreifen Häusern, in denen nie etwas saniert wurde (was in Deutschland, nicht ganz so extrem, auch vorkommt), mit Veruntreuungen in Größenordnungen von Millionen und Milliarden Rubel durch Personen in hohen Funktionen und mit der allgegenwärtigen Korruption. Beim noch nicht fertig gestellten Bau des neuen Kosmodroms in der Amurskaja Oblast und des riesigen Ozenariums in Wladiwostok verschwanden Milliarden Rubel in privaten Kanälen und führten zu Kostenexplosionen unvorstellbaren Ausmaßes. (Letzteres kennen wir ja auch.) Einigen dafür Verantwortlichen wird gerade der Prozess gemacht. Innerhalb der letzten zehn Jahre wurden mehr als zehn Gouverneure wegen Veruntreuung beziehungsweise Korruption verurteilt. Im November 2016 wurde der russischen Wirtschaftsminister Alexej Uljukajew festgenommen, weil er im Zusammenhang mit einem Privatisierungsgeschäft zwei Millionen amerikanische Dollar einstreichen wollte.

All diese Leute verdienten in ihren Ämtern viel Geld. Würde man sie fragen, warum sie dennoch krumme Geschäfte gemacht haben, würde die Antwort wahrscheinlich lauten: „Weil ich es konnte."

Die bekannt gewordenen Vorgänge sind nur die Spitze des Eisberges. Es scheint kaum Kontrollverfahren zu geben, die den Missbrauch finanzieller Mittel schnell aufdecken oder verhindern könnten. Es deprimiert und entmutigt, wenn Leitende in hohen Funktionen durch ihr Beispiel immer wieder dazu beitragen, die Moral weiter zu senken. Denn warum sollte „der kleine Mann" rechtschaffen bleiben, wenn unmoralische, gewissenlose Menschen in höchste Ämter der Gesellschaft aufsteigen können, um schließlich (manchmal) als Diebe und Betrüger enttarnt zu werden. Ein russischer Satiriker verbreitete folgenden bitteren Witz: Die Antikorruptions-Kommission der Regierung entsendet ein Mitglied, das korrupte Vorgänge in einem Bezirksamt untersuchen soll. Es stellt fest, dass sich von fünf Angestellten vier der Korruption schuldig gemacht haben, nur einer hat eine weiße Weste. Die vier Schuldigen geben dem Regierungsbeamten viel Geld, was der Unschuldige nicht nötig zu haben meint. Der Unschuldige muss aber dran glauben, weil das Kommissionsmitglied einen Erfolg nachweisen muss.

Sehr beeindruckend ist jedes Jahr am 9. Mai 1945 die Fernsehübertragung der großen Militärparade auf dem Roten Platz in Moskau zum Tag des Sieges über Hitlerdeutschland. Große Volksmengen säumen den Platz und die Straßen, um die Parade, die auch für Außenstehende und Kriegsgegner wie mich imponierend ist, zu verfolgen. Es ist ein Tag des Triumphs, aber auch ein Tag der Trauer. Im Anschluss an die Militärparade findet ein Gedenkmarsch statt, an dem um die 500.000 Menschen teilnehmen. Sie tragen Bilder von Eltern, Geschwistern, Onkeln, Tanten, Cousins, Neffen, die in diesem Krieg gekämpft haben. Sie waren es, die in Kälte, Dreck und Blut, im Kampf gegen Panzer und im Kugelhagel, bei schlechter Ausrüstung und Verpflegung wahrlich heldenhaft ihr Leben für die Verteidigung ihrer Heimat eingesetzt haben. Man erkennt, dass die Verluste und das Leid des Krieges unvergessen sind, denn selbst in den jungen Gesichtern sieht man Ergriffenheit und Trauer.

In Srednjaja Oljokma steht vor dem Klubhaus ein kleines Denkmal für die Gefallenen aus unserem Dorf. Von dreißig Kriegsteilnehmern sind nur fünf zurückgekehrt! Mit fast 27 Millionen Kriegstoten, darunter 13 Millionen Zivilisten, hatte die Sowjetunion die größten Verluste. Demgegenüber stehen insgesamt 1,1 Millionen Kriegstote der Allierten USA, Großbritannien und Frankreich, davon insgesamt 212.000 Zivilisten (Quelle: https://de.wikipedia.org/wiki/Tote_des_Zweiten_Weltkrieges).

Vor diesem Hintergrund ist das Bedürfnis der Bevölkerung Russlands nach militärischer Stärke und einem starken Staat zu verstehen. Man darf daraus nicht auf Kriegsverlangen schließen, sondern auf die Demonstration der Verteidigungsbereitschaft in einer Zeit, in der die NATO Russland immer mehr in die Zange nimmt.

Bären und Wölfe

Man behauptet, viele Russen in den Städten westlich des Urals glaubten, in Sibirien liefen die Bären auf den Straßen herum. Die in der Taiga lebenden Sibirjaken lächeln über die Städter, doch ganz abwegig ist es nicht.

Eines Tages im Frühsommer entdecken die Männer am oberen Dorfrand frische Spuren eines großen Bären. Die Hunde hatten einige Nächte mit eingezogenem Schwanz stundenlang gebellt, was Verdacht erregt und die Suche veranlasst hatte. Glücklicherweise trollt sich der Bär wieder in den Wald und wird nicht mehr gesehen.

Kurze Zeit darauf zeigt Slawa mir eine Bärenspur auf dem Hauptweg zum Fluss. Die Spur verläuft entlang des unteren Dorfendes etwa 30 Meter vom letzten Haus und 150 Meter von unserem Haus entfernt. „Sie stammt von einem zweijährigen, sehr mageren Tier, das offenbar nicht besonders scheu ist. Bleib im Dorf“, warnt mich mein Mann besorgt.

„Klar ist der Bär nach dem langen Winterschlaf mager, aber wie verrät das die Spur?“, möchte ich wissen.

„Er setzt die Pfoten sehr eng. Wäre er in gutem Zustand, würde die Spur breiter sein. Er ist auf der Suche nach Nahrung, hat wahrscheinlich schlechte Laune und kaum Angst vor Hunden und Menschen. Sonst würde er sich nicht so nahe ans Dorf wagen“, erklärt Slawa.

Ein Bär sucht am Flussufer nach Nahrung

Auch auf der großen Wiese, die ich und unsere Besucher so gern aufsuchen, finden sich die Spuren eines jüngeren Exemplars. Slawa ermahnt mich, keinesfalls allein in der Umgebung herumzuspazieren. Dieses Mal halte ich mich daran.

In Ust-Njukscha wird ein Bär beim Überqueren der Straße in der Nähe der Schule gesichtet. Die Schule liegt am Rande der Siedlung als letztes Gebäude an einer Trasse, die sieben Kilometer durch den Wald zum Fluss Njukscha führt, wo sich die Anlegestelle einer kleinen Fähre befindet. Täglich fahren Autos zur Fähre, auf der man den Fluss Njukscha überqueren muss, um nach Juktali zur Arbeit zu kommen beziehungsweise zur Bahnstation der BAM, doch das scheint den Bären nicht abzuschrecken. Eine Zeitlang begleitet ein Erwachsener mit Gewehr die Schülergruppen, bis Anfang Juni die dreimonatigen Schulferien beginnen.

Eines Nachts bellen die Hunde unseres Dorfes wieder unaufhörlich. Wir können uns keinen Reim darauf machen, bis wir erfahren, dass eine Bewohnerin spätabends unweit ihres Hauses einen Wolf gesichtet hat. Sie war mit der Taschenlampe nach draußen gegangen, um nach dem Grund des Bellens zu sehen. In der nächsten Nacht setzt sich das Bellen fort. Am Morgen kommt Slawas Bruder Grigori zu uns gelaufen und bittet Slawa, das Gewehr zu nehmen und mit ihm zur Flussbiegung zu fahren. Er habe beim Auslegen der Fischnetze einen Wolf gesehen, der über den Fluss geschwommen sei, habe ihn mit dem Boot verfolgt und mit der Bootsstange verletzt. Daraufhin habe sich der Wolf in die Felswand gerettet.

Tatsächlich sehen wir ihn am Fuße der Felswand hocken. Slawa streckt ihn mit einem Schuss nieder und sieht sich dann das Gebiss an. „Sein Gebiss ist sehr abgenutzt. Wahrscheinlich war er zu alt und zu schwach, um Wild zu jagen und suchte nun im Dorf leichte Beute“, meint er. „Gut, dass wir ihn schnell erwischt haben, das wäre sonst noch tagelang so weitergegangen.“

Im darauf folgenden Winter werden auf der großen Wiese, die ich und unsere Besucher sommers wie winters so gern durchwandern, im Schnee die Spuren eines sechsköpfigen Wolfsrudels entdeckt. Im 800 Einwohner zählenden Rayon-Verwaltungsort Tupik erlegt man zwei Wölfe, die seit Tagen ihr Unwesen getrieben und mehrere angeleinte Hunde getötet hatten. Zwar leben in den Wäldern unserer Region viele Wölfe, aber seit Jahrzehnten hat niemand erlebt, dass sie in die Dörfer kommen. Die Tiere sind normalerweise sehr scheu und weichen dem Menschen aus. Dass Wölfe Menschen angegriffen hätten, ist mir während meines gesamten Aufenthalts in Sibirien noch nie zu Ohren gekommen.

Da man verhindern will, dass sich die Wölfe ungehindert vermehren, werden für ihren Abschuss Prämien gezahlt, doch selten fallen welche den Jägern zum Opfer. Auch ohne die Prämien würden die Jäger Wölfe erlegen, denn sie erbeuten viel Großwild und sind dadurch unerwünscht. Allerdings sind die Jagdbedingungen in hohem Schnee für Wölfe schlecht, weil sie – wie übrigens auch Hunde – darin einsinken und sich nicht schnell genug fortbewegen können. Insofern haben Elch, Hirsch und Rentier Chancen zu entkommen. So habe ich es jedenfalls von unseren

Jägern gehört. Allerdings findet man bei Wolfsforschern eine gegenteilige Aussage: Die Wölfe würden in hohem Schnee weniger einsinken als die Paarhufer und hätten dadurch Vorteile.

Einmal konnte ich den Jagdverlauf anhand der Spuren gut verfolgen: Es lag wenig Schnee. Wir fuhren im Auto auf der zugefrorenen Oljokma und bemerkten in etwa 35 Kilometer Entfernung zum Dorf schon von Weitem einen großen, dunklen Gegenstand auf dem Eis. Es handelte sich um die bereits gefrorenen Reste eines stattlichen Hirsches, den Wölfe vermutlich am frühen Morgen gerissen hatten. Aus den Spuren und dem beträchtlichen Teil, den sie nicht gefressen hatten, folgerten die Männer, es seien nur drei Wölfe gewesen. Während die Männer den verbliebenen Hirschkörper mit der Säge zerteilten, um die Teile als Hundefutter mit ins Dorf zu nehmen, schaute ich mir den Verlauf der Spuren näher an. Die Trittsiegel der Wölfe waren wesentlich größer als die von Hunden. Wo sie ihre Beute zum ersten Mal angesprungen hatten, lagen einige Fellbüschel. Mehrere Meter darauf fanden sich noch mehr Fellfetzen, und der Schnee auf dem Flusseis war teils zertreten, teils weggewischt, wo sich der Hirsch aufgerichtet, gedreht und die Raubtiere abgewehrt hatte. Danach gelang es ihm, einige Meter zu flüchten, bis die Wölfe wieder angriffen. Die Spuren setzten sich etwa hundertfünfzig Meter fort, auf denen immer mehr Fell und Blut davon zeugten, dass die Raubtiere die Oberhand gewannen. Am Ende dieser relativ kurzen Strecke rissen sie ihn zu Boden, zerfleischten ihn und fraßen vor allem die Innereien, von denen kaum noch etwas übrig war.

Die Freunde Slawa, Dimka und Andrej fahren zum Angeln

Die Banja – schwitzen und erholen nach getaner Arbeit

Freunde

Gute nachbarschaftliche Beziehungen sind besonders in abgelegenen Dörfern wie unserem eine Notwendigkeit, denn abgesehen von der damit verbundenen freundlichen Atmosphäre ist jeder irgendwann einmal auf die Hilfe eines anderen angewiesen. Man hilft sich gegenseitig aus mit Werkzeugen und Ersatzteilen, steht sich mit Rat und Tat beiseite und besucht einander auf einen Schwatz. Aber wirklich gute Freunde haben wir eher in Mogotscha, Tupik und Ust-Njukscha beziehungsweise in Irkutsk. Außerdem bin ich immer darauf bedacht, meine freundschaftlichen Verbindungen in Deutschland zu pflegen, die vor langer Zeit durch gemeinsame Interessen und Erlebnisse sowie kollegiale Zusammenarbeit entstanden sind. Zusätzlich lerne ich hier in unseren Feriengästen interessante und liebenswerte Menschen kennen, denen wiederzubegegnen mir große Freude bereitet. Leider lässt sich das nicht oft durchführen, da sie verstreut im deutschsprachigen Raum leben. Obwohl ich auch gern allein bin, stelle ich mir ein Leben ohne vielfältige Beziehungen zu anderen Menschen sehr arm vor.

Anders als in Deutschland sind Freundschaften in Russland aus vielerlei Gründen meistens mit gegenseitigen Hilfeleistungen verbunden. Wir wohnen in der Regel bei Freunden in Mogotscha, wenn wir dort im Winter unseren Jahresbedarf an Benzin und Lebensmitteln decken oder aus anderen Anlässen dorthin fahren müssen. Fast immer nimmt Slawa als Gastgeschenk Wildfleisch oder frisch geräucherten Fisch mit, der in dieser Qualität in Mogotscha nicht zu erhalten ist.

Besonders freuen wir uns aber, wenn sie uns im Dorf besuchen kommen, was leider nicht sehr häufig der Fall ist, weil sie entweder keinen Urlaub haben oder unsere Zeit durch Feriengäste gebunden ist. Doch im diesjährigen Sommer haben wir mehr Zeit und holen Versäumtes nach. Insgesamt neun russische Freunde können wir begrüßen. Ein besonderer Höhepunkt ist der Besuch von Andrej, den Slawa während der Armeezeit kennengelernt hat. Er ist ein Stadtmensch und hat an Jagd, Fischfang und unbequemen Naturaufenthalten wenig Interesse, denn bisher hat er Slawas ständigen Einladungen keine Folge geleistet, aber versprochen, ihn vor Ablauf von dreißig Jahren zu besuchen.

Wir können es kaum glauben, als er im neunundzwanzigsten Jahr tatsächlich seinen Besuch ankündigt. Slawa holt ihn und seinen Schwager Dimka, der schon mehrmals bei uns war, in Tupik mit dem Boot ab. Währenddessen überlege ich mir eine Überraschung. Die Idee ist, den „Städtern" einen – allerdings nicht ernst gemeinten – dörflichen Empfang zu bereiten. Als ich sie nach zweitägiger Fahrt vom Fluss heraufkommen sehe, schlinge ich ein großes russisches Folkloretuch, auf dessen schwarzem Untergrund ein farbiges Blumenmuster prangt, um die Schultern, binde ein Kopftuch um, schlüpfe in Gummistiefel und schnappe mir das bereit gestellte Tablett, auf dem Salz und frisches Brot liegen. So trete ich auf die Treppe vor dem Haus, tanze einen Kasatschok und singe „Kalinka, Kalinka".

Slawa ist wie vom Donner gerührt. So hat er mich noch nie erlebt, denn ich halte normalerweise nicht viel von Klamauk und bin auch keine Stimmungskanone, sondern mehr dem trockenen Humor zugeneigt. Er kann nicht glauben, was er sieht und fragt entgeistert: „Bist du betrunken?"

„Noch nicht", sage ich lachend. Auch die Gäste finden es lustig, und Slawa holt erleichtert Luft.

Nachdem das Gepäck ins Haus gebracht ist und ein Imbiss eingenommen wurde, folgt der obligatorische Besuch der Banja, der russischen Sauna. Die typisch russischen Dorfbanjas sind Blockhütten aus dicken Holzstämmen. Darunter ist eine Grube, in die das Wasser durch die Ritzen der Bodenbretter abläuft. Die selbst gebauten, eisernen Öfchen werden mit Lärchenholz beheizt. Auf ihnen stehen große Töpfe, in denen das Wasser erhitzt wird. Kaltes Wasser steht in Kübeln bereit. Um das lange, eiserne Ofenrohr herum sind Steine aufgeschichtet, die durch ein Metallgitter gehalten werden. Auf die heißen Steine kann ein Aufguss aus mit ätherischen Ölen versetztem Wasser geschüttet werden, wodurch sich aromatischer Wasserdampf bildet. Noch besser finde ich einen Birken-Aufguss, der durch das Einweichen von Büscheln aus Birkenlaub entsteht. Mit den im heißen Wasser eingeweichten Birkenbüscheln schlägt man den Körper, was die Durchblutung anregt. Die Birkenzweige werden im Frühsommer gesammelt, zusammengebunden und an einem luftigen, schattigen Ort aufgehängt und getrocknet, sodass man einen Vorrat für das übrige Jahr hat.

Man schäumt sich von Kopf bis Fuß üppig ein und schrubbt die Haut mit einem Luffa ähnlichen Schwamm ab, was wie ein Peeling wirkt. Anschließend spült man alles mit viel warmem Wasser ab, dass man sich über Kopf und Körper gießt. In der Banja ist erhöht und von Wand zu Wand eine Holzpritsche angebracht, auf der man liegend oder sitzend ausgiebig schwitzen kann. Anschließend übergießt man sich mit kaltem Wasser. Einige unserer deutschen Wintergäste wälzen sich sogar vor der Banja im hohen Schnee.

Andrej, Dimka und Slawa lieben die Prozedur und genießen die starke Hitze. Erst nach langer Zeit erscheinen sie wieder im Haus. Ich habe in der Zwischenzeit den Tisch gedeckt, denn nach der Banja wird üblicherweise gegessen – pikante Kleinigkeiten wie eingelegte Pilze und Gurken, Brot, Fleisch, Wurst, kalt geräucherter Fisch – sowie Tee und Wodka getrunken. Dieses Mal bin ich von der Tradition abgewichen und habe für jeden zwei üppige „Big Mac" zubereitet. Slawa kann mit der Bezeichnung nichts anfangen, hat irgendwo aber schon „Big Ben" gehört, das sich ihm eingeprägt hat. Und so wird „Big Mac" in unserem Sprachgebrauch zu „Big Ben". Wodka haben wir nicht im Haus, aber zufällig *Braschka*, ein alkoholisches Getränk, das ich aus einer großen, überreifen, aufgeplatzten Wassermelone mit einem Zusatz aus Zucker und Hefe gebraut hatte, weil ich die Melone noch irgendwie verwerten wollte. Daraus ist eine Art Fruchtsekt geworden, der seit mehreren Tagen in Flaschen abgefüllt im Keller steht. Genau wie die „Big Bens" findet das kalte, prickelnde Getränk große Zustimmung. Es wird ein fröhlicher Abend, bis wir endlich satt, zufrieden und müde in die Betten sinken.

Am nächsten Tag brechen die *Muschikis* für einige Tage zum Fischen auf. Ich gebe ihnen eine Kiste vorbereiteter Speisen mit auf den Weg, obwohl ihnen eine mehrtägige Hungerkur gut zu Gesicht stünde. Die Drei sind nicht nur muskulös, sondern auch sehr gut gepolstert. Besonders Andrej hat eine beeindruckende Statur – groß mit breiten Schultern und einem mächtigen Brustkorb. Er hat früher bei der Miliz gearbeitet, und ich stelle mir vor, dass er zu Streithammeln oder Verbrechern nur langsam hinschlendern und gelassen fragen musste: „Gibt's Probleme? Kann ich helfen?", um ihren Aktivitäten Einhalt zu gebieten. Als Slawa das nächste Mal lospoltert – er ist manchmal etwas cholerisch –versuche ich es mit Andrejs Methode, blähe mich auf, lasse die Arme seitlich abgespreizt am Körper baumeln, als würden die Muskelpakete eine andere Haltung verhindern, schreite breitbeinig auf ihn zu und frage: „Geht's noch oder kann ich helfen?" Zur Verstärkung halte ich ihm meine geballte Faust unter die Nase und setze nach: „Riecht nach Friedhof!" Und Tatsache, es wirkt! Er hört auf zu schimpfen und lacht. Ich kenne allerdings noch eine andere, weiblichere Methode, um die gleiche Wirkung zu erzielen. Ich habe sie einer Dokumentation über Moskau entnommen, in der die Moderatorin Kim Fisher eine Agentur besuchte. Dort lernten Frauen, wie sie anziehend auf (russische) Männer wirken können. Ja, Fernsehen kann bildend wirken! Ich lege also die Hand auf mein Herz, senke den Kopf ein wenig, nehme einen seelenvollen Gesichtsausdruck an, richte einen Liebe heischenden Blick auf meinen aufgebrachten Mann und klimpere mit den Wimpern. Dabei kann er nie ernst bleiben.

Andrej ist einer der Menschen, die aus Prinzip immer absolut korrekt handeln, nie ihre Macht ausnutzen und sich nie korrumpieren lassen würden, manchmal zum Leidwesen seiner Freunde, die ganz gern seine Beziehungen für ihre Zwekke einsetzen würden. „Wenn andere das machen, ist es für mich kein Grund, ebenso zu handeln. Meine Seele ist und bleibt sauber", antwortet er auf ihr Drängen. Einen solchen Menschen kennenzulernen, ist mir eine Freude. Ich fürchte, allzu viele davon gibt es nicht. Der Mann an meiner Seite gehört jedenfalls nicht dazu, wie ich eines Tages feststelle.

Er hat einen Ausweis erhalten, der ihn dazu berechtigt, Wilderer zu kontrollieren, sich deren Ausweise zeigen zu lassen und sie bei der Behörde zu melden. Ich finde es gut, denn oft jagen und fischen Leute aus der nahen Amurskaja Oblast in unserem Bezirk, weil in ihrem eigenen Bezirk häufig kontrolliert wird und harte Strafen drohen, wenn sie keine Lizenz haben. Als Slawa von einem Ausflug zurückkommt, erzählt er mir, er habe zwei Männer aus Ust-Njukscha beim Fischen in unseren Gewässern angetroffen, ihre Daten notiert und gesagt, er werde sie melden. „Ganz recht", stimme ich zu.

„Ich werde sie aber nicht melden. Einer von ihnen fährt nämlich manchmal nach Blagoweschtschinsk und kauft dort Motoröl für japanische Bootsmotoren, weil es dort viel billiger ist als anderswo. Er hat versprochen, für mich welches mitzubringen, wenn ich ein Auge zudrücke. Ich kann es bei meiner nächsten Fahrt nach Ust-Njukscha bei ihm abholen.“

Nachdem ich die Sprache wiedergefunden habe, sage ich: „Aber das ist korrupt!“

„Na und?“, antwortet er gelassen.

Slawa im Lärchenwald

Kompjuter nje rabotajet

Freunde aus Tupik sind gekommen um zu jagen. Sie wollen einen Elch oder Hirsch erlegen. Slawa begleitet sie. Mehrere Tage sind sie unterwegs, doch ohne Erfolg. Als Slawa zurückkommt, hat er starke Schmerzen. Eine Fistel, die ihm seit vielen Jahren mal mehr, mal weniger Beschwerden verursacht, ist hühnereigroß angeschwollen und blaurot verfärbt.

Zudem kann er kaum etwas essen, denn die Zahnimplantate, für die die Zahnarztpraxis eine vierzigjährige! Garantie gegeben hat, sind lose und wackeln hin und her, was beim Kauen Schmerzen verursacht und auch den Kiefer schädigt. Schon vor dem Jagdausflug hatte ich Slawa geraten, zum Arzt zu fahren, jetzt bitte ich ihn dringend darum. Aber was tut er?

„Ich kann die Freunde nicht im Stich lassen. Sie brauchen Fleisch. Wir wollen es morgen an einer anderen Stelle versuchen."

„Das ist fahrlässig von dir", wende ich ein. „Die Fistel muss unbedingt geöffnet werden, damit der Eiter abfließen kann. Geh doch mal zu der neuen Feldscherin."

Unser Feldscher und seine Frau haben vor einem Jahr das Dorf verlassen. Die Stelle war seitdem bis vor wenigen Wochen unbesetzt. Slawa schüttelt abwehrend den Kopf. „Das kann ich mir sparen. Die kann ja noch nicht mal einen Zahn ziehen. Weißt du das nicht? Der Grischka hatte einen vereiterten Zahn und ging zu ihr. Sie traute sich aber nicht, ihn rauszuziehen. Das hat er dann selbst getan, ohne Betäubung und vor dem Spiegel. Ich habe gehört, sie hätte zwar die Ausbildung zum Feldscher gemacht, aber keinen Abschluss. Vielleicht ist sie bei den Prüfungen durchgefallen oder sie hat die Ausbildung nicht zu Ende gebracht. Praxis hat sie überhaupt keine, sie hat noch nie in dem Beruf gearbeitet. Und da schicken sie sie in unser abgelegenes Dorf, wo sie ganz auf sich gestellt ist! Dann hätten wir auch gleich ganz ohne Feldscher bleiben können, wie die vergangenen zwölf Monate auch. Na ja, hierher will eben keiner aus der Stadt kommen. Jetzt ist wenigstens auf dem Papier Genüge getan."

„Ich habe zwar erfahren, dass sie mit ihrer Familie angekommen ist, habe sie aber noch nicht zu Gesicht bekommen. Eigentlich hätte es sich gehört, dass sie sich im Dorf vorstellt – es sind ja gerade mal fünfundzwanzig Haushalte. Hast du sie schon gesehen? Was sind das für Leute?", möchte ich wissen.

„Sie ist mit Ehemann und zwei Kindern gekommen. Ihr Mann scheint keiner Arbeit nachzugehen, da blieb ihr wohl nichts anderes übrig, als die Stelle hier anzunehmen. Als ich sie sah, hatte sie gerade ein dickes Veilchen. Ihr Mann schlägt sie, wenn er getrunken hat."

Ich bin entsetzt. „Warum lässt sie sich das denn gefallen?"

„Was soll sie machen? Sie war beim Dorfvorsteher deswegen, aber der hat ihr gesagt, dass bei uns die Eheleute Ehestreitigkeiten unter sich regeln müssen. Es gebe ja keine Polizei, die eingreifen könne."

Mehrere Monate später jedoch, nachdem ihr Mann sie sichtbar schwer misshandelt hatte, erstattete sie Anzeige in Mogotscha. Dem Ehemann wurde verboten, sich in Srednjaja Oljokma aufzuhalten und sich ihr wieder zu nähern.

Während sich Slawa bei anderen, meist rätselhaften Wehwechen, ins Bett legt und sein nahes Ableben ankündigt, bemüht er sich entgegen meinem Ratschlag weiter, doch noch ein Stück Wild zu erlegen.

Erst nach dem dritten, erfolglosen Anlauf geben die Jäger auf und rüsten sich für die Fahrt nach Tupik. Am Tag vor der Abfahrt geht die Fistel glücklicherweise von selbst auf und verschafft Slawa dadurch etwas Erleichterung. Zusätzlich bereite ich ihm in der Banja Sitzbäder mit einer schwachen Kaliumpermanganatlösung, die desinfizierend wirkt.

Von Tupik aus will Slawa weiterfahren nach Tschita, um seinen Zahnarzt und einen Chirurgen aufzusuchen. Schon vor Jahren riet ihm ein Chirurg zur Operation, um die Ursache der Fistel von Krankheitserregern zu reinigen, einen Teil herauszuoperieren und dann zu schließen. Nun endlich, nach vielen beschwerdereichen Jahren, hat sich der Geplagte entschlossen, seinem Rat zu folgen. Für die Operation benötigt er eine Überweisung vom Arzt aus Tupik. Was muss er in der kleinen Poliklinik jedoch hören? „*Kompjuter nje rabotajet* – der Computer arbeitet nicht."

Der Computer ist defekt, und das bedeutet, dass man ihm das Überweisungsformular nicht ausdrucken kann. Tamara, Slawas entfernte Verwandte, bei der er übernachtet, erklärt sich bereit, es später abzuholen und es als Fax nach Tschita zu schicken. Als er zwei Tage später in Tschita ankommt, ist das Überweisungsformular für die Behandlung der Fistel nicht gefaxt worden, weil der Computer nicht darauf zugreifen konnte – *Kompjuter nje rabotajet.*

Inzwischen verlautet aus Tupik, dass es wohl einen Monat dauern kann, bis das Problem mit dem Computer gelöst ist. Slawa bittet den Arzt in Tupik, eine formlose Überweisung auszuschreiben und diese zu faxen. Doch die wird im Krankenhaus in Tschita nicht anerkannt. Slawa müsste die Operation aus eigener Tasche bezahlen. Das jedoch übersteigt momentan unsere finanziellen Möglichkeiten. Ich frage mich, ob sie schwerkranke Leute sterben lassen, wenn *Kompjuter nje rabotajet.*

Der einzige Gegenwert zu den teuren Reisekosten besteht darin, dass Slawa wieder essen kann, weil die wackelnden, schmerzenden Zahnimplantate entfernt wurden. Sie sollen unentgeltlich später, nachdem die Wunden verheilt sind, durch Implantate eines anderen Materials ersetzt werden.

Die Liebe ist eine Himmelsmacht

„Die Liebe ist eine Himmelsmacht“, so singt man in einem bekannten Operettenlied.

Bücher über die Liebe zwischen Mann und Frau gibt es unzählige und noch mehr unterschiedliche Anschauungen und Betrachtungsweisen darüber, was Liebe ist, wie sie sein sollte und wie wir als Liebende sein sollten.

Was liebt man an dem anderen? Eigenschaften wie grundlegende Güte, Verständnisbereitschaft, Umgänglichkeit, Optimismus, Fröhlichkeit, Interessiertheit, sein Bemühen, sich zum Positiven hin zu entwickeln? Wenn schon nicht das, dann sicherlich nicht das Gegenteil von alledem – Härte, Sturheit, Miesepetrigkeit, Beharren. Oder liebt man sein Äußeres, seinen Erfolg in Beruf und Gesellschaft, seine Intelligenz und Arbeitsamkeit?

Die Liebe hat mich hierher gebracht. Zuerst die Liebe zu einer Landschaft und dann die Liebe zu Slawa, jäh und unerwartet in mein Leben tretend. Im ersten Falle ist das Warum leicht zu erklären, im zweiten Falle ist es komplizierter.

Für Slawa ist die Liebe eine Himmelsmacht. Sie überkommt einen, und dann hat man sie, ob es einem gefällt oder nicht. Jedenfalls entnehme ich das seinen Äußerungen. Er hat in Tupik unter anderem Juri, einen entfernten Verwandten, besucht. Sie saßen am Tisch und unterhielten sich, als Juri seine Frau aufforderte, ihm die Zigaretten zu reichen, die eine Armlänge entfernt auf der Tischplatte lagen. Sie tat es.

Slawa fragte: „Warum nimmst du dir die Zigaretten nicht selbst?“

Juri: „Fällt ihr das etwa schwer, sie mir zu geben?“

Slawa: „Du hättest nur über den Tisch langen müssen, während Swetlana abseits stand und extra um den Tisch herumgehen musste.“

Juri: „Das ist ja wohl nicht so schlimm.“

Ich bin befremdet. „Das ist doch absurd. Warum macht einer so etwas?“

Obwohl Slawa Juris Verhalten schäbig findet, kann er es zu meinem Erstaunen erklären. Das Motiv scheint ihm so fremd nicht zu sein: „Er wollte zeigen, wer der Herr im Hause ist.“

„Wozu soll das denn gut sein? Eheleute sind Partner, nicht Herr und Untergebener. Weißt du noch, als wir einmal bei ihnen übernachtet haben? Ich habe Swetlana in der Nacht lange leise weinen gehört.“

Slawa nickt: „Ich glaube, er schlägt sie manchmal sogar.“

„Das ist doch das Letzte“, entrüste ich mich. „Der kann froh sein, solch eine Frau gefunden zu haben. Sie ist freundlich und sympathisch, sieht nett aus, ist gescheit, arbeitet in Vollzeit und hält darüber hinaus noch Garten und Haushalt in Schuss. Er dagegen geht keiner geregelten Arbeit nach, sondern beschäftigt sich hauptsächlich mit Fischfang und Jagd, wobei er dabei rücksichtslos alles abknallt, um durch den Verkauf des Fleisches Geld zu machen. Er war das doch damals, den sie im Winter mit zehn erlegten Elchen und Hirschen in seinem Auto erwischt haben? Er raucht, trinkt und vernachlässigt sein Äußeres, wobei er auch ohne das hässlich genug ist. Wie kommt er dazu, sie schlecht zu behandeln und sich als Hausherr aufzuspielen? Es ist ihr Haus, er ist nach der Scheidung nur bei ihr eingezogen. Warum lässt sie sich das alles gefallen, statt ihn in die Wüste zu schicken?"

„Sie liebt ihn eben", meint Slawa.

„Ach du lieber Himmel! Was an ihm liebt sie denn? Mir ist noch keine liebenswerte Eigenschaft an ihm aufgefallen."

„Wenn man liebt, liebt man eben. Das verstehst du wohl nicht."

„Nein, verstehe ich nicht."

Die Liebe führte mich in dieses Dorf und zu ihm

Der Wald brennt

Eines Tages beobachten wir eine sich rasch verbreitende Rauchwolke, die unweit des Dorfes emporsteigt. Wahrscheinlich ist durch Blitzschlag ein Brand entstanden. In den Tagen zuvor hatte es nach heißem und trockenem Sommerwetter mehrere Gewitter gegeben, doch die begleitenden Regengüsse waren ausgeblieben. Auch hatte plötzlich, ohne Anzeichen eines herannahenden Unwetters, ein einziger, gewaltiger Blitz die große Kiefer am Flussufer gespalten, die man auf einem meiner Fotos noch unversehrt in den weiten Himmel ragen sieht.

Ein Waldbrand ist das Einzige, was dem Dorf gefährlich werden kann. Mich erfasst Unruhe. „Du, das sieht aus, als würde es auf der großen Wiese brennen. Das ist doch gar nicht weit von hier. Wenn das Feuer nun hierher kommt?“, äußere ich besorgt zu Slawa.

„Ach, vielleicht scheint das nur so. Der Fluss macht dort eine große Schleife, es könnte auch am anderen Ufer brennen.“

„Willst du nicht mal nachsehen? Wenn es auf unserer Seite brennt, müsste man doch gleich etwas dagegen unternehmen, bevor es näher kommt.“ Auf mein Drängen hin fährt Slawa mit dem Boot den Fluss hinunter und kommt mit der vorerst beruhigenden Nachricht zurück, das Feuer befinde sich auf der anderen Flussseite.

Im Dorf existieren keine Mittel, es zu löschen. Wir können nur auf anhaltenden Landregen hoffen, doch das Wetter tut uns den Gefallen nicht. Die mit den Gewittern einhergehenden Sturmwinde fachen den Brand erst richtig an und verbreiten ihn weiter, während die folgenden kurzen Platzregen nicht ausreichen, ihn zu löschen. Unter der Oberfläche glimmen dicke Moosschichten weiter – sie und glühende Stämme lassen die Feuer an zahlreichen Herden wieder aufflackern. Die Feuersbrunst frisst sich je nach Windrichtung entlang des Ufers in Richtung Dorf und tief in die Wälder hinein. Die Ausmaße können wir nur vermuten, wenn wir den dichten Rauch sehen, der die Umgebung und das Dorf wochenlang verhüllt. Nachts sehen wir vom Haus aus Feuerschlangen, die sich rotglühend die Felswände an der Flussbiegung hinunterziehen.

Einmal überfliegt ein Hubschrauber die Gegend. Wir vermuten, dass die Besatzung im Auftrag des MTschS unterwegs ist und sich einen Überblick über den Brand verschaffen soll. Der vollständige Name dieser Einrichtung lautet Ministerium für Zivilverteidigung, außergewöhnliche Situationen und Naturkatastrophen. Ihm obliegt die Feuerrettung, die Wasserrettung, die Evakuierung von Personen aus Gefahrenzonen und der Such- und Rettungsdienst – kolossale Aufgaben in einem zu großen Teilen unbesiedelten, wilden Land ungeheurer Ausdehnung. Das umfangreiche Netz des MTschS ist mit viel Personal zwar ununterbrochen im Einsatz, ohne jedoch alle Situationen bewältigen zu können. Die Feuerwehr untersteht dem MTschS, aber gegen die jedes Jahr zahlreich auftretenden riesigen Waldbrände ist die Institution relativ machtlos, zumal lokale

Behörden und Bevölkerung in der Regel wenig Eigeninitiative zum Brandschutz entwickeln, wie auch am Beispiel unseres Dorfes zu erkennen ist.

Srednjaja Oljokma ist von Wald umgeben, in dem überdies viel trockenes, abgestorbenes Holz liegt. Man hätte schon vor Langem um den Ort herum einen breiten waldfreien Streifen anlegen und säubern müssen, um herannahende Flammen besser stoppen zu können. Doch der seit über zwanzig Jahren amtierende Dorfvorsteher lässt jegliche Aktivitäten vermissen. Die Rayonverwaltung ist trotzdem sehr zufrieden mit ihm, denn er meldet brav alle Vorkommnisse, stellt aber keinerlei Forderungen an die Administration. Nähme die Rayonverwaltung ihre Verantwortung ernst, würde sie Brandschutzmaßnahmen anordnen. Doch sie und alle Einwohner sind seltsam unbesorgt, obwohl man aus dem Fernsehen weiß, dass in Russland jedes Jahr viele Ortschaften den Flammen zum Opfer fallen.

Dem Kontrollflug des Hubschraubers folgen keine Löschmaßnahmen, wie sie manchmal im Fernsehen gezeigt werden und bei denen Helikopter große, wassergefüllte Tragen über dem Einsatzgebiet entleeren. In unserem Fall hat sich das Feuermeer ohnehin schon zu weit ausgedehnt. Die Löschaktion hätte sehr viel früher erfolgen müssen, um Erfolg zu haben. Doch man hatte nicht reagiert, als unser Dorfvorsteher den Waldbrand der Rayonverwaltung in Tupik gemeldet hatte. Weil nicht auszuschließen ist, dass das Feuer bei einem starken Gewittersturm durch Funkenflug doch noch auf unsere Seite des Flusses überspringt, packe ich wichtige Dokumente, Geld und eine Notausrüstung in einen Rucksack und platziere ihn neben dem Bett. Die Sachen sollen griffbereit sein, falls wir den Ort Hals über Kopf per Boot verlassen müssen. Wenn der Brand unsere Siedlung erreicht, hilft nur noch die sofortige Flucht, denn überall in den Schuppen lagern viele Fässer Benzin als Vorräte für das ganze Jahr, weil größere Mengen Benzin nur auf dem Winterweg mit Tank- oder Lastwagen herbeigeschafft werden können.

Dem Dorfvorsteher wird die Sache wohl auch langsam unheimlich. Er spricht davon, einen Streifen Wald zu roden, ohne dass dieser schönen Idee Taten folgen. Nachdem eine Regenperiode eingesetzt und den Brand nach Wochen zum Erliegen gebracht hat, ist das Thema ganz vom Tisch. Weder er noch einer der Dorfbewohner setzt sich dafür ein, Vorsorge für die nächste Gefahrenlage zu treffen. Man scheut den Aufwand. Der Dorfvorsteher müsste die Administration auffordern, im Winter technisches Gerät herzubringen, mit dem ein Brandschutzstreifen frei geräumt werden kann, und die Einwohner müssten sehr viel unentgeltliche Arbeit leisten. Da hofft man doch lieber darauf, dass schon nichts passieren wird.

„Slawa, ich begreife diesen Leichtsinn nicht. Wenn das Dorf abbrennt, steht jeder von uns vor dem Nichts, vor dem Garnichts! Wie können wir dann weiterleben? Warum nehmen die Leute dieses unnötige Risiko in Kauf?“

„Bei uns gibt es einen Spruch: Solange der gebratene Hahn nicht in den Po hackt, solange wird der Mensch nicht tätig.“

„Das ist mir leider auch schon aufgefallen“, antworte ich resigniert.

Wir hatten befürchtet, dass der Wald in der Umgebung völlig kahl brennt und ein trauriges Bild hinterlässt, doch wie wir später sehen, sind zwar überall Feuerzungen eingedrungen, aber dazwischen sind auch viele Bäume intakt geblieben. Leider hat das Feuer die Preiselbeerbüsche vernichtet, die unweit des Dorfes auf einer ausgedehnten Waldfläche wuchsen. Wir und andere hatten dort jedes Jahr viele Eimer Preiselbeeren sammeln können. Nun müssen wir im Herbst auf abgelegenere, weniger ergiebige Gebiete ausweichen, und ich kann das darauf folgende Jahr unseren Feriengästen nur noch zu den Mahlzeiten Preiselbeersaft servieren, statt ihn wie bisher literweise ganztägig zur Verfügung zu stellen.

Im Winter, als die Jäger mit Schneemobilen ihre entfernter gelegenen Territorien aufsuchen, stellen sie fest, dass eine Jagdhütte abgebrannt ist und sehr weite Gebiete in Mitleidenschaft gezogen wurden. Auch am Fluss Usmun, in Slawas Territorium, hat es gebrannt. Auf dem Winterweg liefert die Administration endlich einen Tankwagen, mit dem etwa 2000 Liter Wasser zu einem Brandherd gebracht werden können, – leider ohne die dazugehörige, spezielle Pumpe mit Schlauch, um Wasser aus dem Fluss in den Tank beziehungsweise ins Feuer zu pumpen. Der Tankwagen bleibt ein reines Anschauungsobjekt, bis dann endlich – zwei Jahre später – Pumpe und Schlauch nachgeliefert werden.

Mir gehen Trägheit und Verantwortungslosigkeit immer mehr auf die Nerven. „Slawa, wenn der Dorfvorsteher sein Amt nur im Gelderhalt versteht, müssen die Dorfbewohner selbst aktiv werden, Versammlungen einberufen und sich in wichtigen Fällen an die Administration in Tupik wenden."

„Wie stellst du dir das vor? Soll ich herumgehen und jeden Einzelnen zur Versammlung einladen und die Versammlung leiten? Im eigenen Wohnzimmer führen sie das große Wort und schimpfen, aber sobald es öffentlich wird, kneifen sie. Den schwarzen Peter habe ich dann, weil ich einen Aufstand gegen die Obrigkeit initiiert habe – denn so wird die das unter Garantie verstehen. Wer weiß, welche Steine sie mir deshalb später in den Weg legen."

Leider ist die Befürchtung nicht grundlos, wie ich am eigenen Leib erfahren musste, nachdem ich an den vorherigen Rayonchef einen höflichen Brief gerichtet hatte mit der Bitte, bestimmte Missstände abzustellen. Eine Antwort erhielt ich nicht, hatte daraufhin aber Schwierigkeiten, von der Administration eine Wohnbescheinigung zu erhalten, die ich für die Erteilung einer Aufenthaltsgenehmigung benötigte.

Die Feuergefahr bedroht uns auch im folgenden Sommer. Juni und Juli sind heiß und sehr trocken. Wir vermissen die Regenphasen, die normalerweise die trockenen Perioden unterbrechen und ein- oder zweimal Hochwasser zur Folge haben. Innerhalb von zwei Monaten verzeichnen wir lediglich vier Regentage, an denen wir uns am kühlen Nass erfreuen können. Häufig auftretende Gewitter führen nur zu kurzen, regionalen Niederschlägen, die nicht in der Lage sind, durch Blitzschlag entstandene Brände zu löschen. Auf einer Fahrt nach Juktali umgeben uns auf beinahe der ganzen Strecke von 300 Flusskilometern Rauchschwaden, denn auch in der Amurskaja Oblast brennt es. Bald gibt es in der nahen Umgebung unseres Dorfes fünf Feuerherde – einer befindet sich wenige Kilometer entfernt am Tungir, zwei an der oberen Oljokma und zwei an der unteren Oljokma –, die sich ungehindert wochenlang weiter ausbreiten und das Dorf in Rauch hüllen, bis das eine oder andere Flammenmeer durch Regen doch gelöscht oder eingedämmt wird. Zufall oder Glück verhindern, dass unsere Siedlung ein Opfer der Flammen wird, denn nach wie vor wurden keine Maßnahmen ergriffen, um den Ort zu schützen.

Nicht bei uns, sondern in dichter besiedelten Gegenden wüten jedes Jahr durch Menschenhand verursachte Brände und vernichten tausende Hektar Wald und ganze Dörfer. Eines Tages Anfang Mai, als witterungsbedingt von natürlichen Brandursachen noch keine Rede sein kann, ist sogar unser weitab gelegenes Dorf in Rauch gehüllt, weil in der relativ kleinen Amurskaja Oblast elftausend Hektar Wald brennen, wie wir aus dem Fernsehen erfahren. In unserem Sabaijkalskij Kraj brennt zudem eine Fläche von zwanzigtausend Hektar, in der benachbarten Republik Burjatien achtzehntausend Hektar und in der angrenzenden Irkutskaja Oblast lodern Brände ähnlicher Größenordnung. Die Feuer werden im Frühjahr, kaum dass der Schnee geschmolzen ist, gelegt, um altes Gras abzubrennen, damit junges Grün rasch nachwachsen kann. Unbeaufsichtigt treiben sie durch aufkommende Winde weiter und ufern aus. Slawa behauptet, dass sie manchmal sogar mit der Absicht entfacht werden, Waldflächen zu schädigen, damit diese dann zum Abholzen freigegeben werden. Bei einer Fahrt auf der Autotrasse nach Tschita fiel mir auf, dass in der ganzen, weiten Umgebung kaum noch etwas Wald zu sehen war, aber auch sehr wenige Äcker, sondern vorwiegend große, mit struppigen Gras bewachsene Flächen, die teilweise noch brannten oder durch kürzlich erloschene Feuer verkohlt waren. Im Fernsehen wird über die Brände berichtet, doch habe ich bisher nicht ein einziges Mal gehört, dass die Brandstifter gesucht und angeklagt wurden.

Die Taiga brennt

Herbstfahrt nach Tupik

Wir fahren den Tungir stromaufwärts nach Tupik, eine Strecke von 320 Kilometern. Sinnend betrachte ich die Umgebung, denn viele Erinnerungen sind damit verbunden. Slawa steuert das Boot vorüber an dem Felshang, an dem wir im ersten Jahr unseres Zusammenlebens Lehm herauskratzten, um damit den großen, aus Backsteinen gebauten Ofen und die Wände unseres Hauses zu reparieren. Unweit davon wuchsen große Mengen Sumpfheidelbeeren. Ihre Farbe bildete eine einzige blaue Fläche, und wir sammelten mehrere Eimer davon, um auch im Winter davon zehren zu können. An einem anderen Ufer im Wald hatte Slawa Holz geschlagen. Gemeinsam stapelten wir es zum Trocknen auf, um es abzuholen, sobald der Fluss zugefroren war und man mit Lastwagen darauf fahren konnte. Auf jenem hohen Felsen dort hatten wir mit Feriengästen gesessen und auf die Flussschleifen des Tungir geschaut, auf das unendliche Grün der Taiga und die darin eingebetteten Seen, auf die Hügelketten, die sich in der Ferne verloren. Auf der Insel, an der wir gerade vorüberfahren, hatten wir Holz fürs Lagerfeuer gesammelt, Tee gekocht, gepicknickt und gebadet.

Slawa zeigt auf das Nebenflüsschen, an das er mit anderen Besuchern, die angeln wollten, gefahren war. Nachdem sie zwei Tage lang morgens, mittags und abends Fisch gegessen hatten, mochten sie die Angel jedoch nicht mehr ins Wasser halten. Sie waren auf dem Heimweg, als ein Elch zufällig vor ihren Augen über den Fluss schwamm. Mein Mann erlegte ihn, schlug ihn aus der Decke und zerteilte ihn unter Mithilfe seines Cousins Igor, der sie begleitet hatte. An Ort und Stelle schlugen sie ein Lager auf und taten sich an Leber, Herz und dem Mark der Beinknochen gütlich.

Heute zeigt der Herbst seine schönsten Farben. Leuchtend gelb gefärbte Lärchen lodern wie Flammen durch die herbstklare Luft in den blauen Himmel, an dem in großer Höhe einige Eiswolken schweben – durchsichtig wie von Feenhänden gewebte Schleier. In der Sonne grellweiß leuchtende Birkenstämme säumen die Ufer. Ihre goldenen Blätter hat der Wind schon vor Tagen davongewirbelt. Jetzt streicht er über die langen, grauweißen Samenwedel der Ufergräser und lässt sie auf- und abwogen. Feine, gelbbraune Teppiche aus abgefallenen Lärchennadeln schaukeln sanft auf dem bewegten Wasser der Uferränder.

Nicht jedes Jahr haben wir solch ein Glück mit dem Wetter. Ein Jahr zuvor zur gleichen Jahreszeit, Ende September, wirkte die Taiga unter einem bleigrauen Himmel wie tot – kein Lüftchen kräuselte die Wasseroberfläche, unbewegt still standen Bäume und Sträucher, das Gelb der Lärchen wirkte stumpf. Vergeblich blieb die Hoffnung auf einige wärmende Sonnenstrahlen. Meine nach dem ‚Zwiebelsystem' angelegte, dicke Fleecekleidung erwies sich als wenig wirksam gegen den kalten Fahrtwind, und ich war froh, dass Slawa mir einen derben Schaffellmantel aufgedrängt hatte, den die Arbeiter in Sibirien als Arbeitskleidung erhalten. Nachdem ich ihn über mich und bis ans Kinn hochgezogen hatte, wurde mir wärmer. Nach achtzig Kilometern Fahrt – ich hatte gerade den Gedanken ‚nur gut, dass es nicht regnet' zu Ende gedacht – fing es an zu tröpfeln. Aus dem Tröpfeln wurde ausgiebiger Regen, der in Schneefall überging. Zur Kälte kam die Nässe, an ein Weiterfahren war nicht mehr zu denken. Dankbar nahmen wir den Schutz einer großen Isbuschka in Anspruch, in deren eisernem Öfchen Slawa schnell ein wärmendes Feuer entfachte. Die Wärme lockte eine kleine Maus hervor. Frech trippelte sie um den Tisch herum, ohne sich an unserem Sprechen und den Bewegungen zu stören. Als Slawa mit dem Fuß aufstampfte, verschwand sie in einem der zahlreichen Bodenlöcher, kam jedoch bald wieder hervor, um ihre Respektlosigkeiten fortzusetzen. Diese Maus war mir unsympathisch, denn ich traute ihr zu, in der Nacht über unsere Körper zu klettern und sich in meinem Haar ein Nest zu bauen. Doch Slawa, der sich vor einer Maus mehr gruselt als vor einem ausgewachsenen Bären, veranstaltete bei ihrer zweiten Vorstellung ein solches Getöse, dass sie blitzartig verschwand und vielleicht vor Schreck einem Herzschlag erlag, denn wir sahen sie nicht wieder. Am Morgen empfingen uns Frost und eine weiße Winterwelt.

Auch heute ist es im Fahrtwind trotz des strahlenden Sonnenscheins sehr kalt. Wir tragen Pelzmützen, dick gefütterte Hosen und Jacken und Handschuhe. Fürsorglich hat Slawa mir im Boot ein warmes Lager aus Matratzen, Schaffellmantel und Schlafsack bereitet.

Mit uns auf dem Weg nach Tupik sind Sergej und Anton in einem zweiten Boot. Wir passen uns ihrem Fahrtempo an, das von dem nur 15 PS starken Bootsmotor bestimmt wird, und kommen entsprechend langsam voran. Anton ist Ewenke und zwischen fünfundvierzig und fünfzig Jahre alt – man kann sein Alter schwer schätzen. Er soll Sergej auf der Fahrt behilflich sein. Sergej ist Russe und hat wahrscheinlich die Fünfundfünfzig überschritten, Haare und Bart sind fast weiß. Er ist relativ klein und mager, aber drahtig und kräftig. Er will in Tupik dringend benötigtes Benzin kaufen und seinen erwachsenen Sohn abholen, der im Dorf Saretschnoi wohnt und in der bevorstehenden Pelztiersaison mit ihm jagen wird.

Nach einigen Stunden Bootsfahrt legen wir eine Essenspause ein. Der Platz wird offenbar häufig von einem Bären aufgesucht. Große, kahl getretene Trittsiegel kennzeichnen seinen Weg. Die Rinde eines Baumes, an dem er sein Fell zu scheuern pflegt, wirkt wie abgeschmirgelt. Momentan hat er wohl anderes vor – wir können ungestört essen und Tee trinken, bevor wir wieder unsere langen Holzboote besteigern. Sie haben keinen Kiel, sondern einen flachen Boden und werden vor allem auf dem Tungir und der oberen Oljokma gefahren, die besonders in trockenen Sommern und im niederschlagsarmen Herbst geringe Wassertiefen aufweisen.

Da es früh dunkelt, müssen wir bereits am Nachmittag das Jägerzelt aus fest gewebtem Leinen aufschlagen, das Slawa mitgenommen hat. Es bietet Platz für uns vier und einen kleinen Blechofen. Ich bin unzufrieden mit der Stelle, die Slawa als Lagerplatz ausgesucht hat, weil der Waldboden sehr uneben ist.

„Das gefällt mir überhaupt nicht“, bemäkle ich seinen Entschluss: „Wie sollen wir vier denn hier liegen können?“

Sergej und Anton jedoch akzeptieren ohne jede Diskussion Slawas Entscheidung und beginnen sofort, dünne Stämmchen zur Errichtung des Zeltes zu schlagen, zu entrinden und den Platz von Bruchholz zu säubern. Danach stellen sie das Zelt auf und befestigen es an den ringsum stehenden Bäumen. Nun verstehe ich, weshalb Slawa diesen Platz ausgesucht hat, denn ohne die Bäume hätten die Männer weitere Stämmchen bearbeiten und in den Waldboden rammen müssen, um dem Zelt Halt zu geben.

Unterdessen habe ich Holz für das Lagerfeuer gesammelt, Tee und einen Eintopf aus Elchfleisch, Reis und Gemüse gekocht. In der einfallenden Dämmerung sitzen wir vor dem Zelt, essen und schauen vom hohen Ufer herab auf die helle Wasserfläche. Das knisternde, flackernde Feuer wärmt uns. Aus dem Wald ertönen Brunftschreie der Hirsche. Wir hören sie auch in der Nacht sowie die Laute von Enten, die sich für den Zug in den Süden sammeln. Mir wird bewusst, wie eng ich inzwischen mit all dem verwachsen bin. Das Leben in Sibirien hat tiefe Wurzeln in mir geschlagen.

Slawa hat unser Zeltlager üppig ausgestattet mit Matratzen, Schaffell und Schlafsäcken. Sergejs Platz sieht mit Schaumstoffmatzratze und einer alten, zerrissenen Steppdecke schon bescheidener aus. Anton schläft ohne Murren in einer höckerigen Kuhle direkt auf dem Waldboden und deckt sich mit seiner Jacke zu. Der Nachtfrost zwingt ihn, mehrmals in der Nacht den Blechofen zu füttern. Er steht in der Frühe als Erster auf und hat bereits Feuer gemacht und Teewasser gekocht, als wir aus den Schlafsäcken kriechen und in den nebligen Morgen blinzeln.

Wir nähern uns dem Dorf Gulja, das inzwischen nur noch von kaum zehn Einwohnern besiedelt ist, während es vor der Perestroika hundertzwanzig Menschen eine Heimat bot. Kein Mensch lässt sich sehen, als wir kurz am Ufer halten. Nur ein schöner, kräftiger Rüde mit schwarzweißem Fell kommt zu unserer Begrüßung ans Boot, erschnüffelt die Neuigkeiten, wedelt freundlich mit dem Schwanz und entfernt sich wieder.

Am Abend erreichen wir eine saubere Isbuschka mit einer breiten Schlafpritsche für mehrere Personen. Wie die meisten Jagdhütten liegt sie im Wald mehrere Meter oberhalb des Wasserspiegels, um vor Hochwasser geschützt zu sein. Von ihr aus genießt man einen weiten Blick über den verschlungenen Wasserlauf. Ein Schwanenpaar steigt unter lauten Rufen in den Abendhimmel. Schwäne bleiben lebenslang ein Paar, und ich hoffe, dass keiner dem Appetit der Jäger zum Opfer fällt und der andere allein zurückbleibt. Meine Sorge ist unberechtigt, denn obwohl die großen Vögel viel Fleisch haben und sehr gut schmecken, will sich niemand aufhalten mit der Zubereitung eines Schwanenbratens.

Am Fluss trifft man Freunde

Ich habe es mir auf der langen Flussfahrt, warm verpackt, gemütlich gemacht

Das trockene Wetter hat den Wasserpegel des Tungir kontinuierlich gesenkt, und je weiter stromauf wir kommen, desto mehr flache Stellen müssen wir überwinden. Hier nützt uns der stärkere Motor nichts mehr, sondern Muskelkraft und Geschick sind gefragt. Sergej hat es leichter, denn Anton steht vorn im Boot und stakt es mit einer langen Stange durch die Untiefen, während Sergej mit dem eine Stufe höher gekippten Motor nachhilft und steuert. Slawa muss am Heck alles allein bewältigen – den Wasserstand im Auge behalten, bei Bedarf den Motor ankippen, steuern und staken. Ich habe das Staken nie gelernt, weil Slawa der Meinung ist, dass zuviel Kraft nötig ist, um ein elf Meter langes, schweres Holzboot gegen die Strömung zu staken. Außerdem könne das Fahrzeug leicht in die falsche Richtung gelenkt werden oder sogar kentern, wenn die Stange nicht richtig eingesetzt wird.

Als wir um eine Felsbiegung fahren, sehen wir schon von Weitem mehrere Boote im Wasser liegen und eine Gruppe Männer am Ufer sitzen. Es sind Jäger aus Tupik, deren Boote bis zum Rand vollgeladen sind mit Schneemobilen, Benzintonnen, Hunden, Proviant und vielem anderen, das sie vor der winterlichen Pelztiersaison in ihre Jagdhütten am Fluss transportieren wollen. Sie haben gerade eine schwierig zu fahrende Stromschnelle überwunden und machen nun Rast am Feuer, um Tee zu trinken und etwas zu essen. Slawa und Sergej kennen die meisten von ihnen, und so gibt es erst einmal ein großes Hallo und den Austausch von Neuigkeiten. Ein „Tupinski" steigt gerade aus seiner durchnässten wattierten Hose und schüttet das Wasser aus den Gummistiefeln. Sein Boot hatte sich an einer Untiefe festgefahren. Er musste aussteigen und es weiterzerren, bis es wieder genügend Wasser unter dem Kiel hatte. Der Pechvogel kramt andere Kleidung aus seinem Rucksack hervor, mit der er sich behelfen muss, obwohl sie nicht halb so warm wie die wattierte ist.

Auch wir bekommen bei der Weiterfahrt Probleme. Das flache Wasser an der Stromschnelle ist mit Steinen verblockt, und es gibt nur eine einzige schmale Durchfahrt. Um Propeller und Motor an den Steinen nicht zu beschädigen, muss Slawa vorsichtig und langsam fahren und darf den Motor nicht auf höhere Leistung bringen. So drückt die starke Strömung die Bootsspitze immer wieder aus der angepeilten Richtung. Wir müssen uns mehrmals zurückfallen lassen, um noch einmal zu versuchen, die Durchfahrt anzusteuern, bis wir es endlich geschafft haben. Ich hoffe, dass damit die Schwierigkeiten überstanden sind, doch immer wieder müssen die Bootsführer durch Untiefen manövrieren. Ihre Geschicklichkeit und vielleicht auch eine Portion Glück verhindern, dass die Propeller beschädigt und damit unbrauchbar werden. Sie sind nicht so leicht zu ersetzen. Der Propeller unseres japanischen Motors kosten umgerechnet etwa 150 Euro und muss im weit entfernten Tschita oder Blagoweschtschinsk besorgt werden.

Wegen des langsamen Vorankommens müssen wir noch einmal am Fluss übernachten. Es dämmert bereits, und Sergej verspricht uns eine schöne, bequeme

Jagdhütte ganz in der Nähe, die er von früher her kennt. Ja, früher war eben alles besser, auch die Jagdhütte. Sie hat keinen Ofen mehr und ist schmutzig. Ich bewundere die Männer, denn obwohl sie einen anstrengenden Tag hinter sich haben, zeigen sie keinerlei Enttäuschung – es ist eben, wie es ist. Klaglos räumen sie das Gerümpel aus dem Domizil, schlagen Feuerholz und im Handumdrehen kocht das Teewasser über dem Lagerfeuer. Ich habe aus Zweigen einen behelfsmäßigen Besen gemacht und reinige den Boden unserer Bleibe. Dann säubere ich den Tisch, hole die Essensvorräte aus der Aluminiumkiste und hänge eine LED-Lampe über den Essplatz, denn es ist nun vollkommen dunkel geworden. Unser eisernes Zeltöfchen hat ein zu kurzes Ofenrohr, doch Sergej findet das Hüttenöfchen mit dem passenden Rohr versteckt unter dem Schrägdach der Hütte. So können wir unser Abendbrot gemütlich im Warmen verspeisen.

Nachts fällt die Temperatur einige Grad unter Null. Nebel hängt grau, kalt und feucht über dem Fluss, als wir am Morgen ins Freie treten. Noch während wir die Boote beladen, durchdringen Sonnenstrahlen die graue Wand und verwandeln sie in eine goldene, durchscheinende Wolke. Der Fluss trägt eine dünne Eisdecke, die klirrend unseren Booten weicht. Wir haben noch mehrere Stunden Fahrt vor uns. Etwa zwanzig Kilometer vor Tupik funktioniert das Mobilfunknetz, und Slawa informiert einen Freund über unsere bevorstehende Ankunft.

Sergej landet in Saretschnoi an, während wir die wenigen Kilometer bis Tupik weiterfahren. Dort wartet Sascha bereits mit dem Auto und einer traurigen Nachricht aus Srednjaja Oljokma auf uns: Sergejs sehr viel jüngere Frau, mit der er einen siebenjährigen Sohn hat, ist während unserer viertägigen Fahrt gestorben. Sie litt seit mehreren Jahren an Krebs, hat sich aber keiner längeren Krankenhausbehandlung unterzogen. Bei seiner Abreise ging es ihr schlecht. Sie war bettlägerig, und die Feldscherin gab ihr Morphiumspritzen gegen die Schmerzen. Ihre siebzehnjährige Tochter aus erster Ehe kümmerte sich um sie und den kleinen Stiefbruder. Sergej konnte nicht bei ihr bleiben, weil er, bevor der Fluss zufriert, Vorbereitungen für die Zobeljagd treffen muss, denn er braucht das Einkommen daraus.

Rückkehr aus Deutschland

Wieder einmal bin ich in mein deutsches Leben gesprungen. Die drei Monate vergehen wie im Fluge in Gesellschaft von Tochter, Enkeln, Freunden und bei der Suche nach einer Wohnung in der Nähe von Tochter und Enkeln. Drei Wochen vor dem gebuchten Rückflugtermin finde ich eine passende Wohnung nahe bei Lübeck, die noch renoviert werden muss. Gelobt sei das Internet – ich spüre eine Malerfirma auf, die die Arbeiten kurzfristig vor Weihnachten erledigt, muss dafür allerdings einen schockierenden Preis zahlen. Das Auslegen des Teppichbodens kann auf die Schnelle niemand übernehmen, ich muss es wohl oder übel selbst tun. Mein Ex-Mann – ich habe zu ihm und seiner Frau ein freundschaftliches Verhältnis – bringt in allen Räumen Lampen an und hilft mir bei anderen Arbeiten. Auch meine Tochter unterstützt mich sehr. Nach hektischen Aktivitäten kann ich eine Woche vor der Sibirienreise umziehen.

Über Moskau fliege ich nach Irkutsk, übernachte bei meiner Freundin Natascha und fahre dann mit der TRANSSIB weiter nach Mogotscha. Bis Tschita leistet mir ein freundlicher älterer Mann Gesellschaft. Er ist erschöpfend mitteilsam. Als er aussteigt, weiß ich alles über ihn: Wohin er fährt und warum, seine Tätigkeit bei der TRANSSIB, die Vergünstigungen, die sie ihm bietet, was er verdient und was seine Frau und die erwachsenen Söhne beruflich machen, wie er den Urlaub verbringt, wie sein Haus aussieht, was es dort für Annehmlichkeiten gibt, was im Garten angebaut wird und und und.

Ermattet von der ständigen Aufmerksamkeit beim Zuhören hoffe ich, allein im Abteil weiterfahren zu können, doch es steigen drei Männer zu. Die beiden jüngeren, schlanken Mitfahrer beziehen die oberen Betten, der etwas ältere, groß und sehr kräftig gebaute Passagier das untere Bett. Im Abteil ist es heiß. Als er sich des Pullovers entledigt, sehe ich gewaltige, athletische Oberarme, die sicher kräftig zupacken können, aber von einer Fettschicht bedeckt sind. Um den stiernackigen Hals trägt er eine Goldkette. Sein beträchtliches Übergewicht macht ihm zu schaffen. Er ächzt beim Bücken und den Bewegungen im engen Abteil. Er erzählt mir, dass er in Tschita im Krankenhaus war und jetzt nach Hause, nach Mogotscha, fährt. Als er hört, dass ich dort ebenfalls aussteigen werde, erkundigt er sich besorgt, ob mich jemand abholen wird. Schließlich zwängt er sich in die Koje, die weder lang noch breit genug ist, um ihm einen einigermaßen erholsamen Schlaf zu ermöglichen. Von erholsamem Schlaf kann auch bei mir nicht die Rede sein. Ich wache in der Nacht auf, weil die Luft im Abteil heiß und stickig ist. Bis zur Ankunft kann nicht mehr einschlafen, sondern wälze ich mich hin und her. In der Hitze fühle ich meine Gesichtshaut austrocknen und befürchte, Slawa als Schrumpfkopf gegenübertreten zu müssen.

Morgens um halb acht rollt der Zug in Mogotscha ein. Mein Mitfahrer lässt es sich nicht nehmen, mein Gepäck auf den Bahnsteig zu transportieren. Ich habe es in Russland noch nie erlebt, dass mir männliche Passagiere beim Gepäcktransport nicht geholfen hätten, und zwar ungefragt. Auf dem Bahnsteig treffe ich Vera und deren neunzehnjährigen Sohn Andrej, die aus Tschita zufällig mit dem gleichen Zug angekommen sind und mich nun herzlich begrüßen. Veras Mann Nikolaj ist eng befreundet mit Slawa und besucht uns manchmal, um in der Oljokma zu angeln. Wie es in Russland gang und gäbe ist, haben Vera und Nikolaj sehr jung geheiratet. Nach dem Hochzeitsbild im Familienalbum zu urteilen, hat sich Nikolaj in den über zwanzig Jahren Ehe wenig verändert. Schlank, mit weißblondem Haar und buschigen Augenbrauen gleicher Farbe, fallen vor allem seine klaren, ausgeprägten Gesichtszüge ins Auge. An ihm haben die vielen kleinen Mahlzeiten, die man hier „Tee trinken“ nennt, keine Spuren hinterlassen, während sich aus der zarten, schwarzäugigen Schönheit Vera eine etwas molligere Version mit breiten Hüften entwickelt hat. Noch immer umrahmt kohlschwarzes Haar ihr hübsches, freundliches Gesicht mit den dunklen Augen. Sohn Andrej ist vom Typ her nach der Mutter geraten, überragt seine Eltern mit einer Größe von 1,85 Metern aber deutlich. Zudem ist er übergewichtig und macht auf mich einen behäbigen Eindruck. Er hat gerade sein Studium aufgegeben, das er vor anderthalb Jahren in Tschita begonnen hatte. Das gewählte Fach im Baugewerbe gefällt ihm nicht. Er möchte nun lieber beim MTschS arbeiten, erfahre ich. Inzwischen hilft er seinem Vater bei der Jagd und anderen Arbeiten.

Slawa und Nikolaj erwarten uns auf dem Bahnsteig. Nikolaj fährt uns alle im Jeep in sein sechzig Kilometer entferntes Heimatdorf. Ich dagegen hatte gehofft, ohne weiteren Aufenthalt nach Tupik und von dort aus am nächsten Tag nach Srednjaja Oljokma aufbrechen zu können. „Warum fahren wir jetzt zu Nikolaj und nicht nach Tupik?“ möchte ich von Slawa wissen.

„Das erkläre ich dir heute Abend“, vertröstet er mich auf später.

Vera stolpert nach einwöchiger Abwesenheit über am Boden liegende schmutzige Wäsche und volle Müll- und Abwassereimer. Sie macht dem fünfzehnjährigen Witja, der noch die Schule besucht, verhaltene Vorwürfe und scheucht ihn mit den Abfällen nach draußen.

Nikolaj war erst am Abend zuvor aus seinem Jagdrevier zurückgekommen und fährt nun, nachdem wir zusammen Tee getrunken und gegessen haben, mit Slawa, Sohn Andrej und zwei Männern aus dem Dorf wieder dorthin zurück. Bereits aufgebrochen und von Innereien befreit, liegen dort ein Wildschwein, ein Hirsch und vier Kabargas, die zerlegt, zum Auto geschleppt und ins Dorf transportiert werden sollen. Ich versuche, mich nicht zu sehr zu langweilen, vervollständige meine Tagebuchnotizen und helfe ein wenig im Haushalt.

Die Männer kommen am späten Nachmittag zurück. Slawa erzählt mir einige Neuigkeiten, die sich während meiner Abwesenheit in Srednjaja Oljokma ereignet haben, leider wenig Erfreuliches.

„Du erinnerst dich? Ich habe doch im Herbst für achtzigtausend Rubel einen neuen Motor für das Schneemobil, den *Buran*, gekauft. Gerade einmal eine Woche bin ich damit gefahren, als er kaputt ging. Ich habe es so satt – was man auch kauft, es ist Schrott! Dabei hat mir der Verkäufer versichert, dass der Motor direkt aus dem Werk stammt, in dem der Buran hergestellt wird. Da muss man doch davon ausgehen können, dass die Qualität einigermaßen stimmt, aber nein. Um den Motor zu reparieren, brauche ich ein Werkzeug, das ich nun extra bestellen muss, weil es weder in Tupik noch in Mogotscha vorrätig ist. Ich musste für den alten Motor Ersatzteile auftreiben, ihn instand setzen und wieder einbauen, um das Schneemobil benutzen zu können. Wie viel Zeit und Geld dabei wieder drauf ging!" Slawa ist sichtbar genervt.

Ich verstehe ihn nur zu gut. „Mir ist es unbegreiflich, warum in Russland so oft schlechte Qualität produziert wird. Mit wenig Mehraufwand und Kontrolle könnte man es besser machen. Aber solange man das Zeug irgendwie los wird, interessiert es keinen."

Slawa stimmt zu. „Es ist sind ja nicht nur die Motoren, die Probleme machen. Auch die anderen Teile verschleißen extrem schnell und werden trotzdem immer teurer. Aber leider gibt es keine gute Alternative zum Buran; es ist das einzige Schneemobil mit nur einem Ski. Die ausländischen Schneemobile sind eher für freies Gelände geeignet mit ihren beiden Ski. Sonst würde ich trotz des hohen Preises ein japanisches Schneemobil kaufen und brauchte mich nicht ewig mit Ersatzteilbesorgung und Reparaturen herumzuärgern."

„Gäbe es eine Alternative, würde niemand mehr den Buran anschaffen. Man sieht es ja bei den Bootsmotoren. Alle kaufen nur noch japanische, koreanische oder chinesische. Niemand kauft mehr einen russischen", bestätige ich.

Die Zobeljagd in diesen ersten drei Monaten sei sehr schlecht gewesen, berichtet mein Mann weiter. Nur 15 Felle konnten er und sein Jagdgefährte aufbringen, für die zudem ein nie dagewesener niedriger Preis gezahlt wurde. Sie hatten sich deshalb auf den Fischfang verlegt, doch auch der sei mager gewesen. Leute aus Mogotscha und Tupik hatten in den Vorjahren und auch im vergangenen Herbst an den Mündungen der Nebenflüsse in die Oljokma Fischzäune aufgestellt, sodass die Fische nach dem Laichen nicht mehr in die Oljokma gelangen konnten. Als die Inspektoren – viel zu selten übrigens – Strafen verhängten und die Zäune abbauen ließen, war der Schaden schon geschehen. Wegen ihres geringen Einkommens aus der Pelztierjagd mussten Slawa und seine Jagdfreunde eine Menge Elche erlegen, um wenigstens das Geld für Benzin, Ersatzteile und Lebensmittel zu verdienen.

Slawa erklärt: „Ich werde am Abend nach Mogotscha fahren und auf meinen Jagdfreund Sascha warten, der aus Tupik im Lastwagen Elchteile hertransportieren wird, die ich hier in Nikolajs Dorf teils verkaufen, teils gegen Benzin tauschen will. Wahrscheinlich werden wir erst am frühen Morgen hier sein."

Aus meiner Sicht wäre es praktischer, wenn der LKW mit dem Fleisch in den frühen Morgenstunden in Tupik starten und direkt zu Nikolaj fahren würde. Stattdessen lässt sich Slawa von ihm am Abend nach Mogotscha fahren, erwartet den LKW und übernachtet mit den beiden Fahrern bei Schenka in Mogotscha. Ich schlafe bei Nikolaj und Vera auf dem großen Sofa im Wohnzimmer, das offenbar nur zum Fernsehen dient. Außer dem Fernseher gibt es eine Musikanlage, einen runden Tisch ohne Stühle und einen dreiteiligen Vitrinenschrank, in dem Gläser sowie grobe, bunte Nippesfiguren stehen – plumpe Keramikschweine, -kühe, -hunde und -hasen, angetan mit menschlichen Assesoirs. Ihre Funktion besteht offenbar darin, dem Betrachter vor Augen zu führen, dass der Hässlichkeit keine Grenzen gesetzt sind. An Büchern sehe ich nur im Zimmer der Söhne einige Nachschlagewerke, außerdem CDs und einen Computer mit Internetanschluss. Vera und Nikolaj sind liebenswert und intelligent, an Erweiterung des Wissens jedoch wenig interessiert. Sie nutzen zwar Mobiltelefon und Internet, doch darüber hinaus gibt es, anders als in Europa, keinen äußeren Zwang, Neues zu lernen. In Deutschland zum Beispiel muss ein Bauer, um bestehen zu können, sehr viel mehr wissen als noch vor dreißig Jahren.

Die Muschiki aus Tupik und mein Mann treffen morgens um sieben Uhr bei Nikolaj ein. Slawa ist müde, sie seien erst um zwei Uhr nachts zum Schlafen gekommen. Sein Freund Sascha hatte aus unbekannten Gründen das Nummernschild seines Autos abmontiert und vergessen, es vor der Abfahrt wieder zu befestigen. Deshalb musste Slawa das Auto nachts vor Mogotscha treffen und es auf Schleichwegen zu Schenkas Haus lotsen, wo sie dann übernachteten. Es fällt mir schwer, bei all diesen dubiosen Vorgängen ruhig zu bleiben, doch inzwischen habe ich erlebt, dass die dümmsten Dinge tatsächlich möglich sind und dass Nachbohren lediglich zu sehr ungeduldigen Reaktionen führen würde. Fragen und Erklärungen sind Slawa lästig, denn schließlich regelt er die „Männerangelegenheiten", ohne dass ich mich darum kümmern müsste und sollte.

Sascha und sein Beifahrer, Slawa und Nikolaj scheinen auf irgendetwas zu warten. Von sieben Uhr an sitzen sie den ganzen Vormittag am Tisch, trinken Tee, essen etwas und gehen dann wieder nach draußen. Das Ganze wiederholt sich etwa viermal. Auf dem Tisch stehen immer Weißbrot, Käse und Wurst, Kekse und Süßigkeiten. Für Nachschub ist gesorgt, denn Nikolaj und Vera führen zwei Läden im Ort, in denen Verwandte als Verkäuferinnen tätig sind. Nach deren Bedarfsangaben bestellt Vera die Ware und Nikolaj kümmert sich um den Transport aus Tschita.

Vera gibt mir ein Beispiel, wie sich die Frau zu verhalten hat: nicht viel fragen und nehmen, wie es kommt.

„Weißt du, worauf sie noch warten?" erkundige ich mich bei ihr. Sie zuckt die Schultern: „Keine Ahnung. Nikolaj hat gesagt, die Banja müsse geheizt werden. Also nehme ich an, dass sie noch eine Weile bleiben, aber wie lange und warum, weiß ich nicht. Ich werde Mittagessen für alle vorbereiten."

Der große Andrej schleicht mit dem Luftgewehr ums Haus und schießt auf kleine Meisen. Mörder, denke ich. „Warum tust du das?" frage ich ihn. „Sie sind schädlich“, antwortet er: „Die Vögel zupfen die Watte heraus, die zum Abdichten zwischen die Holzbalken des Hauses gestopft wurde.“ Vera nickt.

Das habe ich auch bei uns beobachtet, aber nur zur Zeit des Nestbaus und nicht mitten im Winter. Andrejs Bestreben, die Vögel auszurotten, stößt mich ab. Trotzdem schweige ich dazu. Es würde als selbstherrliche Einmischung verstanden, wollte ich ihn und seine Eltern belehren.

Genauso wenig Verständnis kann ich dafür aufbringen, dass ein großer weißer Hund ohne jede Aufgabe ständig angekettet im Hof sein Leben fristen muss. Wenn jemand draußen vorübergeht, bellt er ausdauernd. Er scheint einer Wachhundrasse anzugehören, und das ist vermutlich der Grund, weshalb er nicht zur Jagd taugt und sich im Dorf nicht frei bewegen darf. Einen Wachhund braucht man nicht, doch warum hat man ihn angeschafft? Mir tut das Tier leid, dass trotz seines armseligen Daseins beim Erscheinen seiner Halter freudig mit dem Schwanz wedelt. Solche Überlegungen liegen der Familie fern, obwohl sie den Hund mögen, wie ich an ihrer freundlichen Haltung und Zurufen erkenne. Darüber hinaus geht die Zuwendung nicht, was aber in den Dörfern durchaus üblich ist.

Ich wasche Geschirr ab und helfe dann bei der Vorbereitung des Essens für die insgesamt acht Personen. Die Kartoffeln und das gebratene Wildschweinfleisch sind noch nicht ganz gar, als die Männer aktiv werden, das Elchfleisch ausladen und dann mit dem LKW losfahren. Nikolaj und Slawa kommen zwei Stunden später zurück und berichten, dass Sascha acht Fässer mit Benzin füllen will, weil es in Tupik kein Benzin zu kaufen gibt. An der nächstgelegenen Stelle konnte er nur vier Fässer füllen, was mit dem dünnen Schlauch lange dauerte. Jetzt befinde er sich auf der Suche nach weiterem Benzin. Ohne Nummernschild müsse er sich vorsichtig bewegen, damit er nicht erwischt wird.

„Warum habt Ihr auch am Vormittag so lange herumgesessen, statt gleich wegen des Benzins loszufahren!“ macht Vera Nikolaj zum Vorwurf.

„Das war doch nicht meine Schuld. Ich konnte ihnen ja nicht vorschreiben, was sie wann zu machen haben“, antwortet er und verschließt ihr dann mit einem Kuss den Mund, sodass sie nicht weiterreden kann.

„Wie geht es denn jetzt weiter, wie sieht dein Plan aus?“ möchte ich von Slawa wissen.

„Eigentlich wollte ich bis morgen hierbleiben, weil ich Benzin mitnehmen wollte, das jemand gegen das Fleisch eintauschen wollte. Derjenige hat aber vorhin angerufen, dass er kein Benzin, sondern später Geld geben wird. Darum werden wir nicht länger warten. Aber nach Tupik können wir noch nicht fahren, denn ich habe bei einem Verwandten von Nikolaj eine Motorsäge, die leistungsstärkste von Stihl bestellt, die er mir aus Tschita mitbringen soll, weil ich sie hier nicht kaufen kann. Ich brauche sie im März zum Holzmachen. Ich bezahle sie mit Fleisch. Der Verwandte ist noch in Tschita und wird das Fleisch nach seinem Eintreffen bei Nikolaj abholen. Übrigens, Vera und Andrej fahren in einigen Minuten nach Mogotscha, weil sie etwas zu erledigen haben. Sie werden dich zu Wanja bringen. Ich folge später mit dem Laster nach."

Ich komme mir inzwischen selbst wie ein Stück Elchfleisch vor, das hin- und hergekutscht und dann irgendwo abgeladen wird. Der hilfsbereite Wanja und seine Frau Galja haben einen arbeitsfreien Tag und sich darauf eingerichtet, uns bei Bedarf zur Verfügung zu stehen. Gemeinsam warten wir auf Slawa. Der LKW mit ihm kommt erst am Abend an. Des Herumsitzens und der Warterei überdrüssig stöhne ich: „So spät! Das hat aber lange gedauert."

„Dafür kann ich doch nichts! Mir hat es auch nicht gepasst, dass sie noch in die Banja gegangen sind, aber ich konnte es ihnen ja nicht verbieten! Ich muss jetzt aber noch mal weg – Sachen holen." Mit diesen Worten verschwindet mein Gemahl wieder von der Bildfläche.

Sascha und sein Beifahrer haben es nicht eilig, nach Hause zu kommen. Sie holen aus der Fahrt, unter der ein Deutscher vermutlich „hinfahren, Fleisch abliefern, Benzin holen, zurückfahren" verstanden hätte, einen möglichst vergnüglichen Tag heraus. Obwohl sie nach dem Banjabesuch bei Nikolaj noch gegessen hatten und die Fahrt von 60 Kilometern nicht übermäßig anstrengend gewesen sein konnte, lehnen sie Wanjas Einladung zum „Tee trinken" nicht ab. Saschas Goldzähne blinken, als er strahlend sagt: „Da sind wir wieder", und sich am gedeckten Tisch für geraume Zeit niederlässt, bevor die beiden dann gemächlich die Heimfahrt nach Tupik antreten. Später erklärt mir Slawa, dass sie bis zum Abend mit der Abfahrt wegen des fehlenden Nummernschilds getrödelt haben. Abends hielten sie die Gefahr, angehalten zu werden, für geringer.

Nach dreistündiger Abwesenheit kommt Slawa zurück. Obwohl wir uns drei Monate nicht gesehen haben, haben wir seit meiner Ankunft kaum einige persönliche Worte gewechselt, geschweige denn Zärtlichkeiten ausgetauscht. Wie soll ich diese Gleichgültigkeit deuten? Ich bin irritiert und verstimmt und unterscheide mich dadurch deutlich von den mir bekannten russischen Ehefrauen. Sie haben in der Regel unendlich viel Geduld und stellen nicht infrage, was ihre Männer tun, wie und wo sie es tun, wie lange und warum: Herr, was du tust, das ist wohl getan. Amen. Es ginge mir besser, wenn ich diese Haltung auch annehmen könnte, aber dafür brauche ich wohl noch einige Jahre harten Trainings.

Ich gehe davon aus, dass wir nun am nächsten Morgen nach Tupik weiterfahren können. Gefehlt – die Frau denkt, der Herr lenkt. Er teilt mir mit: „Ich warte auf die Ankunft der Motorsäge, die ich heute morgen bekommen sollte. Eigentlich wollte der Mann gestern Nachmittag aus Tschita abfahren, aber daraus wurde nichts. Nun will er heute um neun Uhr aufbrechen, dann könnte er am Nachmittag in Mogotscha ankommen."

Wen wundert es – in Russland jedenfalls keinen – auch daraus wurde nichts. Gegen Mittag erfährt Slawa, dass der gute Mann noch immer in Tschita weilt und die Abfahrt auf 14 Uhr verschoben hat. Tja, wer's glaubt. Obwohl das Warten in Sibirien zum Leben gehört wie das Atmen, hat selbst Slawa es nun über. Nachdem er sich vergewissert hat, dass ein „Bekannter Nummer sowieso“ die Absicht hat, am nächsten Tag von Mogotscha nach Tupik zu fahren, die bestellte Säge in Mogotscha in Empfang nehmen und sie nach Tupik mitbringen kann, fährt Nikolaj uns und unsere umfangreichen Einkäufe im Jeep nach Tupik zu Slawas Verwandter Tamara, wo wir bis zur Abfahrt bleiben können. Die neue Motorsäge kann Slawa am nächsten Tag tatsächlich in Empfang nehmen.

In Tupik warten bereits mehrere Fahrzeuge, die im Konvoi mit uns die Fahrt nach Srednjaja Oljokma antreten wollen, nachdem wir in Tupik noch unseren Jahresbedarf an Grundnahrungsmitteln und Tierfutter in den Laster geladen haben. Unser SIL 131 hat den stärksten Motor und kann im Notfall die russischen Jeeps, den Kleinbus oder den uralten, klapprigen LKW herausziehen, den unser Nachbar Valerka für sechzigtausend Rubel gerade erworben hat. Damit hat er jetzt zwei LKWs gleichen Typs, einer soll wohl als Ersatzteilspender dienen. Die beiden Jeeps und der Kleinbus fahren voraus und sind bald außer Sichtweite, während Valerkas Wagen langsam vor uns herdümpelt. Wir hoffen, dass er es bis ins Dorf schafft, denn bei einer Panne muss Slawa ihm helfen, und das kann unsere Fahrt unabsehbar lange aufhalten.

„Was flappt denn da andauernd aus seinem Reifen heraus?“, wundere ich mich.

„Das ist der Schlauch, der seitlich herausquillt. Die Decke hat ein großes Loch. Für einen neuen Reifen hatte er kein Geld mehr“, klärt mich Slawa auf.

„Und damit fährt er los? Da muss doch ein Wunder geschehen, um ohne Panne anzukommen.“

Ich blicke gebannt auf den Reifen, während sich das klapprige Vehikel vor uns weit mal nach der einen, mal nach der anderen Seite neigt, über Baumstümpfe und später am Fluss über steinbewehrte Uferflächen holpert, um überschwemmte Gebieten zu umfahren. Das Wunder geschieht tatsächlich. Wir benötigen zwar zwölf Stunden für die Fahrt, kommen jedoch heil an – *Slawa Bogu* - Gott sei Dank!

Ich muss Valerka unwillkürlich bewundern. Auch für einen kräftigeren, jüngeren Mann mit einem funktionstüchtigen Wagen ist die Fahrt jedes Mal eine Herausforderung und mit Risiken verbunden. Valerka aber ist um die 65 Jahre alt und mager, sein Körper auf Grund häufigen Alkohol- und starken Zigarettenkonsums weder kräftig noch gesund. Doch er beweist wieder einmal Mut und Zähigkeit auf dieser langen Tour, bei der wir uns nur zwei zehnminütige Essenspausen gönnen. Auf seinen nächsten beiden Ausflügen nach Tupik hat er allerdings nicht so viel Glück. Bei der ersten Fahrt macht der Wagen nach 60 Kilometern schlapp – er und seine Frau müssen die Strecke zurück ins Dorf zu Fuß bewältigen. Bei der zweiten Fahrt fährt er mit seinem Stiefsohn los und kommt immerhin 130 Kilometer weit. Glücklicherweise befindet sich in der Nähe eine Jagdhütte, in der sie auf ein vorbeifahrendes Fahrzeug warten können, das sie mitnimmt nach Tupik. Sie müssen lange suchen, bis sie für das alte Gefährt das erforderliche Ersatzteil und eine Mitfahrgelegenheit zurück zum LKW gefunden haben.

Inzwischen bin ich überzeugt, dass die Fahrten in die Zivilisation ein wesentlich größeres Abenteuer darstellen, als der Aufenthalt in der Taigawildnis, mit deren Gegebenheiten sich die Jäger bestens auskennen und in der es daher keine nicht zu meisternde Überraschungen gibt. Die Tücken der russischen Zivilisation zu bewältigen, ist dagegen viel schwieriger. *Po planu* - nach Plan geht grundsätzlich nichts, und man muss unendliche Geduld aufbringen, um die Hürden der verschiedenen Institutionen eine nach der anderen zu überwinden. Das folgende Beispiel aus einem anderen Jahr soll es zeigen.

Bevor meine befristete Aufenthaltsgenehmigung ausläuft, will ich eine Verlängerung beantragen und bringe aus Deutschland alle Dokumente mit Überbeglaubigung, Apostille und Übersetzungen ins Russische durch einen vereidigten Übersetzer mit. Mein Flugzeug landet am Sonnabendmorgen in Irkutsk. Ich will möglichst am Abend noch mit der TRANSSIB weiterreisen, um am Montag in Mogotscha anzukommen und mich sofort um den Antrag kümmern zu können, damit wir vor dem Wochenende nach Hause fahren können. Da höre ich, dass am Montag nicht gearbeitet wird, weil der Dienstag ein staatlicher Feiertag ist, der Internationale Frauentag. Er wird mit Blumen, kleinen und großen Geschenken, Geselligkeit, Essen und Trinken gefeiert. Auch die Frauen untereinander gratulieren und beschenken sich. So bleibe ich länger als vorgesehen bei meiner Freundin Natascha in Irkutsk, fahre erst am Montagabend los und treffe Mittwoch früh gegen acht Uhr in Mogotscha ein. Kaum habe ich meinen Fuß aus der TRANSSIB gesetzt, treibe ich meinen armen Mann an: „Lass uns als Erstes zur Poliklinik fahren, um dort alles in die Wege zu leiten für den Erhalt der Gesundheitsatteste. Du weißt ja, das dauert inklusive der Blutuntersuchungen bis zu vier Tage."

Wir fahren also direkt zur Poliklinik und erhalten eine Unterlage und eine Zimmernummer, an der wir uns ab zehn Uhr einfinden sollen. Dort sollen *po planu* von 10 bis 12 und von 13 bis 17 Uhr Patienten empfangen werden. Halb elf fragen wir die Schwester am Empfang, wann denn nun der Arzt käme. „Er ist in einer Besprechung", erhalten wir zur Antwort.

Immer mehr Patienten sammeln sich wartend vor dem Zimmer an. Es wird elf Uhr. Ich frage die Schwester, ob der Arzt wenigstens gesagt habe, wann er da sein wird.

„Er ist in einer Besprechung, mehr weiß ich auch nicht."

Da der Arzt in der Hierarchie weit über ihr steht, wagt sie natürlich nicht, ihn anzurufen. Er würde sie wegen ihrer Nerverei nur zusammenstauchen. Halb zwölf glaube ich nicht mehr an die Besprechung noch daran, dass er vor der Mittagspause eintreffen wird.

„Dann lass uns um 13 Uhr wieder hierher kommen und jetzt zum FMS (Dienststelle des Innenministeriums) fahren, um das Antragsformular abzuholen, damit ich das schon mal ausfüllen kann", schlage ich vor.

Beim FMS erfahre ich, dass ich für die Verlängerung der Aufenthaltserlaubnis wesentlich weniger Dokumente vorlegen muss als damals für die Erteilung und bin besonders erleichtert darüber, dass keine Gesundheitsatteste nötig sind. Wir schöpfen Hoffnung, dass wir die Prozedur innerhalb eines Tages erledigen können, denn ich habe alles Nötige dabei. Wir müssen nur noch zum Notar fahren, damit er die Kopie meines Reisepasses und deren Übersetzung ins Russische beglaubigt, sowie die Bearbeitungskosten in Höhe von 3500 Rubel auf ein Bankkonto überweisen und die Quittung dann vorlegen.

Beim Notar der Schock: Die Form der Übersetzung wird nicht anerkannt und ein ausländischer Übersetzer ebenso wenig. Ein russischer Übersetzer muss her, der sich beim Notar mit seinem Pass ausweisen kann.

Wir fragen Freunde und Bekannte in Mogotscha und diese wiederum ihre Freunde und Bekannten, ob sie jemanden wissen, der die Übersetzung anfertigen kann. Jedoch lässt sich im kleinen Mogotscha kein Übersetzer für Deutsch finden. Für Englisch und Chinesisch gerne, aber Deutsch ist aus der Mode gekommen. Ich müsste dafür nach Tschita fahren, eine Bahnreise von zwölf Stunden mit der TRANSSIB auf der gleichen Strecke zurück, auf der ich gerade gekommen bin.

Zweiter Tag, Donnerstag: In meiner Not rufe ich die Deutsch sprechende Mitarbeiterin der übergeordneten Behörde des FMS in Tschita an, die für die Verlängerung der Aufenthaltserlaubnis zuständig und sehr hilfsbereit ist. Sie bietet an, sich die Ausführung meiner mitgebrachten Übersetzung anzusehen und sie gegebenenfalls so zu akzeptieren. Die Mitarbeiterin in Mogotscha solle die Unterlage kopieren und ihr als Anhang zur Email schicken.

Wir fahren zum FMS und übermitteln die Nachricht aus Tschita. Danach begeben wir uns zur Bank, um die Überweisung vorzunehmen. Galja begleitet uns und stellt ihre Kontokarte zur Verfügung. Zwei Bankangestellte stehen bereit, den Kunden bei der Bedienung der Automaten behilflich zu sein. Doch selbst mit ihrem Beistand scheitern wir immer wieder an einer bestimmten Stelle des Programms. Nach vier Versuchen schicken sie uns zum Operator, der die Eingaben am Computer machen soll. Auch ihm verweigert das Programm seinen Dienst, er schickt uns zurück an die Automaten. Wir versuchen es erneut drei- oder viermal. Meine Geduld ist schon lange zu Ende, und ich fürchte, dass mein Antrag nun wegen der undurchführbaren Überweisung nicht angenommen werden wird. Galja, gewöhnt an Probleme jeglicher Art, bleibt ruhig und tippt immer wieder die Daten ein, ohne Erfolg. Schließlich schickt man uns zu einem anderen Operator, bei dem die Überweisung schließlich gelingt, indem wir bar bezahlen statt über Galjas Konto. Im Programm war wohl nicht vorgesehen, dass Ausländer über ein Konto bezahlen. Es gab jedoch keine aufklärende Meldung, offenbar ein Programmfehler.

Den ganzen restlichen Tag warten wir auf die versprochene telefonische Nachricht vom FMS aus Tschita. Am Nachmittag wird uns mitgeteilt, dass die Übermittlung der Übersetzung nach Tschita wegen technischer Schwierigkeiten nicht geklappt hat und man es am nächsten Tag noch einmal versuchen wolle.

Dritter Tag, Freitag: Wir erfahren, dass die Übersetzung nicht formgerecht ist. Ich solle den Reisepass selbst übersetzen. Der FMS wird es anerkennen, wenn es vom Notar beglaubigt ist.

Aber was ist formgerecht? Wir sind ratlos. Plötzlich erscheint eine kleine junge Frau und stellt sich als Chinesisch-Übersetzerin vor. Irgendwer hatte sie gebeten, uns zu treffen und zu informieren, wie zu verfahren sei. Sie nennt uns die Adresse eines Büros, in dem auf die kopierten Seiten des Reisepasses maschinell und formgerecht die übergebene Übersetzung geschrieben wird.

Der Mitarbeiter des Büros macht einen sehr kompetenten Eindruck, hat aber vor mir noch einen anderen Kunden. Darum können wir die Kopien mit der von mir gelieferten Übersetzung erst am späten Nachmittag in Empfang nehmen, als Notar und FMS bereits geschlossen haben. Der Notar öffnet erst am Montag um halb zehn wieder.

Das Wochenende will Slawa zum Benzinkauf nutzen. Einer der großzügigen Helfer fährt uns die sechzig Kilometer zu Nikolaj ins Dorf, wo unser eigener Lastwagen und fünfzehn leere Benzintonnen stehen. Für Nikolaj war es ein Glücksfall, dass wir den Wagen längere Zeit nicht brauchten, denn er konnte ihn benutzen, um Stämme aus dem Wald zu transportieren. Sein LKW hat einen größeren Schaden.

Bei Nikolaj und Vera fühle ich mich immer willkommen, und das Beste ist, dass sie bereits die Banja geheizt haben. Seit Irkutsk konnte ich mich nicht gründlich waschen, weil es bei unseren Gastgebern in Mogotscha, Wanja und Galja, nur ein Waschbecken gibt. Sie gehen zum Baden zu ihren Eltern. Ihre eigene Banja ist seit anderthalb Jahren erst halbfertig, denn als Wanja darunter die Grube für das ablaufende Wasser ausheben wollte, fand er einen großen Felsbrocken, den er bisher nicht ausgraben konnte. Im Bad steht zwar seit mindestens drei Jahren eine schöne, neue Badewanne, die aber noch nie benutzt wurde, weil der große elektrische Boiler kaputt ist. Wollte Wanja es – wie von ihm beabsichtigt – schaffen, die Dinge im Haus zu reparieren, die zahlreichen Autos und das Gerippe des Motorrads im „Garten“ fahrtüchtig und die vielen, dort seit Langem lagernden eisernen Geräte verschiedenster Art nutzbar zu machen, müsste er ein wahrhaft salomonisches Alter erreichen.

Nachdem Slawa mit Nikolajs Hilfe die Benzintonnen aufgeladen und gefüllt hat, fahren wir los mit der Absicht, in Mogotscha in der auch sonntags geöffneten Großhandelsbasis restliche Einkäufe wie mehrere Säcke Mehl, Hundefutter und dergleichen zu tätigen, damit wir uns am Montag nach Abgabe des Antrags beim FMS sofort auf den langen Heimweg ins Dorf begeben können. Das ist der Plan. Leider weicht die Realität wieder einmal davon ab. Wir sind auf der gut ausgebauten Trasse Moskau – Chabarowsk noch keine 15 Kilometer in Richtung Mogotscha gefahren, als Slawa rechts an den Rand fährt und sagt: „Wir sind angekommen.“

„Was, wieso angekommen?“

„Tja, wir können nicht mehr weiterfahren. Jemand muss uns zurückschleppen zu Nikolaj. Dann muss ich jemanden in Mogotscha finden, der ein Ersatzteil besorgt. Keine Ahnung, ob das klappt und wie lange die Reparatur dauern wird."

Vera holt mich mit dem Jeep ab, während Slawa auf ein anderes Fahrzeug wartet. „Ich habe dich wirklich gern, aber so schnell wollte ich dich eigentlich nicht wiedersehen", sage ich zu Vera. Die lacht nur.

Als unser LKW im Hof steht und die Männer unter Mühen und auf dem gefrorenen Boden liegend das schwere, defekte Teil ausgebaut haben, sehe ich, dass ein Kugellager schrottreif ist. Ich mache mir Sorgen, will Slawa aber damit oder mit Fragen nicht noch mehr belasten. Eine Hilfe kann ich nicht sein, also halte ich mich fern.

Es dämmert schon, als die Männer ins Haus kommen und sich die schwarzen, ölverschmierten Hände waschen. „Er fährt wieder", beantwortet Slawa meinen fragenden Blick.

„Ehrlich gesagt, ich habe nicht geglaubt, dass ihr das heute schaffen würdet", stoße ich erleichtert hervor: „Wo hast du denn das Ersatzteil aufgetrieben?"

„Aus Mogotscha von einem Mann, der den gleichen Fahrzeugtyp fährt wie ich. Er war im Winter in Srednjaja Oljokma, als sein Wagen streikte. Ich habe ihm damals ausgeholfen. Nach meinem Anruf heute hat er sich sofort ins Auto gesetzt und aus seiner Reserve ein neues Kugellager hergebracht."

Slawa, Nikolaj und sein Freund haben den ganzen Tag fast ohne Pause mit der Reparatur verbracht. Glücklicherweise schien die Sonne, und es war nicht sehr kalt, anderenfalls wäre das Hantieren im Freien schwieriger gewesen. Hungrig fallen sie über die große Schüssel mit gebratenen Wildschweinteilen her, die Vera auf den Tisch stellt.

„Wir können froh sein, dass der Wagen nicht in der Taiga stehen geblieben ist. Das wäre ziemlich ungemütlich geworden", erwähnt Slawa kauend: „Oder in Srednjaja Oljokma. Da hätte ich lange auf ein Kugellager warten können. Dabei brauche ich das Fahrzeug jetzt unbedingt, um den Jahresbedarf an Feuerholz aus dem Wald zu holen."

Wir fahren noch am gleichen Abend nach Mogotscha und stehen morgens pünktlich um halb zehn vor der Tür des Notars. Mit der Form ist er zufrieden, doch er braucht den Namen des russischen Übersetzers und dessen Ausweisnummer. Sind wir jetzt wieder am Anfang? Wir reden auf ihn ein. Schließlich nimmt er wütend Slawas Pass, setzt ihn als Übersetzer ein und lässt ihn unterschreiben. Damit ist wenigstens der Form Genüge getan, und er siegelt das Dokument. Endlich können wir der Dienststelle des FMS die vollständigen Unterlagen übergeben. Es ist schon Mittag, und vor uns liegen 100 Kilometer Fahrt auf schlechter Trasse bis Tupik und die Weiterfahrt durch die Taiga nach Srednjaja Oljokma. Für den nächsten Tag sagt der Wetterbericht starken Schneefall voraus, der die fest gewordenen Fahrspuren verwischen wird. Kommt der Wagen in den in diesem Jahr ohnehin sehr hohen Schnee, ist es schwierig, sich daraus zu befreien.

Wir müssen versuchen, noch vor dem Niederschlag zu Hause anzukommen. Slawa fährt die Nacht durch. Die Scheinwerfer beleuchten eine einsame Strecke. Mir ist es etwas unheimlich, nachts allein in der Einöde unterwegs zu sein. Gegen drei Uhr fängt es an zu schneien, doch wir haben nur noch zwanzig Kilometer vor uns, bis wir in das dunkle, schlafende Dorf einbiegen.

Einige Wochen später rufen wir beim FMS in Tschita an, um uns zu erkundigen, ob die Unterlagen in Ordnung sind und die Aufenthaltsgenehmigung erteilt werden kann. Ja, alles soweit okay, erfahren wir, aber ich müsse auch die bisherige Aufenthaltsgenehmigung abgeben. Es ist ein kleines Heftchen, in das nun der Stempel mit der Verlängerung eingetragen werden soll. Außerdem braucht es einen ähnlichen Stempel im Pass, durch den die Verbindung mit der Aufenthaltserlaubnis ersichtlich ist. Beim Grenzübertritt wird das kontrolliert. Ich hätte beides gleich bei der Antragstellung abgeben können, aber man hatte es nicht angenommen. Nun müssen wir deswegen noch einmal nach Mogotscha fahren. Als ich beides dem Beamten aushändigen will, eröffnet er mir zu meiner Verblüffung, dass ich damit nach Tschita fahren solle. Ich bin sprachlos, aber nicht lange. „Wie kommen Sie denn darauf? Das letzte Mal musste ich doch auch nicht selbst dorthin fahren!"

„Die Historie interessiert mich nicht."

„Das sollte sie aber, denn ich werde ganz bestimmt nicht nach Tschita fahren!"

„Aber warum denn nicht?" wundert er sich.

Na eben, warum eigentlich nicht? Es sind doch gerade einmal zwölf Stunden Hinfahrt und zwölf Stunden Rückfahrt. Wie viele Übernachtungen im Hotel erforderlich werden hängt davon ab, wann der FMS sich die Zeit nimmt, die Eintragungen vorzunehmen. Und das Geld für diesen Vergnügungsausflug brennt uns schon lange Löcher in die Tasche – gut, wenn es endlich weg ist.

„Weil wir weder die Zeit noch das Geld dafür haben. Ich möchte, dass Sie die Dokumente zur Ausländerbehörde schicken! Und wenn Ihnen das nicht passt, rufe ich Frau Kruglova vom FMS in Tschita an und beschwere mich."

Mürrisch nimmt er die Dokumente entgegen, nachdem er ein Formular hervorgekramt hat, auf dem ich erklären muss, warum ich die Unterlagen nicht selbst hinbringe.

Wer nun aber denkt, Schwierigkeiten beim Beantragen einer Aufenthaltsgenehmigung wären ein Alleinstellungsmerkmal Russlands, hat sich schwer getäuscht! Der amerikanische Schriftsteller Bill Bryson beschreibt in „Streiflichter aus Amerika" die Prozedur, die für seine in England geborene Gattin erforderlich wurde. Um eine Aufenthaltserlaubnis zu erhalten, musste sie sich ärztlichen Untersuchungen und Bluttests unterziehen, Geburts- und Heiratsurkunde sowie Nachweise von Beschäftigungs- und Vermögensverhältnis vorlegen, endlos lange Formulare ausfüllen und sogar Fingerabdrücke abgeben sowie einen großen Fragenkatalog mit zum Teil idiotischen Fragen beantworten. Mrs. Bryson musste vierhundert Kilometer reisen, um eine Blutprobe in einer Klinik abzugeben, die von der Ausländerbehörde anerkannt war, obwohl sich eine der besten Lehrkliniken der USA am Wohnort befand. Als das Passfoto um einige Millimeter nicht der Norm entsprach, wurde der Antrag nicht bearbeitet, sondern alle Unterlagen zurückgeschickt.

Ich wundere mich nicht mehr über die vielen Hindernisse und Probleme, denen ich in Russland so oft begegne, aber ich staune immer noch darüber, mit welcher Zähigkeit, Geduld und Bravour die Russen diese meistern. Wie schnell und zuverlässig das Netzwerk von Freunden, Bekannten und deren Bekannten funktioniert, wie selbstverständlich untereinander Hilfe gewährt wird und wie letztendlich alles oder fast alles sein gutes Ende findet. In diesen Tagen haben wir die Gefälligkeiten vieler Menschen in Anspruch genommen. Leute, die nach Übersetzern gesucht haben, die Fahrer der Autos, die uns mehrmals am Tag mal dahin mal dorthin gefahren haben, die Helfer bei der Reparatur unseres Lastwagens, unsere Wirte Wanja und Galja, Vera und Nikolaj, die Chinesisch-Dolmetscherin. Ihnen allen verdanken wir unsere glückliche Heimfahrt ins Dorf.

Taigapfad zur Jagdhütte – befahrbar nur mit Schneemobilen

Auf der Uferwiese mit meinem geliebten Lümmel Bobik

Gift für Seele und Körper

Nach der langen Abwesenheit und den Plagen des Unterwegsseins freue ich mich auf unser heimatliches Nest in dem stillen Dorf, das unter eisigen Sonnenstrahlen in winterlichem Weiß ruht, und auf mehr Zweisamkeit.

Von Zweisamkeit kann vorerst nicht die Rede sein, denn gleich am Tag nach unserer Ankunft im Dorf hören wir abends nach neun Uhr ein Schneemobil vor unserem Haus halten. Slawas Bruder Wowka aus Ust-Njukscha und der Ewenke Fedja, ein naher Verwandter von Wowkas Lebensgefährtin Sweta, kommen gänzlich durchgefroren herein. Am Tage zuvor waren sie mit dem Schneemobil in Ust-Njukscha losgefahren, hatten unterwegs einmal in einer Jagdhütte übernachtet und waren danach bei eisigen Kälte um minus 35 Grad die letzten 200 Kilometer bis zu uns gefahren. Wowkas Gesicht ist von Erfrierungen gezeichnet, und ständiger Alkoholkonsum hat die Züge vergröbert. Ich sehe eine blutverkrustete Verletzung über der Nasenwurzel, die von einem Sturz herzurühren scheint.

Die Haut des Ewenken ist unversehrt. Er ist das Leben im Freien gewohnt, denn er und seine große Sippe leben ganzjährig mit ihrer 500-köpfigen Rentierherde in der Taiga auf jakutischem Gebiet. Ich frage Fedja, ob es deswegen keine Probleme gibt mit jakutischen Behörden. Nein, das sei normal. Viele Vertreter ihrer Sippe seien auch in Jakutien ansässig. Die Grenze sei für sie durchlässig.

Seine Mutter, eine große beleibte Frau, ist das Oberhaupt der Sippe und führt ein strenges Regiment. Es hagelt schnell einmal Kopfnüsse, wenn die bereits erwachsenen Söhne nicht nach Wunsch spuren. Unter ihrer Leitung fährt eine Gruppe im Winter von Zeit zu Zeit nach Ust-Njukscha, um Fleisch und Zobelfelle zu verkaufen und Lebensmittel zu erwerben. Dort erlaubt sie allen, sich zwei Tage nach Belieben zu vergnügen. Nach diesen zwei Tagen ist Schluss mit lustig. Wer nicht auf die Rentiere steigt oder in den Lastwagen klettert, sondern betrunken herumlungert, den packt die kräftige Frau an Kragen und Hosenboden und befördert ihn mit einem Fußtritt in den Laster.

Wowka hat Schreckliches aus Ust-Njukscha zu berichten. Seine und Slawas Cousine Tanja hat sich vor Kurzem im Schuppen erhängt. Warum, weiß niemand. Man vermutet, dass sie sich im Zustand des *bjelaja gorjatschka* - weißen Rausches befand, der nach exzessivem Alkoholkonsum auftreten kann. Der Alkoholmissbrauch ist der größte Fluch Russlands, gegen den man offenbar machtlos ist. Die Ewenkin Tanja, Anfang 40 und blühenden Aussehens, hatte uns vor einigen Wintern mit ihrem Mann Igor besucht. Auf ihren *Narten* sitzend, fuhren sie mit 16 Rentieren ins Dorf ein. Vor allem für mich war es ein besonderes, wunderbares Erlebnis, aber auch die Einheimischen kamen einer nach dem anderen vorbei, um sich an dem lange entbehrten Anblick zu erfreuen. Vor der Perestroika, in deren Folge viele Unternehmen dem Niedergang geweiht waren, hielt man bei Srednjaja Oljokma drei vierhundertköpfige Rentierherden.

Am nächsten Tag kündigt Wowka an, dass er am Abend zu Grigori gehen werde, der ihn und Fedja eingeladen habe. Eine Einladung schließt immer reichliches Essen ein. Darum wundere ich mich, dass Wowka wartet, bis unser Abendessen fertig ist und erst danach losgeht. Fedja will nicht mitgehen und Slawa sagt, er wisse nichts von einer Einladung. Er bleibt vorerst zu Hause, verabschiedet sich aber etwas später, um zu einem Nachbarn zu gehen. Ich lese und Fedja sieht fern, bis er gegen 10 Uhr den Fernseher ausschaltet und schlafen geht. Auch ich schlafe ein und werde kurz wach, als Slawa sehr spät ins Bett kommt. Wowka höre ich irgendwann im Dunklen hereinkommen. Es muss nach ein Uhr sein, denn der Strom ist bereits ausgeschaltet. Slawa erzählt mir später, dass Wowka nur kurz bei Grigori gewesen sei und danach im Dorf die Runde gemacht habe.

Am nächsten Morgen brechen die Gäste auf. Ich begreife den Sinn der anstrengenden und, berücksichtigt man den Benzinverbrauch, teuren Reise nicht und frage Slawa danach.

„Was für eine Frage! So denkt man in Deutschland, aber nicht hier! Wowka wollte eben seine Verwandten besuchen, da ist es egal, wie teuer die Reise ist!"

Im Dorf liegt hoher Schnee, und wie immer bin ich froh, aus schmutzigen, fast schneelosen Städten in eine weiße, reine Welt zurückgekehrt zu sein. Die Luft ist klar und sauber, die Sonne strahlt vom wolkenlosen, blauen Himmel und lässt den Schnee grell aufscheinen, sodass die Augen schmerzen und ich zur Sonnenbrille greifen muss. Absolute Stille. Kein Autoverkehr, kein Hasten, kein Hin- und Her, keine Behörden, Ämter und Läden, die aufzusuchen sind.

Ich wünsche mir wohltuende Erlebnisse für das vor uns liegende Jahr. Ereignisse, über die wir uns freuen können, denn ich bin der negativen Geschehnisse müde. Sie haben meinem Eindruck nach zugenommen. Ich äußere diesen Gedanken Slawa gegenüber, doch er meint: „Sie haben nicht zugenommen, du wusstest es nur nicht. Jetzt, wo du schon lange hier lebst und durch mich Vieles hörst, erfährst du eben mehr als früher. Du kennst auch die Leute noch nicht wirklich."

„Ja, als Tourist und in meiner ersten Zeit hier habe ich vorwiegend die großartige Natur und die Gastfreundlichkeit der Menschen erlebt. Das waren wirklich glückliche Zeiten. Manchmal ist es wohl angenehmer, nicht allzu viel zu wissen", antworte ich etwas wehmütig.

Trotzdem frage ich mich, ob ich im Laufe der Zeit vielleicht eine falsche Sicht entwickelt habe. Ich nehme mir vor, mehr Augenmerk auf die schönen, positiven Dinge zu richten. Doch vorerst bleibt es bei der Absicht.

Nach unserer Rückkehr will Slawa kontrollieren, ob die 35 Fellstücke, die er vor seiner Abfahrt nach Tschita zu Igor gebracht hatte, getrocknet sind. Cousin Igor sollte diese speziellen, von Elchläufen stammenden Fellstücke in seinem geräumigen Haus zum Trocknen aufspannen, damit daraus später inzwischen dringend benötigte Amtschuri gefertigt werden konnten. Für ein Paar dieser bequemen, warmen, weichen Fußbekleidungen, die die Pelztierjäger im Winter tragen, werden etwa 14 bis 16 solcher Fellstücke vernäht. Jedes davon hat einen Wert von rund 400 Rubeln.

Slawas Suche fördert nur noch einen kleinen Rest zu Tage – dreißig Felle im Gesamtwert von etwa 12.000 Rubel sind verschwunden.

Das Schlimmste befürchtend, herrscht Slawa Igor wütend an: „Wo sind die Felle?"

Igor brummelt Undeutliches. Auf weiteres Nachfragen murmelt er, er habe keine Ahnung, man müsse sie ihm wohl gestohlen haben, bis er dann endlich zugibt, sie bei zwei jungen, aus Mogotscha zum Fischen angereisten Männern gegen Wodka eingetauscht zu haben. Mehr als drei Flaschen im Wert von insgesamt maximal 600 Rubel haben sie ihm mit Sicherheit nicht gegeben, doch wenn einen Trinker der Durst überfällt, spielen Wert und Gegenwert keine Rolle. Igor hat fast alle Gegenstände von einigem Wert vertrunken, aber bisher noch nie etwas, was ihm nicht gehörte. Abgesehen von dem materiellen Verlust – die Felle stammten immerhin von in diesem Winter zahlreich erlegten Elchen und lassen sich nicht ohne Weiteres ersetzen – sind wir schwer enttäuscht von Igor und seiner gesunkenen Moral. Die Ironie der Geschichte aber ist, das dies einen Tag vor oder direkt am Tag unserer Ankunft geschehen sein musste und dass einer der beiden Männer aus Mogotscha Slawa kurz zuvor gelinkt hatte, indem er zusicherte, für 100 Kilogramm erhaltenes, gefrorenes Rentier- und Elchfleisch verschiedene Ersatzteile sowie Material für den Bau eines neuen Transportschlittens in Mogotscha zur Abholung bereitzustellen. Als Slawa in Mogotscha das angeblich beim Bruder untergestellte Gerät abholen wollte, wusste dieser überhaupt nichts davon. Allerdings fordert Slawa das Material im Folgejahr ein und erhält es dann auch.

Alles hat einen bitteren Beigeschmack. Doch es kommt noch schlimmer.

Unsere Hunde, Tarzan und Tschorny, hatten uns bei der Ankunft wie immer mit überschäumender Freude empfangen. Sie sprangen und tanzten um uns herum, sodass wir uns ihrer kaum erwehren konnten, ihre Ketten sich ineinander verschlangen und wir alle darin gefesselt waren.

Tarzan ist unser beider „Allerbester", ein Sohn Katjas und Druschoks, bei uns geboren und aufgewachsen und mit seinen sieben Jahren ein geliebtes und geachtetes Familienmitglied sowie ein großartiger Jagdhund, der durch sein Beispiel die Nachzöglinge ausbildet. Er ist klug, kräftig, ausdauernd und schnell. Der Rüde Tschorny ist erst eineinviertel Jahr alt, höher von Wuchs als Tarzan, kräftig und abgehärtet. Auch bei Regen oder starken Winterfrösten zieht er das Schlafen im Freien immer dem in der Hundehütte vor. Sein schwarzes, dichtes Fell hat einige weiße Flecke. Beide Hunde haben einen ausgeglichenen Charakter und verhalten sich Menschen gegenüber friedlich. Um Fremde kümmern sie sich nicht, zu unseren Gästen sind sie freundlich und lassen sich von ihnen gern streicheln. Sie sehen an unserem Verhalten, wer zu uns gehört. Gegen andere

Rüden wird das Revier verteidigt und beim Gang durch unseren, den unteren Teil des Dorfes, die Rangfolge überprüft. Zu Beißereien kommt es bei solchen Streifzügen in der Regel aber nur dann, wenn keiner der Rüden langsam zur Seite weicht und das Feld räumt oder wenn sich mehrere Rüden um eine läufige Hündin bewerben.

Von all unseren Hunden sind uns nur Tarzan und Tschorny geblieben. Mein geliebter, kerngesunder, großer, fröhlicher Lümmel Bobik, dreieinhalb Jahre alt, der immer mit mir „sprach", ist im vorigen Frühjahr, als ich noch in Deutschland weilte, plötzlich an Gift unbekannter Herkunft gestorben. Slawa fand ihn auf der Wiese gegenüber unserem Haus tot auf. Als ich danach aus Deutschland zurückkehrte, war Tarzans Wesen völlig verändert. Er war plötzlich ganz ernst, reagierte nicht mehr fröhlich auf unser Erscheinen, sondern wedelte nur müde mit dem Schwanz, und sprang nicht mehr übermütig umher. Alle, die ihn gut kannten, sagten, er sei plötzlich richtig alt geworden. Doch daran lag es nicht, denn jetzt, vielleicht durch die Gesellschaft unseres übermütigen Tschorny, ist Tarzans Verhalten wie früher.

Naida blieb im letzten Sommer plötzlich weg, am gleichen Tag, als der Welpe unserer Nachbarin schreiend nach Hause gelaufen kam und kurz darauf unter Krämpfen verendete. Da Naida sich nie weit entfernte, musste auch sie unweit unseres Hauses Gift aufgenommen, sich leidend verkrochen und elendig krepiert sein. Seltsamerweise hat niemand Naidas Leichnam gefunden, der nicht weit entfernt liegen musste. In unserem Teil des Dorfes sind im vorigen Jahr weitere vier völlig gesunde Hunde von einer Minute zur anderen verendet. Und erst kürzlich, während unseres Aufenthalts in Mogotscha, starben Wowas Hündin und die Hündin der daneben wohnenden Feldscherin, vermutlich ebenfalls an Gift. Daraufhin legte Igor Tarzan und Tschornny zu ihrer Sicherheit an die Kette. Um Aufklärung der Vorfälle kümmerte sich niemand. Keiner konnte sich ernstlich vorstellen, dass es jemanden im Dorf gibt, der die Tiere mit voller Absicht vergiftet, sondern man ging davon aus, dass auf dem verlassenen Hof Wassilis irgendwo Gift lagert, dass die Tiere aufgenommen haben. Trotzdem ging niemand dorthin, um eventuelle Spuren beziehungsweise das Gift zu finden, weil man zuviel Angst hatte, sich selbst zu vergiften.

Am frühen Abend, fünf Tage nach dem fröhlichen Empfang, stürzt Wowa zur Tür herein: „Komm schnell, Tschorny stirbt!", ruft er Slawa zu. Wir reißen unsere Jacken vom Haken und eilen in Wowas Hof. Tschorny liegt auf der Seite und schreit unaufhörlich schrill vor Schmerzen, während seine Läufe ganz schnelle Bewegungen ausführen, als wolle er dem Schmerz davonlaufen, und im Maul etwas Schaum zu sehen ist. Ich möchte bei ihm bleiben und ihn halten, obwohl er außer dem, was ihm offensichtlich die Eingeweide zerfrisst, nichts mehr wahrnehmen kann. Slawa weist mich zurück: „Du wirst dich noch vergiften. Geh auf der Stelle nach Hause, du sollst das nicht mitansehen!"

Tschorny schreit und schreit. Er leidet entsetzlich. Schluchzend stolpere ich aus dem Hof. Auf der Straße empfängt mich Tarzan, er springt umher und scheint völlig in Ordnung zu sein. Ich nehme ihn mit ins Haus, weil ich in der Eile seine Leine nicht finden kann und verhindern will, dass auch er Gift frisst. Ich liebkose ihn und weine. Nicht lange darauf kommt Slawa herein und sagt: „Ich habe Tschorny erschossen, damit er nicht weiter leiden musste." Er streichelt Tarzan und spricht liebevoll mit ihm, froh, dass wenigstens er gesund ist. Tarzan schaut uns währenddessen ernst und traurig an. Slawa legt ihn an die Leine und bringt ihn in seine Hütte. Einige Minuten darauf suche ich die Toilette im Garten auf und höre plötzlich einen Hund schreien. Es hat wohl noch einen anderen Hund erwischt, denke ich traurig, doch im Zurückgehen merke ich, dass das Geschrei aus unserem Hof kommt. Slawa hockt neben Tarzans Hütte, die Tränen laufen ihm übers Gesicht. Zum Glück muss Tarzan nicht lange leiden, eine Minute später ist er tot. „Nicht Tarzan, nicht Tarzan", wiederholt Slawa weinend. Wir können es nicht fassen, dass unsere lieben Gefährten plötzlich auf so schreckliche Weise ihr Leben lassen mussten und wir allein zurückgeblieben sind. Slawa hatte sie erst am Morgen von der Kette gelassen, weil wir die Gefahr geringgeschätzt hatten, denn in der Vergangenheit waren solche Todesfälle nicht in kurzer Folge, sondern in Abständen von mehreren Monaten aufgetreten.

Ich fange immer wieder an zu weinen, bis die Trauer einer wütenden Entschlossenheit Platz macht.

„Morgen schneide ich ihre Mägen auf, ich will wissen, was sie gefressen haben", sage ich finster. „Ich hatte sie eine Stunde zuvor gefüttert mit Kascha – Gerstenbrei mit gekochten Kartoffeln. Aus dem gleichen Topf, der die ganze Zeit in unserer Küche stand, habe ich sie gestern schon gefüttert. Wenn ich etwas anderes finde, muss jemand sie absichtlich vergiftet haben."

„Das kannst du nicht machen, es ist zu gefährlich", wendet Slawa ein.

„Doch, mache ich. Ich werde mein Gesicht schützen und Gummihandschuhe anziehen. Du musst mir mein Messer sehr gut schärfen", antworte ich verbissen. „Das alles kann kein Zufall sein, ich will wissen, was dahintersteckt, und wenn es einen Schuldigen gibt, will ich, dass er bestraft wird. Ich werde beim Staatsanwalt in Mogotscha eine Anklage gegen Unbekannt einreichen."

Slawa ist wieder skeptisch: „Vielleicht gibt es in Deutschland ein Gesetz gegen die Vergiftung von Tieren, in Russland bestimmt nicht."

„In Russland ist das sicherlich auch verboten", behaupte ich stur. „Zumindest ist der Besitz eines solchen starken Gifts bestimmt nicht erlaubt, geschweige dann fahrlässiger oder bewusster Umgang damit."

Meine Entschlossenheit bringt nun endlich auch Slawa zum Handeln. Er ruft beim Veterinär in Tupik an, schildert ihm die Vorfälle und fragt, ob wir einen der Hunde zu ihm schicken können, damit der Mageninhalt auf Gift untersucht werden kann. Slawa ist beinahe überrascht, dass sich der Veterinär bereitwillig der Sache annimmt. Er wird die Organe entnehmen und nach Tschita zur Untersuchung ins Labor schicken. Die Expertise wird seiner Meinung nach ziemlich rasch vorliegen.

Schon am folgenden Tag geben wir Tschorny, verpackt in einen stabilen Plastiksack, dem Fahrer des Tankwagens mit, der Dieselöl für den Dorfgenerator gebracht hat. Er wird das Tier beim Veterinär abliefern. Ich bin froh über diese Lösung, denn mein Eingriff wäre eine üble Schlachterei geworden, da ich keine Ahnung von der Anatomie eines Hundes habe und die Lage der Organe nur vermuten kann. Unseren Tarzan lässt Slawa von Igor auf einem mit Benzin übergossenen Scheiterhaufen verbrennen. Wir beide wollen es nicht mit ansehen. Ich will stattdessen in Wassilis Hof nach Spuren suchen, die im Schnee gut zu sehen sein müssten. Slawa will mich davon abbringen: „Bleib hier, du findest sowieso nichts, und wenn, dann ist das Gift so gefährlich, dass du dich nicht in die Nähe wagen darfst!“ Doch ich lasse mich nicht aufhalten. Ich finde im Schnee zwar viele Hundespuren, aber es gibt keine offenen Schuppen, Gefäße oder aufgegrabenen Stellen, wo die Tiere Gift aufgenommen haben könnten. Ein weiteres Argument spricht dagegen: Bis zur Rückkehr Wassilis wird sein Hund von einer Nachbarin betreut. Sie erzählt mir, dass das Tier jeden Tag sein früheres Heim aufsucht und sich längere Zeit dort aufhält, ohne einen Schaden davonzutragen. Meiner Ansicht nach fürchtet der Giftmörder Wassilis Verdacht und seine Rache, denn Wassili wäre der Einzige, der genau weiß, dass auf seinem Grundstück kein Gift herumliegt.

Zwei Tage später sehe ich Galjas Hunde umherstreifen, was sie vorher nie wagten, weil sie die Konkurrenten fürchteten. Doch die sind jetzt tot oder liegen an der Leine. Nun trauen sie sich in unseren verwaisten Hof und springen auf die Gartenbeete. Galja wohnt neben Wassili und hat als Einzige keinen Hund verloren. Sie ist schon im Rentenalter und eine Einzelgängerin. Vor sehr langer Zeit hat sie ihren Mann umgebracht, die Leiche vergraben, sie wieder ausgegraben und an einem anderen, vermeintlich sichereren Ort versteckt, wo die Leiche dann trotzdem durch Zufall entdeckt wurde. Nach einer lange dauernden Gefängnisstrafe ist Galja ins Dorf zurückgekehrt, wo sie von jedem Einwohner normal wie jeder andere behandelt wird, denn sie hat ihre Strafe verbüßt und die Tat liegt schon lange zurück.

Trete ich aus der Tür des Hauses, trifft mich die Leere des Hofes wie ein Schlag. Er ist wie abgestorben ohne unsere Hunde, die uns immer freudig begrüßten. Ich mag auch nicht mehr spazieren gehen ohne ihre fröhliche Gegenwart. Wie glücklich waren sie um mich herumgesprungen, wenn ich mit ihnen aufbrach, um am Fluss entlang oder durch die Taiga zu wandern. Wenn ich traurig war, hatten sie mich mit ihrer bedingungslosen Zuneigung getröstet. Rief ich sie, kamen sie freudig von weither geprescht.

Manchmal gehen Slawa und ich zum Fluss hinunter, um die Fischnetze zu leeren, die Slawa unter dem Eis durchgezogen hat. Sehe ich dann das leere Ufer, an dem unsere treuen Gefährten früher umherliefen und unsere Rückkehr erwarteten, treten mir regelmäßig die Tränen in die Augen, weil ich sie so sehr vermisse und mir verwaist vorkomme. Das Dorf liegt wie ausgestorben da, denn niemand lässt seine Hunde mehr frei laufen. Gerade das hatte mich immer so froh gemacht – dass die Tiere ein so freies und ihnen gemäßes glückliches Leben führen konnten.

Der Inhalt der Expertise, die wir nach drei Wochen erhalten, gibt keinerlei Aufschluss über die Todesursache unserer Hunde und ist insofern enttäuschend, weil wir nach wie vor nicht genau wissen, was und wer dafür verantwortlich ist und wie wir die Tiere zukünftig schützen können.

Auf dem Formular sind in einer zwölfzeiligen Tabelle Gifte, wie zum Beispiel Barium, Arsen, Rattengift, sowie giftige Verbindungen aufgeführt. In den dazugehörigen drei Spalten sind die Untersuchungsmethode, die höchste zulässige Menge und die festgestellte Menge aufgeführt. Die Spalte der festgestellten Menge enthält jeweils die Bemerkung „nicht entdeckt“.

Binnen eines Jahres sind insgesamt elf gesunde Hunde – alle aus unserem unteren Teil des Dorfes – innerhalb von Minuten verendet, offenkundig an Gift. Deshalb ist mir klar, dass die zwölf angegeben Untersuchungen in der chemisch-toxikologischen Abteilung des Veterinärmedizinischen Laboratoriums in Tschita nicht durchgeführt und nur deshalb „nicht entdeckt“ worden sind. Wahrscheinlich hatte der Laborant keine Lust, sich viel Arbeit zu machen oder er hatte Unterhaltsameres zu tun. Wen interessiert es schon, warum in einem abgelegenen Dorf ein Hund gestorben ist, mag er sich gedacht haben. Was ich in Deutschland für eher unmöglich halten würde, ist in Russland durchaus denkbar, denn die Arbeitseinstellung ist eine andere – was selbstverständlich nicht heißen soll, dass jeder Deutsche pflichtbewusst und gut arbeitet und jeder Russe dies nicht tut.

Ohne Nachweis können wir keine Anzeige erstatten. Uns bleiben nur Ohnmacht und Trauer. Allerdings verbreite ich die Nachricht, dass ich beim nächsten Fall dieser Art eine Magenprobe sowohl in Tschita als auch in Deutschland untersuchen lassen werde. Danach treten zwei Jahre lang keine Vergiftungsfälle mehr auf.

Ich bin oft gedankenversunken – was wird die Zukunft bringen?

Slawa, der Ewenke – sein Herz hängt an „Karina“ und der Taiga

Krankheit – Alter – Überraschung

Die oft verschmutzen Stehplumpsklos, auf die ich bei Reisen angewiesen bin, versetzen meinen Darm meistens in Schockstarre, und deshalb habe ich mir in einer Apotheke Abführtabletten besorgt, hergestellt in Indien, wie ich auf der Packung lese. Einen Beipackzettel gibt es nicht. Laut Apothekerin enthalten sie einen Extrakt aus Sennesblättern. Man soll abends zwei Tabletten einnehmen, was ich nach meiner Ankunft zu Hause auch tue.

Am Morgen nach der Einnahme habe ich Stuhlgang. Alles scheint in Ordnung zu sein, doch im Laufe des Tages leide ich plötzlich unter einer starken Entzündung der Harnwege, ständigem Harndrang und Brennen beim Wasserlassen. Ich komme anfangs nicht auf die Idee, dass es die Folgen der Abbauprodukte des Medikaments sein könnten, sondern befürchte, mir eine Harnwegsinfektion zugezogen zu haben. Am Abend bekomme ich Durchfall, Magen und Unterleib schmerzen, mein Dickdarm scheint aus wundem Fleisch zu bestehen. Kalte Kompressen auf dem Unterleib lindern die Beschwerden ein wenig.

Während der nächsten Tage fühlt sich mein Magen an wie ein wunder Fremdkörper, der auf keinen Fall gefüttert werden will. Um die Verdauungsorgane durchzuspülen, trinke ich möglichst viel dünnen Kamillentee und warmes Wasser, muss das dann aber beim häufigen Wasserlassen mit Schmerzen büßen. Fünf Tage lang bin ich krank, kann außer warmem Wasser, täglich einer Tasse warmer Milch und etwas geriebenen Apfel nichts zu mir nehmen. Ich finde nicht die Kraft, mich auf einen Gedanken zu konzentrieren und mich an den Computer zu setzen oder ein Buch zu lesen, sondern liege fast immer im Bett und sehe die Wand an, wenn ich nicht gerade schlafe. Mein Körper braucht offenbar alle Energie, um die Schäden zu reparieren. Manchmal stehe ich auf, um abzuwaschen, aufzuräumen oder etwas sauber zu machen. Die Anstrengung lässt mich sofort frösteln, und mein Körper bedeckt sich mit kaltem Schweiß.

Slawa ist außer sich vor Sorge und Hilflosigkeit. Obwohl ich ihm sage, dass nur Geduld und Diät helfen werden, will er entweder unsere Feldscherin herbeizitieren, in Tupik im Krankenhaus anrufen und um einen Hubschraubertransport bitten oder mich selbst nach Tschita in die Klinik bringen. Ich habe kaum die Kraft, ihm diese Ideen auszureden. Er will mit aller Macht, dass ich von heute auf jetzt gesund bin. Darüber hinaus tut er, was er kann, um mir die Lage zu erleichtern.

Als ich mich nach einer Woche wieder einigermaßen normal fühle, Kartoffeln mit Milch, sogar etwas Fisch vertrage und meine Hausarbeiten wieder aufnehmen kann, habe ich eine wichtige Erfahrung gemacht: Ich kann mir jetzt entfernt vorstellen, wie es sich anfühlt, hier längere Zeit krank darniederzuliegen – ohne ärztliche Betreuung und zu schwach, um die lange, beschwerliche Reise nach Deutschland anzutreten. Ohne jede Bequemlichkeit wie Dusche und Toilette im Haus. Die Notdurft im Zimmer über einem Eimer hockend zu verrichten – selbst das erfordert Beweglichkeit und Kraft in den Oberschenkeln. Schmutzwäsche und Abwasch würden sich anhäufen, im Haus würde es immer schmuddliger werden, was mein Befinden schon durch den Anblick weiter beeinträchtigen würde. Abhängig, kraftlos, ohne Erfüllung durch Arbeit oder Erlebnisse in der Natur, ohne gute Gespräche, bereichernde Bücher oder auch niveauvolle Fernsehsendungen würde der Tag verlaufen. An meiner Seite ein hilfsbereiter, liebender Mann, dem trotz guter Vorsätze alles über den Kopf wachsen würde, der auf Wünsche oder Bemerkungen, die nicht seine Billigung finden, sehr ungeduldig reagieren würde und der nicht auf seine geliebten Zerstreuungen außer Haus verzichten könnte, ohne sich unendlich zu langweilen und todunglücklich zu fühlen.

Am dritten Tag meiner Krankheit ist Slawa mit Bekannten aus Tupik den ganzen Tag unterwegs, um einige Kilometer stromauf Löcher ins Eis zu sägen und zwei Fischnetze aufzustellen. Das bedeutet bei sieben Teilnehmern nicht unbedingt viel Arbeit für jeden, aber anregende Unterhaltung, unterbrochen von Essen und Trinken. Ich gönne meinem Mann die Abwechslung, da ich trotz Krankheit ohne ihn zurechtkomme. Nach seiner Rückkehr meint Slawa, er müsse nun nach Igor sehen. Tags zuvor hatte er mir berichtet, Igor habe vereiterte Mandeln und eine dicke Schwellung am Hals. Nach seiner Geste zu urteilen, sollte sie mindestens Eiergröße haben. Slawa erzählte mir auch, Igor habe sich vor Jahren im Winter in der Jagdhütte bei einer eitrigen Mandelentzündung die Mandeln mit dem Jagdmesser aufgeritzt, worauf der Eiter herausgeflossen sei und die Heilung eingesetzt habe.

„Das glaube ich nicht, das geht überhaupt nicht“, wendete ich ein.

„So hat er es jedenfalls erzählt“, erwidert Slawa. „Als ich noch klein war, hatte ich ebenfalls eitrige Mandeln. Dora Michailowna war damals die Feldscherin. Sie sagte, ich solle trockenes Brot herunterwürgen, um damit den eitrigen Belag abzuschmirgeln. Ich weinte beim Schlucken, weil es so weh tat, aber es hat geholfen.“

Ungläubig sagte ich: „Von der Methode habe ich noch nichts gehört. Außerdem ist der Eiter nicht die Ursache der Krankheit, sondern nur die Folge.“ Nicht etwa, dass meine Bemerkung etwas geändert hätte – nach wie vor wird im Bewusstsein verankert sein: Eiter entfernen, Krankheit weg.

„Nimm gleich die Feldscherin mit zu Igor. Sie soll sich das mal ansehen“, empfehle ich. Da „nach Igor sehen“ durchaus verschiedene Umwege, Plaudereien, Teilnahme am Fernsehprogramm und dergleichen Kurzweil beinhaltet, wundert es mich nicht, dass anderthalb Stunden vergehen, bis mein Angetrauter mit Igor zurückkommt. Die Feldscherin ist nicht zu Hause, sondern bereits am Vormittag mit anderen Vergnügungssüchtigen zehn Kilometer stromab gefahren, um einem Minister der Bezirksregierung aus Tschita und seiner Begleitung beim Angeln unerwünschte Gesellschaft zu leisten. Wie ich später höre, war die Ministertruppe mit einem Hubschrauber eingeflogen, um an der Oljokma zu angeln und in der Natur einige vergnügliche, erholsame Tage zu verbringen. Man hatte wohl nicht damit gerechnet, von den Einheimischen nach Kurzem ausgespäht und jeden Tag umlagert zu werden. Besonders hervor tat sich Anatoli. Ich kenne Anatoli im betrunkenen Zustand nur als besonders höflichen Menschen, der mir die Hand küsst und sich tausendmal entschuldigt, dass er es wagt, sich mir unter Alkoholeinfluss zu nähern, doch die Ministercrew schien seinen Unwillen erregt zu haben. Er beschimpfte jeden Einzelnen von ihnen mit „Ziegenbock", „Dieb", „Verbrecher" und anderen wenig schmeichelhaften Ausdrücken.

Notgedrungen übernehme ich bei Igor die Vertretung der Feldscherin, zumal sie sowieso keine Medikamente zur Verfügung hat. Die eiergroße Schwellung an der Halsseite stellt sich als kleine Schwellung zwischen Kiefer und Hals heraus, die Rachenmandel ist eitrig, die Temperatur unter der Achselhöhle 37 Grad. Ich suche geeignete Antibiotikatabletten heraus, gebe sie Igor und schärfe ihm ein, in welcher Dosis und wie lange er sie einnehmen soll, nachdem ich die Patienteninformation studiert habe. Überflüssig zu erwähnen, dass er sich nicht daran hält und die Tabletten absetzt, sobald er keine Beschwerden mehr hat. In Russland müssen besonders viele resistente Keime unterwegs sein, da Antibiotika frei verkäuflich sind und ohne ärztliche Kontrolle geschluckt werden. Für die Informationen auf den Beipackzetteln interessieren sich die meisten Konsumenten nur mäßig, wenn überhaupt. Medikamente werden im Fernsehen hart beworben, der Griff zur Tablette als das Natürlichste der Welt dargestellt. Wie ich selbst beobachte, scheint der Tabletteneinwurf die verbreitetste Sportart zu sein.

Nach Igors Besuch sieht Slawa eine Weile fern und verabschiedet sich dann, um, wie am Abend zuvor, die Bekannten aus Tupik aufzusuchen, mit denen er bereits den Tag verbracht hat und die in ihrem geschlossenen Lastwagen mit eisernem Öfchen ihr Lager aufgeschlagen haben. Drei Stunden später, gegen elf Uhr abends, kommt er zurück und beklagt sich: „Ich habe dieses Leben satt."

Es klingt, als solle ich den armen Mann nun bedauern. Heißt das Spiel „Verkehrte Welt"? Er hat den ganzen Tag seinem Vergnügen gewidmet, was ihm gegönnt war. Ich habe krank im Bett gelegen und die Wand angestarrt, doch er ist der Bedauernswerte, eine Rolle, auf die ich selbst übrigens keinen Wert lege. Verblüfft frage ich: „Was hast du denn satt?"

„Dieses Leben."

„Das habe ich gehört. Aber was genau in diesem Leben?"

„Die Hunde sind tot und du bist krank."

„Ja, ja, du bist wirklich übel dran."

Bedenklicher als meine vorübergehende Erkrankung ist der Herzanfall, den am Ostersonntag ein Zwanzigjähriger erleidet. Wie man mir erzählt, geht es ihm über Stunden sehr schlecht, sein Gesicht ist verzerrt. Die Feldscherin, die keine diagnostischen Möglichkeiten hat außer ihren wahrscheinlich bescheidenen Kenntnissen, Augen, Ohren und Hörgerät, ruft von meinem Satellitentelefon aus in Tupik an, um Arzt und Krankenwagen anzufordern beziehungsweise einen

Hubschrauber. Hubschrauber sind wahrscheinlich in größerer Entfernung, in Tschita und/oder Tschara, stationiert und ein Flug ist immens teuer, andererseits hat die Ärztin am Feiertag noch weniger Lust als sonst, die lange beschwerliche Fahrt zu uns auf sich zu nehmen. Also erhält die Feldscherin zur Antwort, nichts davon könne bereitgestellt werden, und man solle den Patienten selbst nach Tupik bringen.

Eine Dorfbewohnerin, die wenige Tage zuvor aus dem Krankenhaus zurückgekehrt ist, stellt ihre Medikamente zur Verfügung, mit denen dem jungen Mann, Witja, schließlich geholfen werden kann. Er soll bereits den zweiten Anfall dieser Art erlitten haben, was eine genaue Untersuchung und Behandlung dringend erforderlich erscheinen lässt.

Slawa bietet der Mutter an, von unserem Telefon aus beim Rayonvorsitzenden anzurufen und die Untersuchung und Behandlung ihres Sohnes zu verlangen, doch sie lehnt ab mit der Begründung, sie verstünde nicht, mit „Natschalniks" zu reden. Da Slawa mit dem Rayonvorsitzenden etwas zu besprechen hat, erzählt er ihm von dem Vorfall und beanstandet die Reaktion der Ärztin in Tupik. Der Rayonvorsitzende kümmert sich um die Sache mit dem Ergebnis, dass am nächsten Tag das Sanitätsfahrzeug mit der Ärztin eintrifft.

Witja aber erklärt der Ärztin, es gehe ihm wieder gut, er sei gesund und werde nicht nach Tupik beziehungsweise Tschita ins Krankenhaus fahren. Er und seine Familie habe auch kein Geld für einen Aufenthalt dort. Das jedoch ist eine Frage der Prioritäten, denn für andere Dinge ist Geld vorhanden.

Alle, die sich für ihn eingesetzt haben, einschließlich der Rayonvorsitzende, sind blamiert. Aber das ist weniger wichtig als die Tatsache, dass sich die Herzanfälle mit großer Wahrscheinlichkeit wiederholen werden mit immer bedrohlicheren Folgen. In seinem Alter muss man wohl von einer angeborenen Herzkrankheit ausgehen.

Bei meinem ersten Aufenthalt in Srednjaja Oljokma hatten der damals elfjährige, blonde und außerordentlich hübsche Witja und seine Freunde oft bei mir im Haus gespielt. Darum liegt mir sein Wohlergehen besonders am Herzen, doch Ärztin und Feldscherin werden ihn über die gesundheitlichen Risiken besser aufgeklärt haben, als ich es in Unkenntnis des gesundheitlichen Zustandes könnte. Ich kann nichts tun außer zu wünschen, das leichtsinnige Verhalten der Familie möge keine bösen Folgen haben.

Ob es die Nachwirkung meiner Erkrankung ist oder die natürliche Folge des Alterns – in diesem Frühling spüre ich zum ersten Mal deutlich das Nachlassen meiner Energie und der körperlichen Kräfte.

In Srednjaja Oljokma ist regelmäßiges Joggen aufgrund der klimatischen Bedingungen, der Stechinsekten und der vielen Arbeit nicht möglich, doch während meines winterlichen Aufenthalts in Deutschland hatte ich abermals damit begonnen und konnte zum Schluss wieder eine Dreiviertelstunde in gemäßigtem

Tempo durchlaufen. Bei meiner Ankunft im Dorf fühlte ich mich fit und beweglich, doch nicht lange darauf begannen Schmerzen in der rechten Hüfte und im rechten Bein, sodass ich unter anderem nicht mehr lang ausschreiten, sondern nur kurze Schritte machen kann. Ich führe es auf das Tragen der schweren Holzscheite zurück, lasse Slawa das Feuerholz in die Küche bringen beziehungsweise transportiere weniger Holz mit dem linken Arm, wenn Slawa nicht zu Hause ist, verspüre aber keine Besserung.

Die diesjährigen Malerarbeiten führen mir meine nachlassenden Kräfte deutlich vor Augen. Normalerweise werden die Zimmer jährlich mit hellblau gefärbter Kalkfarbe gestrichen. Wir haben ein Jahr übersprungen, doch jetzt können wir es nicht länger aufschieben, den an einigen Stellen abgefallenen Lehmputz zu ersetzen und die Räume unseres und des Gästehauses zu streichen. Da Streichen „Frauenarbeit" ist, ich aber mit der Kalkfarbe auf Kriegsfuß stehe, von der nur die Hälfte an Decken und Wänden, die andere Hälfte auf mir zu landen pflegt, hat sich Marina bereit erklärt, den Anstrich gegen Bezahlung auszuführen. Für uns bleibt dennoch genug zu tun. Slawa erneuert den abgeplatzten Lehmputz. Die herab fallenden Lehmkleckse landen auf dem Fußboden, bis ich mit altem Packpapier herbeieile. Beim Verputzen sieht er großzügig über entstandene Bukkel und Vertiefungen hinweg. Ich müsste die Stellen mit einem feuchten Tuch abtupfen und dabei glätten, bin aber mit dem Ausräumen der Schränke und Truhen und dem Verstauen der Sachen in Kartons und Kisten in Anspruch genommen und auch zu müde, um hinter ihm her zu arbeiten. Außerdem spielt es kaum eine Rolle, denn die Wände sind ohnehin voller Unebenheiten.

Die Möbel aus Pressspanplatten sind bleischwer und selbst ohne Inhalt kaum zu bewegen. Wir müssen sie von den Wänden abrücken beziehungsweise von einer Stelle zur anderen rücken, wenn sie, wie zum Beispiel der Diwan oder das Ehebett, beim Streichen der Decke hinderlich sind. Um freie Bahn zu schaffen, leeren wir das zu streichende Zimmer soweit wie möglich, indem wir alles Bewegliche in den Nebenraum tragen. Obwohl ich den Fußboden mit Resten vorhandenen Packpapiers abdecke, landen viele Spritzer Kalkfarbe darauf. Während die Kalkfarbe im Laufe eines Jahres die Tendenz hat, von den Wänden abzubröckeln, haftet sie auf den mit Lackfarbe gestrichenen Fußbodenbrettern ganz vorzüglich, sofern man sie nicht sofort im noch feuchten Zustand gründlich entfernt. Ich krieche also mit Lappen und Eimer hinter der Anstreicherin her. Insgesamt, mit Vorbereiten und Wiedereinräumen, sind wir fünf Tage beschäftigt. Ich falle abends todmüde mit Hüftschmerzen ins Bett und wache nachts wegen Hüftschmerzen auf.

Eigentlich müssten nun auch noch die Fußböden neu lackiert werden, was kein Problem wäre, wenn das leidige Möbelrücken nicht wäre. So beschränke ich das Lackieren auf die besonders abgenutzte Küche, die Diele und das Gästehaus. In unseren Augen sieht nun alles – besser gesagt, beinahe alles – wieder recht ordentlich aus, doch die Gäste aus Deutschland finden Vieles in unserem Haus mit Sicherheit sehr gewöhnungsbedürftig: Die gestrichene Küchentür aus klobigen Brettern mit Einkerbungen unbekannter Herkunft, die geflickten Fensterscheiben, einige alte, grob gearbeitete Möbel aus dem Eigenbau vorheriger Generationen, die unbedeckten Glühbirnen in Küche und Schlafzimmer, die einfachen Gardinen an einem zwischen zwei Nägeln gespannten Draht. Einiges habe ich bewusst nicht geändert, weil es charakteristisch ist für das Wohnen im Dorf. Die Gästeunterkunft, ein typisch russisches Bauernhaus, haben wir allerdings besser ausgestattet, damit sich die Besucher für die Zeit ihres Hierseins zu Hause fühlen können.

Vor dem Renovieren hatte es mir gegraut, und nun bin ich froh, es hinter mir zu haben. Doch die Arbeiten, jede einzelne von ihnen unerlässlich, gehen weiter. Ich frage mich, wie lange ich das noch aushalten will. Über vierzig Jahre Berufstätigkeit liegen hinter mir, und im Anschluss daran mühte und mühe ich mich von früh bis spät mit körperlicher Arbeit ab, die mir zunehmend schwerer fällt. Slawa bemerkt meine tägliche Erschöpfung und beginnt ein Gespräch, dessen Inhalt mich völlig überrascht.

„Du bist müde, hier ist es schwer für dich. Du möchtest wahrscheinlich lieber in Deutschland leben?"

Ist das ein Test? Vorsichtig erwidere ich: „Ich habe dir ja schon früher gesagt, dass ich im Falle einer Krankheit nicht hier bleiben würde. Aber neulich, als es mir nicht gut ging, ist mir klar geworden, wie schwierig es wäre, im kranken Zustand überhaupt die beschwerliche Reise nach Deutschland anzutreten. Doch davon abgesehen – mich strengt die Arbeit in diesem Jahr sehr an. Das habe ich letztes Jahr noch nicht so empfunden. Ich werde eben alt."

„Ich will nicht, dass du leidest. Das kann ich nicht ertragen. Darum möchte ich dir sagen, dass ich nicht dagegen bin, wenn du nach Deutschland zurückgehen willst."

„Aber was wird aus dir? Ich will doch auch nicht, dass du leidest. Ich wäre traurig über die Trennung, aber ich hätte meine Tochter und die Enkel. Doch du hast niemanden, der dir nahe steht, und wärst einsam. Obwohl mir der Gedanke momentan noch weh tut, würde ich dir wünschen, in der Zukunft eine Frau zu finden, mit der du glücklich bist. Eine Russin, die nicht wie ich über zwanzig Jahre älter ist als du."

Mein Mann hat offenbar schon länger darüber nachgedacht. „Ich würde eine andere Frau immer mit dir vergleichen, das würde keine aushalten. Nein, ich habe ja meine Bekannten und Freunde. Im Garten würde ich nichts mehr anbauen und hätte dann Zeit für anderes, zum Beispiel für die Arbeiten mit der Bandsäge und den Aufenthalt in der Taiga. Und ich könnte euch besuchen."

„Ja, darüber würden sich die Enkel und meine Tochter auch sehr freuen. Wir hatten ja viele Jahre keine Zeit für eine gemeinsame Reise. Oder ich würde herkommen, vielleicht sogar mit den großen Jungs in den Schulferien. Du könntest auch einmal zu deinem Sohn nach Kasachstan fahren."

Wir benutzen die Worte „falls“ und „würde“ und vertiefen das Thema vorläufig nicht weiter, aber es scheint, als eröffneten sich neue Perspektiven.

Als ich später über das Gespräch nachdenke, wird mir klar, welch großer Druck schon lange auf uns beiden lastet. Auf mir der Druck, all die Arbeit nach meinen Vorstellungen in bestmöglicher Qualität zu schaffen – nicht nur, aber auch, um die optimale Versorgung der Touristen zu gewährleisten. Diesen Druck gebe ich an Slawa weiter, der als Ewenke und Russe eine völlig andere Auffassung hat von dem, was notwendig ist. Bis zu einem gewissen Grade macht jeder den anderen für die eigene Belastung verantwortlich. Ich ihn, weil ich schließlich nur seinetwegen hier lebe und er mich, weil er mehr leisten muss als ohne meine Gesellschaft. Unser Zusammenleben führt dazu, dass jeder von uns zumindest teilweise das Leben des anderen führt. Was wäre, wenn wir einander zubilligten, das ihm gemäße Leben zu führen?

Für mich würde das bedeuten, wieder in Deutschland zu leben und endlich einmal Zeit für meine Familie zu haben. Was habe ich in den zehn Jahren schon alles verpasst – meiner Tochter beispringen zu können, wenn Hilfe notwendig war, die Enkel aufwachsen zu sehen, mit ihnen Dinge unternehmen zu können, ihnen vielleicht etwas von mir mitgeben zu können, und selbst wieder verschiedene Interessen pflegen zu können. Das Gefühl einer neuen Freiheit erfüllt mich, denn ich habe den Eindruck, dass sich auch mein Mann ein Leben ohne meine ständige Anwesenheit vorstellen kann – im Gegensatz zu früher, als er mit Sicherheit in ein tiefes Loch gefallen wäre mit wahrscheinlich üblem Ausgang. Doch in dem Maße, wie sich mein Gesundheitszustand später bessert, ändert sich Slawas Einstellung, und wieder stehe ich zwischen den Stühlen, bin innerlich zerrissen, habe Sehnsucht und ein schlechtes Gewissen meiner Familie gegenüber. Andererseits weiß ich, dass mein Mann es nicht verstehen könnte und sehr darunter leiden würde, wenn ich ihn verließe, um in Deutschland zu leben. Und ich hätte ebenfalls Sehnsucht nach ihm. Egal, was ich tue, es ist mit Leid verbunden. Grundsätzlich muss ich sagen, dass es keine gute Idee ist, seine Familie zu verlassen, um weit entfernt von ihr zu leben. Ich bezahle dafür mit Herzschmerz und schlaflosen Nächten, in denen ich mir Vorwürfe mache. Vor Kurzem erwachte ich nachts und empfand plötzlich, wie ich mich direkt vor meinem Tod fühlen werde: *Das Leben ist vollendet, und es gibt keine Gelegenheit mehr für Wiedergutmachung. Was ich versäumt habe zu tun, bleibt ungetan. Liebe, Aufmerksamkeit, Verständnis, Fürsorge – nichts davon kann ich nachholen. Die Erinnerungen an meine Versäumnisse gegenüber den bereits Verstorbenen und den noch Lebenden quälen mich, und ich fühle keinen Frieden in meinem Herzen.*

Den Tod selbst fürchte ich nicht, aber die Reuegefühle. Ich kann mir nicht verzeihen, was die Betroffenen wahrscheinlich schon lange getan haben – so wie ich es niemandem nachtrage und keinerlei Bitterkeit denjenigen gegenüber fühle, die mich früher einmal verletzt haben. Ich weiß, dass so etwas nicht aus bösem Willen, sondern meistens aus der eigenen Unvollkommenheit heraus geschieht.

Mir wird klar, dass ich mir selbst ebenfalls verzeihen darf und muss. Wer Groll im Herzen trägt, ob gegen andere oder sich selbst, kann keinen Frieden finden.

Die Vergangenheit kann ich nicht mehr ändern, aber auch für das jetzige Dilemma weiß ich keine klare Lösung. Schließlich entscheide ich mich für einen Kompromiss – und die Liebe. Ich will versuchen, meine Zeit zwischen Deutschland und Russland aufzuteilen und während meiner Anwesenheiten möglichst viel an Liebe, Aufmerksamkeit und Verständnis zu geben.

Taigaleben

Die Sonne hat bereits Kraft und lässt die Temperaturen um die Mittagszeit in die Nähe des Gefrierpunkts steigen. Die Lastwagen des Dorfes kehren abends mit großen Fuhren Brennholz aus dem Wald zurück, und auch Slawa fährt jeden Tag los, um mit seinen Helfern Holz zu schlagen. Um der Hausarbeit zu entkommen und wieder einmal einen Tag in frischer Luft und Sonne zu verbringen, schließe ich mich ihnen an. Während der Fahrt über den Fluss und durch die Taiga hüpft der primitive Holzschlitten, in dem ich sitze, hinter dem Schneemobil über die Unebenheiten und lässt mich bei den harten Landungen schmerzvoll das Gesicht verziehen. Ab und zu deutet Slawa auf Zobel- und Hirschspuren, die unseren Weg kreuzen.

Der Holzplatz liegt einige Kilometer vom Dorf entfernt oberhalb der Uferböschung eines großen, zugefrorenen Sees. Seine ebene, blendend weiße Fläche glitzert in der Sonne wie ein Feld winziger Diamanten, die verschiedentlich blau, rot, orange und grün funkeln. Kein Lufthauch weht, kein Vogel singt, es ist vollkommen still.

Die Stille wird abgelöst durch die Geräusche der Motorsägen und Axtschläge. Die Männer fällen Lärchen und zersägen die Stämme in Scheitlänge. Meine Aufgabe ist es, die abgeschlagenen Äste zur Seite zu räumen, um so Schneisen für die Fahrt mit dem Lastwagen zu schaffen. Mir tut es leid um das Holz, das ungenutzt verkommt, denn die Äste und auch Stammspitzen unter Armdicke werden als Abfall betrachtet. Schwitzend zerre ich das Abfallholz durch den Schnee und entledige mich nach und nach der zu warmen Kleidung. Die zersägten Stammstücke türmen wir auf große Haufen, von denen aus die Männer sie auf den Laster hochwerfen, ein Kraftakt bei dickeren Stämmen. Währenddessen sammle ich Birkenrinde, dürre Lärchenästchen und trockenes Holz und lege ein Feuer an, an dem ich Tee koche und Schaschlik brate – auf zugespitzte dünne Zweige gespießtes Rentierfleisch. Die Pause ist willkommen. Um das Feuer herum auf Baumstümpfen sitzend, lassen wir uns Schaschlik, fetten Speck, Brot und süße *Bulotschki* schmecken.

Nach fünf Stunden Mühen bin ich froh, im LKW mit der letzten Fuhre dieses Tages die Heimfahrt antreten zu können. Zu Hause ausruhen kann ich mich noch nicht – Essen muss gekocht und der Abwasch erledigt werden. Auch Slawa ist müde, und ihm schmerzt die Unterarmsehne. Schonen kann er den Arm nicht. Ihm stehen noch mehrere Tage Waldarbeit bevor, denn auch die Helfer brauchen Holz, und die Tante hat ebenfalls zwei Lastwagen voll bestellt. Da der Onkel bettlägerig ist und sie mit ihren neunundsiebzig Jahren schwach und schmerzgeplagt ist, übernimmt es Wowa, die gelieferten Stammstücke anschließend in Scheite zu spalten und entlang des Zauns aufzustapeln.

Bezahlung für kleinere Hilfeleistungen ist unter Verwandten nicht üblich, doch in diesem Falle handelt es sich um mehrtägige, schwere Arbeit und den Verbrauch an Benzin für Motorsäge und Lastwagen sowie an Material wie Sägeketten. Zudem erhalten Tante und Onkel eine sehr gute Rente, von der sie nur einen kleinen Bruchteil zum Leben benötigen, während die Männer lediglich in der Pelztiersaison ein Einkommen erzielen und oft fast alles davon für Benzin und Öl, Ersatzteile beziehungsweise Neuanschaffungen – Sägen, Werkzeuge, Motoren, Boote und so weiter – ausgeben müssen. Das scheint die Tante nicht zu bedenken, denn als Slawa ihr den Preis für die Holzlieferungen nennt, meint sie, unter Verwandten müsse sie doch nichts bezahlen. Sie beharrt hartnäckig darauf, bis Slawa androht, das Holz abzuholen und anderweitig zu verkaufen. Erst dann öffnet sie widerwillig ihre Geldbörse.

Alles Geld, das die beiden erübrigen können, gibt sie ihrem Sohn Wowka, der nach Mogotscha gezogen ist und mit dem Geld der Eltern ein Bauernhaus gekauft hat. Seine Absicht war, dort zu arbeiten und Geld zu verdienen, doch daraus wurde offensichtlich nichts, denn er verlangt immer wieder Geld und verkauft aus dem Elternhaus, was nicht niet- und nagelfest ist, wenn er im Winter nach Srednaja Oljokma kommt, um in seinem Jagdterritorium der Zobeljagd nachzugehen. Wie wir aus Mogotscha hören, gab er dort zwei Arbeitsstellen auf und fuhr stattdessen nach Chabarowsk und Tschita, weil er da angeblich mehr verdienen konnte. Dort allerdings hatte man nicht auf jemanden gewartet, der trinkt und nichts gelernt hat außer Traktor fahren. Das Geld der Eltern fließt dahin und durch die Kehlen der Freunde (des Alkohols), bei denen er den großzügigen Mann spielt, solange Geld da ist. Unterhalt für seine und Marinas Kinder jedoch bezahlt er nicht, auch nicht, als er später das Haus in Mogotscha verkauft und in Tschita eine Arbeit aufnimmt. Als ich Marina frage, warum sie den Unterhalt nicht einklagt, antwortet sie: „So ein Mensch bin ich nicht."

„Du tust das doch nicht für dich, sondern für die Kinder. Sie haben ein Anrecht darauf", wende ich ein. Doch sie wurstelt weiter mit dem kleinen Einkommen aus ihrem Köchinnengehalt der Schule und häuft im Laden Schulden an.

Allmählich weicht der Schnee den Sonnenstrahlen. Nachts sinken die Temperaturen noch bis zu zehn Grad unter den Gefrierpunk, doch tagsüber taut es stark. Immer mehr Flecken strohigen, gelben Grases und brauner Erde kommen zum Vorschein, nachdem über sechs Monate nur kaltes Weiß zu sehen war. In den Senken bilden sich große, tiefe Pfützen, weil der Boden gefroren ist und das Tauwasser nicht abfließen kann. Ein Teil unseres Kartoffelfeldes steht unter Wasser, das nur ganz allmählich versickert.

Slawa befreit die Einzelteile der Bandsäge aus der großen schweren Lieferkiste, in der er sie aus Mogotscha hertransportiert hatte. Eine Aufbauanleitung liegt nicht bei, lediglich eine ausführliche Bedienungs- und Wartungsanleitung in siebzehn verschiedenen Sprachen für den Motor vom Typ Kohler CH395. Slawas Freund Wolodja aus Mogotscha hatte im Internet recherchiert, diese kanadische Bandsäge gefunden, sie für Slawa bestellt und in Empfang genommen. Da

Slawa schon mit Bandsägen gearbeitet hat und sich mit ihrer Funktion auskennt, stört es ihn nicht, dass die Instruktion für den Zusammenbau des Metallgerüstes fehlt. Zudem hat er ein intuitives technisches Verständnis, das ihm hilft, alles zu reparieren, was zu reparieren noch möglich ist. Einige Unregelmäßigkeiten am Metallrahmen müssen beim Zusammenbau korrigiert werden, und bei der Inbetriebnahme stellt Slawa fest, dass das Metallgerüst einen besonders groben, gut sichtbaren Fehler aufweist, der verhindert, dass sich die Führung wie erforderlich absenken lässt – ein Baumstamm kann dadurch kaum bis zur Hälfte in Bretter zersägt werden. Erst, nachdem Slawa mit der Metallsäge das Hindernis beseitigt hat, funktioniert die Säge. Slawa ist trotzdem unzufrieden, weil das Metallgerüst unstabil ist. Er rüttelt leicht daran: „Siehst du, wie es sich bewegt?"

„Bist du sicher, dass du beim Aufbau alles richtig gemacht hast? Ich kann nicht glauben, dass eine kanadische Firma derartig fehlerhafte Produkte ausliefert. Da wäre sie schon lange pleite", zweifle ich.

„Natürlich bin ich sicher; der Grund für den Pfusch ist ein anderer. Wolodja hat die Säge von einem russischen Lieferanten bezogen. Im Internet sah es aus, als sei sie im Ganzen ein kanadischer Import. Ich glaube jetzt aber, dass die in Russland bloß den kanadischen Motor verwendet und das ganze Drumherum selbst angefertigt haben, ohne das mit einem einzigen Wort zu erwähnen. Deshalb gibt es auch keine Aufbauanleitung dafür und deshalb dieser Murks. An mir lag es jedenfalls nicht. Und dafür habe ich 180.000 Rubel geblecht", entrüstet sich mein Mann.

„Genau solche Sachen sind es, die das Leben hier erschweren – nicht das Klima, nicht die Natur, nicht die Wildnis, sondern die sogenannte russische Zivilisation", entgegne ich und setze hinzu: „Ich bewundere euch dafür, mit welchem Geschick und welcher Geduld ihr ständig den neu gekauften Pfusch in Ordnung bringt. Ich würde jedes Mal ausrasten."

Mein Mann zuckt resigniert die Schultern. „Was bleibt uns übrig? In der Sowjetzeit waren solche Probleme selten, da gab es Qualitätskontrollen. Aber jetzt kann eben jeder machen, was er will."

„Gib mir mal die Rechnung. Ich würde gern sehen, wie das Produkt benannt ist und bei Gelegenheit im Internet nach der Lieferfirma forschen", sage ich.

„Eine Rechnung habe ich nicht, habe auch nie eine gesehen. Vielleicht liegt sie bei Wolodja", antwortet Slawa.

Aber nur vielleicht. Ich starre ihn mit offenem Munde an: „Ich – glaube – es – nicht!" Muss ich aber.

Im warmen Sonnenschein wandere ich langsam über das lange, trockene Gras des Flussufers, um einen Strauß Weidenkätzchen für den kommenden „Weidensonntag", der einen Sonntag vor Ostern gefeiert wird, zu pflücken. Die Weiden haben lange, schlanke Ruten gebildet, die ich gut für Flechtarbeiten verwenden kann. Ich muss sie vor dem Eisaufbruch schneiden, in dessen Folge riesige Eisschollen auf den Ufern landen und alle Gewächse wochenlang unter sich begraben. Auch die wenigen am Ufer liegenden Kuhfladen des vergangenen Jahres sammle ich, bevor der anschwellende Fluss sie wegschwemmt. Seitdem im Dorf keine Pferde mehr und nur noch eine Kuh und ein Bullenkalb gehalten werden, ist Dünger rar geworden. Von den ursprünglich sechs Pferden ist eins die Felsklippe hinunter gestürzt, zwei mussten wegen nicht heilender Verletzungen getötet werden, eins wurde geschlachtet und teils gegessen, teils an die Hunde verfüttert und zwei wurden in ein anderes Dorf verkauft. Ich hätte sie erworben, hätte ich von der Verkaufsabsicht gewusst und wäre ich nicht in Deutschland gewesen. Auch zwei Bullen und zwei Milchkühe wurden geschlachtet, weil die Leute wegzogen und niemand aus dem Dorf die Tiere kaufen wollte. Man scheute die Arbeit, die mit dem Halten der Kühe verbunden ist, denn anders als die halbwilden Pferde müssen sie die langen Wintermonate im Stall gehalten, täglich gefüttert, getränkt und gemolken werden. Große Mengen Heu, das sowohl als Futter als auch als Einstreu dient, müssen dafür im Sommer in der Umgebung gemäht, getrocknet, in großen Haufen aufgehäuft und später, sobald der Boden gefroren ist, mit dem Laster ins Dorf transportiert werden.

Die Birkenrinde, die wir als Feueranzünder verwenden, geht zur Neige. In Dorfnähe zieht sich oberhalb des Flussufers ein Birkenwald entlang, in dem viele umgestürzte Bäume liegen. Von ihnen trenne ich mit meinem scharfen Messer Streifen der Rinde ab und stopfe sie in einen Sack. Andere Dorfbewohner haben von gesunden Bäumen rundherum einen halben Meter und mehr Rinde entfernt. Sie lässt sich dadurch schneller und vollständiger abtrennen, doch dann ist der Baum dem Absterben geweiht. Das zu sehen macht mich jedes Mal traurig und wütend. Die Gewinnung von Birkenwasser schädigt den Baum weniger, denn dabei wird im zeitigen Frühjahr nur ein Ast abgesägt, aus dem der aufsteigende Saft in ein darunter hängendes Gefäß läuft. Seine Konsistenz ist wässrig, und er schmeckt etwas lieblicher als Wasser. Bei uns wird er „frisch gezapft" als eine Art Frühjahrskur getrunken. Er enthält Vitamin C, Aminosäuren, Mineralstoffe und Spurenelemente wie Kalium, Kalzium, Magnesium, Kupfer, Zink, Eisen. Selbst kühl gestellt, verdirbt der Saft nach spätestens drei Tagen. Ob die sterilisierten und häufig noch mit Zucker und Aroma versetzten Birkensäfte, die in Deutschland als gesund angepriesen und verkauft werden, wirklich empfehlenswert sind, möchte ich bezweifeln. Wahrscheinlich sind sie nur für Hersteller und Händler nützlich.

Als ich von meinem Spaziergang heimkehre, treffe ich Slawa mit vier weiteren Männern an, die damit beschäftigt sind, den Hauptweg vom noch immer zugefrorenen Fluss ins Dorf instand zu setzen. Auf ihm wurden zahlreiche schwere Fuhren Holz transportiert, die tiefe, schlammige Fahrspuren in die aufgetaute Niederung gewühlt haben. In ausgedehnten Kuhlen hat sich Wasser angesammelt. Die Männer füllen die Vertiefungen mit Baumstämmen und Ästen. Doch bevor sie, wie geplant, viele Lastwagenfuhren Steine und Kies vom Flussufer holen und auf den Weg schütten können, steigt im Vorfeld des Eisaufbruchs der Wasserpegel an und überschwemmt die steinigen Ufer. Die Weiterarbeit muss nun lange warten, und auch die Neuerrichtung der Brücke über den tiefsten Teil der Niederung kann noch nicht in Angriff genommen werden. Teile der Holzkonstruktion waren im Herbst vom Hochwasser in den Wald gespült worden.

Der Wonnemonat Mai beginnt ganz und gar nicht wonniglich. Stürmische Nordostwinde fegen ums Haus und wirbeln weiße Flocken in dichten Schwaden durch die Luft. Man kann kaum die Hand vor Augen sehen, und vom Gang zur Toilette kehren wir weiß eingehüllt wie Schneemänner zurück. Die Böen lassen die Tür des Vorraums auf- und zuklappen und treiben den Schnee durch alle Ritzen ins Innere. Im Heim verbreitet das im Ofen rot lodernde, knisternde Holzfeuer mollige Wärme. Die Schlacht des Winters gegen den nahenden Frühling währt einen Tag und eine Nacht. Am Morgen empfängt uns strahlender Sonnenschein und eine tief verschneite Landschaft. Hohe Wehen versperren den Weg zur Toilette und zur Banja, bis wir die Durchgänge frei geschaufelt haben. Vor dem Haus auf der Straße liegen mehrere Lastwagenfuhren Brennholz – Holzklötze, die gehackt und längs des Zaunes aufgestapelt werden müssen. Sie sind nun, wie die ganze Umgebung, unter einer dicken Schneedecke verborgen, die kaum noch Konturen erkennen lässt. Zu unserer Erleichterung weicht die weiße Pracht nach wenigen Tagen den warmen Sonnenstrahlen und lässt nur große Pfützen und nassen Boden zurück. Auf der Dorfstraße gräbt das abfließende Tauwasser tiefe Rillen in die Erde.

Nun bricht auch das Flusseis auf. Immer wieder geraten die Eisschollen rumpelnd ins Stocken und für einige Stunden zum Stillstand, stauen sich an und schieben sich übereinander, während der Wasserpegel um mehrere Meter ansteigt. Tagelang treiben die in der Sonne hell leuchtenden Schollen wie weiße Schiffe den Fluss hinunter. Ich gehe einige Male zum Ufer, filme und fotografiere die mannshohen, mehrere Quadratmeter großen, teilweise bizarren Eisgebilde, die an den Ufern bis hoch zum Waldrand gestrandet sind. Nicht jedes Jahr gestaltet sich der Eisaufbruch so spektakulär. In einem Frühling hatte ich mich besonders darauf gefreut, weil der Winter hart und das Eis besonders dick geworden war. Doch gerade die starke, kompakte Eisfläche verhinderte lange den Eisaufbruch. Stattdessen verschwand sie allmählich unter darüber fließendem Wasser, das beharrlich an ihrer Substanz zehrte. Als das Eis schließlich zerbrach, war der Anblick nur noch für die Jäger interessant, die schon lange darauf gewartet hatten, endlich mit ihren Booten losfahren zu können. Doch egal, wie der Eisgang verläuft, er verursacht uns, im Gegensatz zu den Ortschaften an den großen Flüssen, nie Probleme.

Die großen Flüsse Sibiriens – Ob, Jenissej, Lena – fließen von Süd nach Nord ins Nordpolarmeer, mit Ausnahme des Amur, der im südlichen Sibirien von West nach Ost fließt. Deshalb tauen sie an den Oberläufen sehr viel früher auf als

Unser Haus mutiert im Frühjahr zum Gewächshaus mit Schlafmöglichkeit

Hier bin ich beim Entrosten und Streichen der Regentonnen

flussabwärts weiter nördlich. Die vom Oberlauf herabschwimmenden Eisschollen türmen sich vor den nördlichen, noch intakten Eisflächen auf und bilden Barrieren, an denen sich das Wasser kilometerweit aufstaut. Das ist der Grund für die riesigen Überschwemmungen, von denen jedes Frühjahr viele flussnahe Ortschaften, auch große Städte wie Jakutsk, betroffen sind. Der MTschS sprengt in breiter Front Eisflächen, was aber nicht immer schnelle Abhilfe schafft. Dazu sind die Flüsse zu lang und das Eis zu kompakt.

Der Frühling lässt sich ahnen, auch wenn Blätter, Gras und Blumen noch nicht sprießen. Nur im Zimmer haben sich die ausgesäten Blumen- und Gemüsesamen schon zu Setzlingen entwickelt. Ich trage sie jeden Morgen ins Gewächshaus, damit sie dort von Sonne und Wärme profitieren können. Abends müssen sie zurück ins Haus, denn noch immer friert es nachts auch im Gewächshaus. Trotz der Nachtfröste haben die Winterheckzwiebeln im Garten schon die ersten grünen Spitzen hervorgeschoben. Das rasch wachsende Zwiebellauch ist das erste frische Gemüse, das wir nach dem Winter als Salat oder Beigabe genießen können.

Wie Frühlingsgeläut klingen in meinen Ohren die lauten Rufe der Schwäne, die weiß schimmernd hoch oben in langen Formationen nach Norden streben. Man hört sie schon, bevor man ihrer ansichtig wird. Häufig sehe ich in der Flussaue oder am Dorfrand einen Bartkauz, der mich unbewegt mit leuchtend gelbgrünen Augen anstarrt, bevor sein großer Körper mit langsamen Flügelschlägen ins Grün des Lärchenwaldes entschwindet. Der Bartkauz ist mit 60 bis 70 Zentimetern und einer Flügelspannweite von 140 bis 150 Zentimetern fast so groß wie ein Uhu.

Slawa, der vor dem Haus eine Zigarette raucht, ruft mich heraus und zeigt auf die Stromleitung, auf der die ersten Stare sitzen und sich in den morgendlichen Sonnenstrahlen wärmen. Auch ein Rotschwanz-Paar ist eingetroffen und spielt um uns herum Haschen. Ich beobachte es den zweiten Sommer in unserem Garten. Später – die Stare haben uns bereits verlassen – sitzt ein Sänger mit rotem Kehlfleck morgens und abends auf der Stromleitung und erfreut uns mit seinem Lied. Wie ich aus vergangenen Jahren weiß, wird er bald weiterziehen. Es ist ein Sibirisches Rubinkehlchen, auch Taigarubinkehlchen genannt.

Schwanz wippende Bachstelzen und eine Schar Zwergstrandläufer inspizieren auf der Suche nach Nahrung unseren Kartoffelacker. Langsam und geduckt schleicht sich der Kater unserer Nachbarin in ihre Nähe. Hoffentlich sind die Vögel schneller als er. Wir haben ihn bisher gern gesehen, weil er ein guter Mäusefänger ist. Im vergangenen Jahr beobachteten wir zum ersten Mal in Hof und Garten viele Mäuse einer besonders großen Art. Obwohl der Kater noch jung und nur wenig größer als die Mäuse war, fing er sie und hielt die Population in Grenzen. Leider bezahlt er eines Tages das unvorsichtige Überqueren der Straße mit dem Tod. Die Hunde erwischen und zerreißen ihn.

Die ersten Enten treffen ein, doch ich wünschte, sie machten einen großen Bogen um unser Dorf, denn sofort fallen welche den Gewehren der Jäger zum Opfer. Für das bisschen Fleisch wird ein ganzes Leben vernichtet; es widerstrebt mir, davon zu essen. Schwerer fällt es mir, auf Fisch zu verzichten. Ich habe deshalb keine Einwände, als Slawa mit Igor, kaum dass der Fluss eisfrei ist, für zwei Tage zum Fischen fährt. Sie kehren mit einigen Barschen, Aalrutten und großen Hechten zurück, die sie im Hof auf dem langen Holztisch ausnehmen, säubern und zerteilen.

„Igor wäre beinahe vom Bär gefressen worden", sagt Slawa grinsend. „Er hat auf ihn geschossen, aber seine Arme haben wohl so gezittert, dass er ihn nicht getroffen hat."

„Machst du Spaß?", frage ich zurück.

„Nein, es stimmt", bestätigt Igor. „Ich ging mit den Hunden durch den Wald, um einen Elch oder Hirsch aufzuscheuchen. Da hörte ich ein Schnaufen und dachte, es wäre einer der Hunde. Ich pfiff leise nach ihm, doch stattdessen tauchte ein Bär auf, drohte und grollte laut und rannte im Abstand von weniger als fünf Metern um mich herum. Ich konnte mich gar nicht so schnell drehen. Deshalb habe ich ihn verfehlt."

„Igor hört ja schlecht, sonst hätte er den Bären eher bemerken müssen", erklärt Slawa. „Aber mir ging es auch übel. Ich habe nachts in der Jagdhütte kaum geschlafen. Da waren jede Menge Mäuse. Eine ist sogar Igors in Hosenbein gekrochen. Er hat nach ihr geschlagen, da ist sie wieder rausgeflitzt. Außerdem hatte ich das Gefühl, lauter Zecken am Leib zu haben. Davon gibt es zurzeit auch sehr viele."

Ich kann mir die Situation aus eigenem Erleben lebhaft vorstellen, denn mein großer Jäger hat mich schon stundenlang in einer Isbuschka wach gehalten durch seine panische Angst vor Mäusen und Zecken: Licht an, Kleidung untersuchen, Licht aus, nach vorhandenen oder nicht vorhandenen Mäusen schlagen, Licht an, Licht aus, Schreckensschreie und das Ganze wieder von vorn.

Es ist höchste Zeit, mit Gartenarbeiten zu beginnen und Außenarbeiten durchzuführen. Trotz meiner Hüftschmerzen kann ich mich nicht schonen. Bevor Regenfälle einsetzen, müssen die zehn Wassertonnen in Hof und Garten neu gestrichen werden, da sie innen zu rosten beginnen. Den Kopf mit Tüchern verhüllt, die nur die Augen freilassen, kratze ich in stundenlanger Arbeit mit einer Drahtbürste – die Drahtbürste, ein absolutes Novum in Srednjaja Oljokma – den Rost ab, bevor ich eine nach der anderen streiche. Slawa erneuert währenddessen die Dachpappe auf dem Gästehaus, die letztes Jahr bei einem Unwetter von großen Hagelkörnern durchlöchert wurde.

In Wartestellung verharrende Lärchennadeln wagen sich hervor und hüllen die Wälder in einen lichtgrünen Schleier. Die Blütenknospen der Bagulniksträucher öffnen sich; bald ist der schmale Pfad oberhalb des Steilufers gesäumt von den pinkfarben blühenden Sträuchern. An den Ufern und im Vorgarten nicken die ersten blauen Blüten der Kuhschellen. Wenig später empfangen mich die Rufe des Kuckucks und der süße Duft üppig blühender Traubenkirschen, sobald ich aus dem Haus trete. Nach einigen Tagen jedoch pflückt ein Gewittersturm die kleinen weißen Blättchen von ihren Blütentrauben und wirbelt sie wie Schneegestöber durch die Luft. Dottergelb leuchten die ersten Löwenzahnblüten im frischen, grünen Gras. In den Flussauen bilden Sumpfdotterblumen gelbe Tupfer. Hoffnungsvoll, aber vergebens, suche ich im Garten nach Austrieben der Märzenbecher, Wildtulpen, Zwerg-Iris und Narzissen, deren Zwiebeln ich im vergangenen Jahr eingepflanzt hatte. Sie haben unseren Winter ebenso wenig überlebt wie der Kaukasische Rankspinat, den mir eine in Schweden lebende Familie empfohlen hatte.

Während der Frühling Einzug hält, sind die großen Eisschollen, die der Eisgang auf Inseln und Ufern zurück gelassen hat, noch bis weit in den Juni hinein zu sehen. Dort, wo nach dem Eisaufbruch Blockaden den Abfluss der Schollen verhindert und kilometerlange Staus verursacht hatten, türmen sich die Eisblöcke über- und nebeneinander und bilden kompakte, meterhohe, lange Barrieren an den Ufern, die den Zugang zu den Jagdhütten verhindern. Auf der Fahrt nach Juktali, wo wir die ersten Feriengäste dieses Jahres abholen wollen, haben wir deshalb Probleme, eine Isbuschka für die Zwischenübernachtung zu finden, und auf der Rückfahrt mit den Gästen müssen wir in einer Hütte auf hohem Steilufer übernachten, das sich auch ohne Gepäck schwer erklimmen lässt. Die beiden Männer tragen das schwerere und unhandliche Gepäck, aber ich muss wegen der Schmerzen im Bein schon allein beim Hinauf- und Hinuntersteigen die Zähne zusammenbeißen. Ich frage mich, wie ich Taigawanderungen mit den Besuchern bewältigen will. Zu meiner Verwunderung nehmen die Schmerzen nach dieser Gewaltkur ab, und auch die Hüftbeschwerden werden in der Folgezeit allmählich geringer. Doch nach wie vor kann ich nicht rasch ausschreiten, und sobald ich Wassereimer oder andere schwere Sachen trage, was sich nicht immer vermeiden lässt, verschlimmern sich die Beschwerden wieder. Ein Dreivierteljahr muss ich mit der bestehenden Behinderung leben, bis sich in Deutschland bei einem Arztbesuch herausstellt, dass ich an einer Blockade des Iliosakralgelenks leide, die dann erfolgreich durch manuelle Therapie beim Physiotherapeuten gelöst werden kann.

Die anreisenden Gäste, ein Ehepaar, staunen über die unerwarteten, späten Hinterlassenschaften des Winters und die eiskalten Luftströme, die davon ausgehen. Tiere lassen sich zu unserem Bedauern nicht sehen, denn sie finden noch kein Futter an den Ufern. Erst während der Rückreise in der ersten Junidekade erspähen wir einen Bären und einige Hirsche. Mehr Glück hat die nachfolgende Besucherin. Claude, eine kleine, zierliche Französin, die seit Langem in Deutschland lebt, ist schon zum dritten Mal für jeweils mehrere Wochen zu uns gekommen. Sie kann auf der Fahrt fünf Hirsche, eine Bärin mit zwei Jungen und zwei einzelne Bären beobachten. Einer davon ist ein ausgewachsenes großes Männchen mit fast schwarzem Fell.

Während die meisten Bären beim Herannahen des Bootes früher oder später das Weite suchen, erlebe ich nun zum ersten Mal ein ausgesprochen aggressives

Verhalten. Der Abend dämmert schon und schwarze Wolken lassen einen kräftigen Gewitterguss befürchten, sodass Claude und ich unsere Videokameras und Fotoapparate bereits wasserfest verstaut haben. Die Müdigkeit der langen Flussreise hat unsere Aufmerksamkeit gemindert, als wir durch laute Rufe Slawas aufgeschreckt werden. Ein mächtiger Bär läuft parallel zum fahrenden Boot am Ufer entlang, immer wieder zu uns blickend und wütende Laute ausstoßend, bis er schließlich im Wald verschwindet.

„Warum hast du ihn mit deinen Rufen aufgescheucht, bevor ich die Kamera hervorholen konnte?", mache ich Slawa zum Vorwurf.

„Sollte ich warten, bis er ins Boot springt? Ich hatte ihn schon vorher beobachtet. Statt abzuhauen machte er Anstalten, sich auf uns zu ins Wasser zu stürzen. Meine Rufe haben ihn immerhin davon abgehalten. Das war kein harmloser Teddy!"

„Das habe ich gesehen. Und was für Laute er von sich gegeben hat, unbeschreiblich! Aber vom Wasser aus hätte er doch bestimmt nicht ins Boot springen können?"

„Hast du eine Ahnung. Die können aus dem Wasser heraus zwei Meter weit springen."

„Das ist wirklich ein großer Unterschied, solch einen Bären selbst zu erleben oder nur davon zu hören", bemerke ich beeindruckt.

Jagdhütte nach dem Besuch eines Bären

Auf unseren Fahrten nach Juktali und zurück hatte Slawa mehrmals angehalten, um mit Jägern und Fischern zu plaudern, die wir unterwegs angetroffen hatten. Einer davon, der mit seiner ewenkischen Frau den ganzen Sommer über in einer geräumigen Isbuschka nahe der Stromschnelle lebt, die den Namen „Duranak – der Närrische" trägt, berichtete von einem Bären, der sich wenige Meter von seinem Boot entfernt am Ufer aufhielt und sich durch Schreie nicht beeindrucken ließ, sondern auf das Boot zukam. Dieser Bär taucht immer wieder am gegenüberliegenden Ufer auf und stellt eine permanente Gefahr dar, vor allem jetzt in der Ferienzeit, da die Enkel zu Besuch weilen. Auf Geheiß des Jagdaufsehers aus Ust-Njukscha musste er sein Gewehr im Stahlschrank seines Hauses in Ust-Njukscha einschließen und die Jagdhunde anleinen, sodass er im Ernstfall nichts gegen den Bären ausrichten kann. Im Verwaltungsbezirk Amurskaja Oblast, zu dem Ust-Njukscha gehört, wird die Einhaltung der Jagdgesetze streng kontrolliert. Während der Schonzeiten wird jeder bestraft, der ein Gewehr mit sich führt oder bei dem der Aufseher Fleisch oder Fisch im Boot findet. Strafe zahlen muss auch, wer keine Schwimmweste trägt oder dessen Boot nicht registriert und gekennzeichnet ist. Wir halten uns bei unseren Fahrten strikt an die Vorschriften, doch auf sein Gewehr will Slawa dennoch nicht ganz verzichten. Er versteckt es vor der Grenze zur Amurskaja Oblast im Wald und holt es auf der Rückfahrt wieder ab, um zumindest auf einem Teil der Strecke abwehrbereit zu sein. Dass dies keine überflüssige Vorsichtsmaßnahme darstellt, beweist der Bericht eines anderen Jägers: Er schlief in seiner Jagdhütte, als er im Vorraum verdächtige Geräusche hörte. Erst seine lauten Rufe schreckten den Bären ab. Der Jäger schoss direkt durchs Fensterglas auf das flüchtende Tier, verfehlte es in der Hast jedoch.

Im Frühjahr hatten wir von einem Vorfall nahe Tynda gehört, einer um die fünfzigtausend Einwohner zählenden Stadt östlich von Juktali, wo von der BAM aus eine Bahnverbindung zur TRANSSIB besteht. Zwei Frauen hatten Birken angezapft, um den Saft zu gewinnen, als unvermittelt ein Bär erschien und eine der Frauen anfiel. Die andere konnte flüchten und Menschen alarmieren. Als nach geraumer Zeit Jäger mit Gewehren eintrafen und die Spuren verfolgten, fanden sie die Schwerverletzte noch lebend unter Laub und Zweigen. Der Bär hatte sie vergraben, um sie später zu fressen, denn Bären mögen kein frisches Fleisch, sondern bevorzugen Aas. Erstaunlicherweise überlebte die Frau, allerdings mit Verletzungen, die sie stark entstellt hatten.

Vor Einbruch der Dunkelheit erreichen wir innerhalb unseres eigenen Verwaltungsbezirks eine kleine Jagdhütte, in der wir unser Nachtlager aufschlagen. Heute bin ich froh, dass Slawa sein Gewehr dabei hat. Nachts weckt mich Claude. „Vor dem Fenster bewegt sich was", flüstert sie mir zu. Leise schleiche ich zum Fenster – schließlich möchte ich den eventuellen Besucher nicht anregen, durchs Glas zu langen und mich mit seiner Pranke zu erwischen. Zum Glück ist es nicht „Mischa", wie man in Russland den Bären nennt, sondern ein vom Luftzug bewegter alter Lappen.

Indes hat Mischa sich nur um wenige Tage verspätet. Ich habe in der Hütte etwas vergessen und bitte Slawa, es mitzubringen, als er und Claude einen Ausflug zu einer ausgedehnten Insel machen, die teils große Sanddünen und einen herrlichen Badestrand aufweist, teils bewaldet ist. Auf dem Weg dorthin fahren sie an der Hütte vorbei.

„Hast du es gefunden?", frage ich Slawa nach ihrer Rückkehr.

„Nein, ein Bär hat die Hütte und den Vorraum vollkommen verwüstet, das Untere nach oben gekehrt."

„Er hat Bretter rausgerissen aus meinem Bett! Aus der Pritsche, auf der ich geschlafen habe!", fällt Claude ihm aufgeregt ins Wort und zeigt mir dann Fotos der Verwüstungen.

„War das vielleicht der Große, Grimmige, dem wir begegnet sind?", mutmaße ich.

„Nein, das war ein Halbstarker. Die Spuren waren nicht sehr groß", berichtigt mich Slawa.

Im Dorf beobachten wir diesen Sommer viele Sibirische Streifenhörnchen, die jahrelang – ebenso wie Eichhörnchen – kaum zu sehen waren. Vielleicht hatte eine Seuche unter ihnen gewütet, doch nun hat sich der Bestand offenbar erholt. Als ich das erste im Hof entdecke, bin ich entzückt und will es füttern, damit es bei uns bleibt. Doch man sagt mir, dass die reizenden Tierchen sich nicht damit begnügen, sondern sich Gemüse und Gartenfrüchte einverleiben werden. Claude füttert eins am Gästehaus, wo es keinen Schaden anrichten kann.

Tatsächlich machen die Streifenhörnchen ihrem schlechten Ruf bald alle Ehre. Bei einer Nachbarin beißen sie alle Erdbeeren an und bei der anderen fressen sie rundherum die grüne Schale der lange sorgsam gehegten Wassermelonen ab. Dass sie bei Marina alle grünen Gürkchen verspeist haben, stellt sich als üble Nachrede heraus, denn sie ertappt ihre vier Kinder dabei, wie sie das Gurkenbeet plündern. Nein, das würden Streifenhörnchen nie tun – die Gurken ganz und gar aufessen. Ich weiß es, denn als ich wieder einmal Gurken ernte, bemerke ich viele angenagte. Sollen sie Gurken fressen, es sei ihnen gegönnt, aber ein kleines Stück abknabbern und dann zur nächsten übergehen nach dem Motto „Nicht schlecht der Geschmack, aber vielleicht ist die daneben noch besser" – das verdrießt die sparsame deutsche Hausfrau. Und natürlich werden die angenagten dann verschmäht: „Iiih, die ist schon angebissen. Ist ja eklig!"

Ein Spiegelrotschwanzpärchen (Phoenicurus auroreus) nistet in der Lüftungsöffnung der Banja des Gästehauses, entdeckt Claude. Vor die Öffnung ist von außen ein Brett genagelt, das einen Spalt freilässt, den das Elternpaar als Ein- und Ausgang benutzt. Wir freuen uns über den hübschen Vogel und die zu erwartende Nachkommenschaft. Claude beobachtet, dass das Vogelpaar sogar das Streifenhörnchen attackiert, wenn es sich in die Nähe des Nistplatzes wagt. Eines Tages fotografiert sie das Nest mit den Jungen vorsichtig durch den Spalt, wird dabei aber offenbar von Dorfkindern beobachtet. Kurze Zeit darauf haben sie das Brett gelockert und das Nest mit den Jungen herausgeholt – die Brut ist verloren. Wir sind sehr traurig und ich darüber hinaus auch wütend auf die Jungs, die nicht zum ersten Mal Schaden angerichtet haben. Vor wenigen Wochen hatte der achtjährige Sohn der Feldscherin mit seinem Freund sogar im eigenen Haus ein Feuer gelegt, wobei ein Stuhl verbrannt war und der Fußboden eine große Brandstelle davontrug. Glücklicherweise kam ein Erwachsener hinzu, bevor sich der Brand weiter ausbreiten konnte. Ein Brand kann nur im Anfangsstadium gelöscht werden, weil uns dafür lediglich das Wasser aus den Regentonnen und Eimer zur Verfügung stehen. Feuer im Dorf ist der schlimmste anzunehmende Vorfall, denn es würde rasch auf andere Blockhäuser übergreifen. In unserer Haushälfte und der der Nachbarin sowie im Gästehaus haben wir Rauchmelder angebracht, doch wir können nicht das ganze Dorf schützen.

Im Juni schallen die Kuckucksrufe sogar des Nachts durchs Dorf. Für mich hört es sich immer an, als riefen sie „Frühling, Frühling!" Ich bereite gerade auf dem Hof in der Sommerküche das Mittagessen zu, als ich einen gedämpften Knall höre. Um die Ecke schauend, sehe ich ein Kuckucksweibchen am Boden liegen. Obwohl ich mich sauberer Fensterscheiben nicht rühmen kann, ist es gegen die spiegelnde Scheibe geflogen und hat sich das Genick gebrochen. Ein anderes Mal haben wir das Nachsehen. Morgens um sechs Uhr fahren wir beide erschrocken im Bett hoch, als es knallt und gleich darauf laut klirrend Glas zu Boden fällt. Ein Wohnzimmerfenster liegt in Scherben am Boden. Hat jemand einen Stein geworfen, oder was ist geschehen? Slawa läuft nach draußen und erblickt den Übeltäter, ein Rebhuhn, das sich etwas benommen schüttelt und dann davonfliegt.

Claude, die trotz über 30 Grad Hitze täglich mehrere Stunden unterwegs ist – manchmal mit uns, aber häufig auch allein – gelingen durch Aufmerksamkeit und Geduld in Dorfnähe viele schöne Aufnahmen von Vögeln, die ich selbst bisher kaum zu Gesicht bekam, darunter Großer Brachvogel, eine Schar Kiebitze am Flussufer, ein junger Unglückshäher und andere. Darüber hinaus brüten in den Wäldern viele weitere Arten. Zu bestimmten Zeiten bevölkern einige auch das Dorf, zum Beispiel Bachstelzen, Stare, Eichelhäher, zwei sehr unterschiedlich aussehende Arten von Gimpeln (Pyrrhula pyrrhula + Pyrrhula cineracea) sowie verschiedene Zugvögel. Viele dieser Arten kennen wir in Deutschland oder Europa nicht.

Einer der Ausflüge mit Claude führt uns über einen schattigen Waldweg zu flachem Wiesengelände, in das ein langgezogener See eingebettet ist. Wir umwandern ihn auf schmalen, manchmal kaum zu erkennenden Tierpfaden. In seinem Wasser spiegeln sich blauer Himmel und weiße, bauschige Wölkchen. An den Ufern und im sumpfigen Gras blühen in Gruppen unzählige Sibirische Iris, deren knallblaue Farbe aus dem hellen Grün hervorsticht. Frösche hüpfen vor unseren Schritten zur Seite. Erstaunlicherweise überleben sie die tiefen Winterfröste; für Schlangen ist das Klima jedoch zu kalt. Ansammlungen von Baumweißlingen verweilen auf feuchten Wegen und umflattern uns in dichten Wolken wie Schneegestöber.

Ein anderes Mal wandern wir zu einer Flussinsel, auf der im Kies die Umrisse schwerer Eisblöcke eingeprägt sind. An einigen Stellen hat das Wasser hohe Sanddünen angespült. Dazwischen wachsen baumförmige Grauweiden, Korbweidenbüsche, gelb blühende Sträucher, pinkfarbene Nelken, blaue Kuhschellen und rote Lilien.

Eine steile Felswand säumt das gegenüberliegende Ufer. Stromauf, stromab nichts als die glitzernde Wasserfläche, bewaldete Höhenzüge, kreisende Milane am weiten Himmel. Wir lassen die Kleidung fallen, waten durch hellen Sand und feinen Kies und baden die sonnenheiße Haut im klaren, weichen Wasser des Flusses, dessen Strömung wie eine leichte Massage wirkt. Noch lange danach fühle ich mich erholt wie nach einer Kur im Heilbad.

Nach schmerzhaftem Verlust holen wir uns neue Welpen

Hundeschicksale

Nach dem schmerzvollen Tod unserer Hunde haben wir Hemmungen, eine gefühlsmäßige Bindung zu ihren Nachfolgern aufbauen. Slawa braucht wieder Jagdhunde, und nur das sollen sie für uns bedeuten. Doch natürlich können wir den beiden Welpen nicht widerstehen, die wir einige Monate darauf aus Ust-Njukscha mitbringen. Während der muntere graue Welpe seinen Namen „Grauer" behält, taufe ich das weißbraungescheckte, kräftige Energiebündel, das ständig Kämpfe austragen will, nach dem berüchtigten russischen Anarchisten auf den Namen „Bakunin" um.

Auf der Bootsfahrt in unser Dorf sitze ich bei den Welpen. Die beiden sehen mich als ihren Spielgefährten an, springen an mir hoch und beißen mich spielerisch, wobei Bakunin besonders unermüdlich ist. Das sollen sie sich schnellstens abgewöhnen. Mit dem Zeigefinger gebe ich ihnen deshalb jedes Mal einen leichten Schlag auf die Nase, verbunden mit einem „*nelsja* – du darfst nicht." Es dauert keine Stunde, als ich Bakunin zum „*nelsja*" nur noch den erhobenen Finger zeigen muss, damit er seine deutlich gewordenen Absichten fallen lässt, und wenig später hat er verinnerlicht, dass wir keine Spielgefährten sind und er weder hochspringen noch beißen darf. Er tut es nie wieder und versteht „*nelsja*" auch in anderen Zusammenhängen. Wir sind überzeugt, dass Bakunin ein großartiger Hund wird – klug, stark und mutig. Als ein Kuckucksweibchen in vollem Schwung gegen ein Fenster unseres Hauses fliegt und sich das Genick bricht, eilt Bakunin sofort herbei, untersucht es und verspeist es dann, während der Graue zwar neugierig näher kommt, die Aktivitäten aber Bakunin überlässt. Der Graue ist ruhiger als Bakunin, etwas schwerer von Begriff und ein kleiner Angsthase. Sobald ihm etwas nicht geheuer ist, flitzt er an einen sicheren Platz und beäugt von dort aus die vermeintliche Gefahr.

Es hat sich herumgesprochen, dass Slawa Jagdhunde braucht. Seine Schwester Viktoria kommt von einem Besuch aus Tupik zurück und bringt ihm ungefragt einen angeblich sechs Monate alten Hund mit. Als Slawa ihn in den Hof führt, bin ich entsetzt. Er sieht aus wie der absolute Loser – sehr ängstlich mit gekrümmter Haltung und eingezogener Rute, mager, schwacher Knochenbau, schwarzes, schwaches Fell. Sein Name ist Dick. Nähert man sich ihm, weicht er soweit wie möglich aus. Wir hören, seinem Besitzer tat es leid, die überflüssigen Welpen zu töten. Angeblich wurde er in Tschita im Zwinger gehalten, aber gut versorgt. Aber wieso ist Dick dann derart handscheu und unansehnlich? Ich würde ihn am liebsten Viktoria zurückbringen, aber Slawa ist das unangenehm. Also behalten wir ihn.

Mit viel, viel Geduld gewinne ich Dicks Vertrauen. Auch das Beispiel der Welpen hilft dabei, denn da sie darum wetteifern, sich von mir streicheln zu lassen, scheint das eine gute Sache zu sein, und daran möchte er dann doch teilhaben. Aber sobald er Kette und Halsband in meinen Händen sieht, macht er einen großen Bogen um mich. Das darf so nicht bleiben, denn manchmal ist es unerlässlich, ihn an die Leine zu legen, zum Beispiel dann, wenn er zur Jagd mitgenommen werden soll.

Ich füttere ihn getrennt von den Welpen und wende bei ihm, wie früher bei unseren anderen Hunden, den Trick mit der Futterschüssel an. Überrumpeln will ich ihn nicht, damit er das Vertrauen nicht verliert. Also stelle ich sein Fressen hin, zeige ihm gleichzeitig Halsband und Kette und rufe ihn. Natürlich kommt er nicht. Ich stelle das Futter wieder weg und versuche es stündlich wieder, bis ihn der Hunger irgendwann doch an die Schüssel treibt und er sich das Halsband umlegen lässt. Sobald er gefressen hat, löse ich es wieder, lobe und streichle ihn. Nach einigen Tagen lässt er sich das Halsband mehrmals am Tag auch ohne Fressen anlegen, jedoch nur von mir.

Es dauert nur wenige Wochen, bis sein Fell dicht und glänzend ist, sein Körper kräftiger und sein Wesen fröhlich wirkt. Leider hat Slawa keine Geduld, mit ihm zu üben, und nachdem er ihn einmal zur Jagd mitgenommen und ihn wohl grob behandelt hatte, weicht Dick ihm beharrlich aus. Er wird nie das Urvertrauen entwickeln, das gut aufgezogene Hunde haben, und jedes negative Erlebnis wird sein Misstrauen gegenüber Menschen wieder aufleben lassen.

Der dritte Zugang an Hunden ist Linda, eine drei Monate alte, sehr hübsche, weißbraune Hündin, angeblich eine Laika, die Slawa seinem Bruder in Ust-Njukscha abgeschwatzt hat. Wir nehmen sie im Boot mit zu uns ins Dorf und stellen unterwegs fest, dass sie entweder völlig unerzogen ist oder einfach nichts begreift. Ihre Schwester soll genauso sein, hören wir später. Wir können machen, was wir wollen, sie springt an uns hoch, reißt das unabgewaschene Geschirr in der Sommerküche herunter und leckt es ab, hört auf keine Verbote und Befehle.

Kurze Zeit darauf wird Bakunin krank. Er legt sich in die Hütte, frisst und trinkt nicht. Slawa glaubt, er habe vielleicht ein Stück Knochen verschluckt, das ihm in der Halsröhre stecken geblieben ist. Nachdem er den zweiten Tag nichts getrunken hat, spritzen wir ihm mit einer dicken Spritze Wasser und Milch ins Maul, das er dann notgedrungen herunterschluckt. Er wird zunehmend schwächer und apathischer, und plötzlich ist er verschwunden. Wir rufen ihn und sehen ihn dann auf der mit Büschen und Bäumen bestandenen Wiese, die sich gegenüber unserem Haus zum Flussufer absenkt, langsam heraufkommen. „Slawa, er ist dorthin gegangen, um in Ruhe zu sterben“, sage ich traurig.

„Nein, das glaube ich nicht. Es geht ihm bestimmt bald besser“, antwortet er.

Am Abend fährt Slawa zur Jagd und schärft mir ein, Bakunin regelmäßig mit der Spritze zu füttern. Ich tue es den ganzen nächsten Tag über und schöpfe Hoffnung, als ich sehe, dass er seinen Trinknapf leer getrunken hat. Am frühen Morgen jedoch liegt er mit halb geschlossenen Augen in seiner Hütte und atmet nur noch kaum merkbar. Ich sehe, dass er abends oder in der Nacht die Milch erbrochen hat. Nun störe ich ihn nicht mehr beim Sterben, sondern streichle einmal behutsam über seinen Kopf und richte liebevolle Abschiedsworte an ihn. Am Vormittag ist er schon steif und sieht viel größer aus als im Leben.

Ich bin sehr traurig, will aber unbedingt wissen, woran er gestorben ist und bringe ihn in eine abgelegene Ecke im Garten, wo ich ihn auf eine Plastikplane lege. Ich weiß genau, dass mir keiner helfen wird und ich ganz auf mich gestellt bin. „Er ist tot, so ist es eben. Wozu die Mühe?" denken die Leute. Wäre Slawa hier, würde er mich wohl auch an meinem Tun hindern.

Während mir die Tränen übers Gesicht laufen, ziehe ich Gummihandschuhe über, nehme mein scharf geschliffenes Jagdmesser, schneide mühsam das zähe Fell über der Kehle auf und trenne ein Stück der Speiseröhre heraus. Sie hat einen erstaunlich großen Durchmesser, etwa zwei Zentimeter, und ist frei. Auch die Kehle und der übrige Teil der Speiseröhre sind frei. Also muss er an einer Krankheit gestorben sein, vielleicht an Staupe. Ich kenne die Symptome nicht, denn bisher hatte keiner unserer Hunde eine ansteckende Krankheit. Damit ich die Krankheit nicht verbreite, schnüre ich Bakunin und die Gummihandschuhe in die Plastikplane und desinfiziere alles andere einschließlich meiner Hände. Dann lege ich das Paket und einen Spaten in die Schubkarre und mache mich auf den Weg zu einer sandigen Stelle am Waldrand. Dort grabe ich, von Mücken umschwärmt und schwitzend, ein tiefes Loch und bestatte Bakunin darin.

Am nächsten Tag verweigert der Graue das Hundefutter, frisst aber fein geschnittenes Fleisch und Ei. Dann jedoch verläuft die Krankheit wie bei Bakunin. Ich quäle ihn nicht mit Nahrungsspritzen, sondern lasse ihn in Ruhe. Weil Linda mit ihm spielen will und ihn ständig belästigt, bringe ich ihn aus dem Hof in den Garten, bette ihn auf weiches Heu und stelle Wasser zum Trinken hin. Doch als ich zwei Stunden später nach ihm sehe, ist er verschwunden. Er muss trotz seiner Schwäche durch den ganzen Garten gelaufen sein, sich durch eine Zaunlücke in den Hof gequetscht und von dort durch das Hundeloch nach draußen gesprungen sein, um sich einen verborgenen Platz zum Sterben zu suchen. Am Nachmittag fängt es leicht zu regnen an, und es beunruhigt mich, dass er in Kälte und Nässe verenden wird. Ich rufe und suche ihn zwischen den Bäumen und Sträuchern am Flussufer, aber er hat sich gut versteckt. Es regnet die ganze Nacht. Am Morgen kommt Slawa endlich von der Jagd zurück und sieht den kleinen, früher so munteren Grauen neben dem Trampelpfad liegen, wohin er sich noch geschleppt hat. Er atmet noch, und ich laufe schnell hin, um ihn in die Hütte ins Trockene zu bringen. Kurz darauf stirbt auch er.

Zwei junge Hunde unseres Nachbarn sind ebenfalls erkrankt und überleben es nicht. Wahrscheinlich hatte Linda die Staupe eingeschleppt, denn wie wir später erfuhren, waren sie und ihre Schwester krank gewesen, hatten sich aber durch eine Behandlung wieder erholt. Genaueres wusste der Besitzer nicht und hatte ihn wohl auch nicht interessiert. Wieder einmal ärgere ich mich über mangelnde Wissbegier, verbreitetes Unwissen und Gleichgültigkeit. Wieso hatte niemand die Symptome der Krankheit erkannt? Wie ich nun erfahre, sind nicht nur in Ust-

Njukscha, sondern auch in unserem Dorf schon früher Welpen und junge Hunde daran gestorben. Man hätte Impfstoff besorgen und regelmäßig Impfungen durchführen können und müssen, wie das früher in der Sowjetzeit durch die in den Dörfern praktizierenden Veterinäre üblich war. Ich höre, dass manche Welpen nach überstandener Staupe einen geistigen Schaden zurückbehalten. Lindas Unvermögen, die einfachsten Befehle zu befolgen, könnte damit zusammenhängen. Dick war wahrscheinlich in Tschita geimpft worden und deshalb dank dem früheren Besitzer nicht erkrankt.

Wir rufen den Veterinär in Tupik an, schildern ihm die Vorfälle und bitten ihn, Impfstoff zu besorgen. Einige Zeit darauf besucht er unser Dorf, impft alle Hunde und gibt ihnen Tabletten gegen den Hundebandwurm. Vielleicht wäre es ohnehin seine Aufgabe gewesen, regelmäßig die Prophylaxe in den wenigen Dörfern des Rayons durchzuführen, nachdem dort keine Veterinäre mehr tätig sind. Doch wer kontrolliert das schon? Offizielle Stellen, aber auch die Dorfbewohner, in deren Interesse es wäre, sind zu träge oder zu faul, sich darum zu kümmern. Alle Russen wissen, dass viele, auch andere notwendige Maßnahmen „aus Faulheit", wie sie selbst sagen, unterlassen werden. Das motiviert sie jedoch nicht, aktiv zu werden und etwas zu ändern. Eingefahrene Verhaltensweisen und Zustände in einem Riesenreich wie Russland ändern zu wollen, gleicht einer Sisyphusarbeit und ist durch Einzelne nicht zu bewältigen. Es bedürfte eines Verantwortungsbewusstseins, einer hohen Moral und persönlichen Mutes großer Bevölkerungskreise sowie der Anstrengungen der ganzen Gesellschaft. Davon jedoch ist – fast dreißig Jahre nach Beginn der Perestroika und fünfundzwanzig Jahre nach Zusammenbruch der Sowjetunion im Jahre 1991 – nichts zu spüren. Eigeninitiative hat keine Tradition in diesem Reich. Sie war weder unter dem Zaren, noch unter der Sowjetherrschaft erwünscht, hat sich aber auch danach kaum entwickelt. Interessanterweise erinnert mich das Verhalten in vielerlei Weise an das Buch „Das wilde Herz Europas", in dem die irische Reiseschriftstellerin Dervla Murphy nach dem rumänischen Aufstand Ende 1989, bei dem der Diktator Ceausescu gestürzt und erschossen wurde, und nach den ersten freien Wahlen 1990 folgendes schreibt: „In einem Staat, der niemals demokratisch war, fühlt sich der Einzelne nicht berufen, irgendetwas zu ändern, das von den Autoritäten angeordnet wurde."

Mein Augenmerk ist naturgemäß auf Russland gerichtet, doch darf man nicht vergessen, dass in zahlreichen anderen Ländern auch Einiges im Argen liegt, selbst in Ländern der EU, die keine mit Russland vergleichbare Geschichte aufweisen, sondern eine längere demokratische Tradition haben. Bei Urlaubsreisen mag uns das nicht auffallen, denn tiefere Einblicke in Lebens- und Verhaltensweisen erhält man nur, wenn man längere Zeit im Land lebt und anderes gewohnt ist. Das Vertrackte ist, dass man sich schnell an das Angenehme gewöhnt, das Unangenehme aber unangenehm bleibt, so oft man damit konfrontiert wird. So erlebt es auch der, der aus dem Ausland nach Deutschland kommt. Ein Deutscher, Florian Coulmas, der zwanzig Jahre im „Land des Lächelns", in Japan, gelebt und gearbeitet, sich an die dortige Kultur gewöhnt hat und mit seiner Familie nach Deutschland an den Niederrhein zurückgekehrt ist, erfährt einen Kulturschock. In seinem Buch „Die Deutschen schreien" beschreibt er unter anderem seine schlechten Erfahrungen mit Dienstleistungen, dem Erziehungssystem in Kindergarten und Schule, der Heuchelei mit dem Umweltbewusstsein und der inneren Haltung dem Mitmenschen gegenüber, aus der aggressive Rechthaberei und rüder Umgangston hervorgehen. Das Buch hat mir Einiges bewusst und mich sehr nachdenklich gemacht. Ich kann ihm nicht in Allem folgen, auch, weil ich Manches so im hanseatischen Hamburg und seiner Umgebung nicht erlebt habe. Wenn aber in Bundestagsdebatten einige unserer gewählten Volksvertreter den politischen Gegner mit groben und unflätigen Worten angreifen, sagt das – um nur auf einen Punkt einzugehen – etwas über akzeptierte, deutsche Gesprächs„kultur" aus (nachzulesen in „Das hohe Haus" von Roger Willemsen).

„Weißt du eigentlich, dass es in Mogotscha fast eine Art Prestige ist, einen Hund aus Srednjaja Oljokma zu haben? Er gilt als etwas Besonderes", erzählt Slawa mir eines Tages.

„Das wusste ich nicht, aber jetzt, wo du es sagst, leuchtet es mir vollkommen ein. Unsere Welpen, die Katja zur Welt gebracht hatte, haben sich alle zu schönen, klugen, kräftigen und unerschrockenen Tieren entwickelt. Da war nicht ein Kümmerer dabei. Und Tschorny, den wir als Welpen von jemandem aus dem Dorf übernommen haben, war auch keinen Deut schlechter. Keiner von den Hunden, die du aus anderen Orten übernommen hast, konnte mit unseren eigenen oder denen unserer Nachbarn mithalten, sondern sie machten beziehungsweise machen weder äußerlich noch charakterlich einen guten Eindruck und taugten auch nicht zur Jagd. Ich verstehe nicht, warum du immer Hunde von außerhalb nimmst, statt dich bei den Nachbarn umzuschauen. Dir braucht nur jemand zu erzählen, es handle sich um einen Laika, schon verhältst du dich völlig unkritisch. Wenn du einen Laika willst, musst du eben tief in die Tasche greifen, zu einem guten Züchter fahren und dir die Eltern des Welpen und die Papiere ansehen. Weißt du, ich kümmere mich zwar gut um die Hunde, aber lieben kann ich keinen mehr. Sie sind für mich wie die Hühner." Resigniert blicke ich durchs Fenster nach draußen, wo sich Linda und Dick in der Sonne wärmen.

Trotzdem mache ich mir große Sorgen, als Linda ein halbes Jahr später nicht nach Hause kommt. Sie war zusammen mit Dick im Morgengrauen in den Wald gelaufen. Dick kehrt in der Nacht zurück, doch auf Linda warten wir vergebens. Slawa fragt im Dorf herum, ob jemand sie irgendwo gesehen hat – ergebnislos. An zwei Tagen fährt er mit dem Schneemobil in verschiedene Richtungen, um einige der Strecken abzusuchen, auf denen im Winter in der Umgebung Schlingen für Moschustiere ausgelegt worden waren. Manchmal werden nicht alle davon wieder eingesammelt und stellen eine permanente Gefahr dar. Sein Bemühen ist umsonst, er findet sie nicht. Wir können nur noch hoffen, dass sie mit der Zeit die Drahtschlinge durchnagen kann, in die sie vielleicht geraten ist, wie es unserem Bobik einmal gelang. Doch am Abend des dritten Tages sehe ich sie zu meiner großen Erleichterung plötzlich im Hof. Ich untersuche sie, finde aber weder den Rest einer Schlinge, noch eine Verletzung. Hungrig scheint sie auch nicht zu sein. Beim Hereinkommen erzählt mir Slawa, ein Dorfbewohner habe sie gefunden und mitgebracht.

„Wo hat sie denn gesteckt?“, möchte ich wissen.

„Ungefährt sieben Kilometer flussauf. Dort machen sechs Männer aus Mogotscha Urlaub und fischen. Sie haben jede Menge Lebensmittel dabei. Da fallen immer allerhand Reste ab. Sie haben sie gefüttert“, erklärt er.

Ich bin perplex. „Das hätte keiner unserer hier geborenen Hunde gemacht! Vielleicht wäre sie dort bei den Männern geblieben, und sie hätten sie in ein paar Tagen mitgenommen nach Mogotscha.“

„Ja, durchaus möglich“, bestätigt Slawa verstimmt, obwohl auch er erleichtert ist, dass kein Unglück geschah.

Da Dick und Linda für die Jagd nicht zu gebrauchen sind, gibt Slawa sie später weg. Stattdessen nimmt er einen schwarzweiß gefleckten Welpen auf, den er Sewer nennt und kauft einem Jäger für viel Geld einen fünf Jahre alten, erfahrenen Jagdhund namens Bula ab.

Lange Zeit ist kein einziger Hund mehr an Gift gestorben. Eines Tages aber, beinahe genau zwei Jahre nach dem Giftanschlag auf unsere Rüden, fallen zwei kräftige Jagdhunde unseres Nachbarn einem neuen Anschlag zum Opfer. Einer wird tot in Wassilis Hof gefunden, der andere liegt unweit davon auf einer Wiese. Wir versuchen, die Familie davon zu überzeugen, eines der Tiere dem Veterinär in Tupik zu schicken, um einen weiteren Versuch zu machen, die Todesursache eindeutig festzustellen. Aber dazu haben sie keine Lust; es macht ihnen zu viele Umstände. Einige Tage danach entdeckt Slawa unmittelbar neben unserem Zaun im Garten unserer Nachbarin deren tote Hündin, die sie bereits seit zehn Tagen vermisste. Sie ist vermutlich seitdem tot und wurde nur deshalb nicht früher gefunden, weil im April noch nicht im Garten gearbeitet wird und sie zudem in einer schlecht einsehbaren Ecke lag. Die Hündin war noch jung, verspielt und freundlich zu Menschen wie zu anderen Hunden. Der/die Mörder/in tötet offenbar aus Bösartigkeit und grundlosem Hass. Er/sie will damit auch die zum Teil mehrfach betroffenen Hundebesitzer – und das sind inzwischen alle Bewohner des unteren Dorfes, ausgenommen Galja, – züchtigen. Er/sie hat offenbar dazugelernt und verwendet nun einen anderen Giftstoff, einen, der lautlos tötet. Man wird auf das sterbende Tier nicht sofort aufmerksam, und die Giftwirkung ist nicht so offensichtlich. Verschiedene Anzeichen legen nahe, dass das Gift in der Nähe von Wassilis Hof verabreicht wird. Dieses Mal kontrolliere ich auch dessen Umgebung und stelle fest, dass zwischen Wassilis und Galjas Hof ein unbenutzter, mit Gras und Unkraut bewachsener, von allen Seiten umzäunter Acker liegt, zu dem ein Zugang aus Wassilis Garten führt. Direkt neben dem Acker auf Galjas Seite befindet sich ihr Hundezwinger. Spuren kann ich nicht entdecken, denn es liegt kein Schnee.

Bis auf Galjas Tiere liegen die Hunde in unserem Dorfteil wieder an der Leine. Ohne die herumlaufenden Tiere und ohne ihr Gebell herrscht beklommene Friedhofsruhe, als schwebe ein böser Geist über allem und habe die Herrschaft übernommen. Slawa und ich wollen uns damit nicht abfinden. Wir kommen überein, beim nächsten Vorfall den Magen des umgekommenen Hundes zu entnehmen, damit selbst nach Tschita zu fahren und auf Untersuchung zu dringen.

Um unsere Tiere zu schützen, ist Slawa gezwungen, einen geräumigen Hundezwinger zu bauen, was mit beträchtlichem Arbeitsaufwand, Materialbeschaffung aus Mogotscha und Kosten einhergeht und das Leben der Tiere stark einschränkt. Wie sich herausstellt, genügt der mannshohe Zaun um das Gehege nicht, denn nachdem der junge Rüde Sewer einige Zeit aufmerksam den Zaun gemustert hat, klettert er wie eine Bergziege darüber und springt ins Freie. Bula beweist zum Glück keine Kletterkünste und bleibt bellend zurück, während Sewer glücklich umherprescht und aufpasst, nicht in die Nähe unserer Fangarme zu geraten. Als wir seiner wieder habhaft geworden sind, legt Slawa ihn im Gehege an einer Laufschiene an die Leine, bis er den Zaun weiter erhöht hat. Danach widmet sich Sewer einem neuen Hobby. Aus Langeweile beginnt er, Löcher zu buddeln. Wir hoffen, dass er dabei nicht zu nahe ans Gitter kommt und Fluchtwege entdeckt. Wenn Sewer uns sieht, wimmert er zum Gotterbarmen um seine Freiheit. Wie gern würden wir den Tieren ihre Freiheit zurückgeben, wenn sie nicht tödlich wäre.

Die Erinnerungen an unsere toten Hunde, die durch Böswilligkeit beziehungsweise Unwissen und Gleichgültigkeit früh und sinnlos ihr Leben lassen mussten, machen mich sehr traurig. Auch Slawa schmerzt es, doch er geht anders damit um. Er vermeidet, daran zu denken und verbietet mir deshalb, darüber zu sprechen.

Bakunin wäre ein guter Jagdhund geworden

Unter dem Haus lagern die Lebensmittel. Die Kellerluke kann zur Falle werden.

Fern der Zivilisation

Was Slawa schon lange befürchtet und wovor er mich ständig gewarnt hat, tritt ein. Ich öffne die Kellerluke in der Küche, stelle noch etwas auf den Küchentisch und trete einen kleinen Schritt zurück. Rücklings falle ich in das anderthalb Meter tiefe Loch. Der Fall wird etwas abgebremst durch einen Absatz. Im ersten Moment denke ich, das kann nicht wahr sein, es muss ein Traum sein. Ich bleibe einfach liegen und warte aufs Aufwachen. Langsam dämmert mir, dass ich nicht träume. Probehalber bewege ich mich – nichts gebrochen. Der Kopf schmerzt nicht – offenbar hatte ich mich beim Sturz zusammengekrümmt und ihn dadurch geschützt. Nach und nach wird mir klar, dass ich großes Glück hatte, denn bei einer größeren Verletzung hätte ich nicht allein aus der Luke klettern können und wäre ohne Hilfe geblieben.

Als Slawa zwei Tage später von seinem Jagdausflug zurückkommt, habe ich den Vorfall schon beinahe vergessen. „Woher hast du den riesigen blauen Fleck am Arm?“, fragt er mich am Abend beim Zubettgehen.

„Wo denn?“ Erst da entdecke ich die blaue Stelle an der Unterseite meines Oberarms. „Ach so, ich bin in den Keller gefallen, aber es ist nichts weiter passiert.“

Mein Mann blickt mich sprachlos an. Dann wütet er: „Ich habe dir x-mal gesagt, du sollst aufpassen! So etwas Unvorsichtiges! Valerka hat sich dabei zwei Rippen gebrochen, und das ist noch nicht das Schlimmste, was hätte geschehen können!“ Er kann sich kaum beruhigen. Ich sage lieber nichts, denn schließlich hat er Recht.

In Deutschland fragt man mich oft, was ich im Falle einer Erkrankung tun würde. Darauf gibt es keine klare Antwort, denn das hängt von den Umständen ab. Bin ich körperlich in der Lage, die lange Reise mit Boot, Zug und Flugzeug zu meistern, um mich in Deutschland in Behandlung zu begeben? Ist der Transportweg nach Tupik für Boot oder Auto zurzeit überhaupt befahrbar? Kann ich so zumindest nach Tupik transportiert werden und von da aus weiter nach Mogotscha oder Tschita ins Krankenhaus, falls die Reise nach Deutschland für mich nicht zu bewältigen ist? Oder muss dafür ein Hubschrauber angefordert werden, was mit enormen Kosten verbunden wäre? Auch für die Behandlung im Krankenhaus müsste ich selbst aufkommen. Den Flug nach Deutschland mit medizinischer Betreuung würde im Ernstfall der Arbeiter-Samariter-Bund organisieren, dem ich seit über zehn Jahren angehöre und der seinen Mitgliedern einen weltweiten Rückholdienst garantiert, wenn eine Verlegung in ein geeignetes Heimatkrankenhaus aus medizinischen Gründen notwendig ist oder ein Krankenhausaufenthalt die Dauer von 14 Tagen überschreiten würde. Im Todesfall würde er auch die Überführung nach Deutschland übernehmen. Aber wozu der Aufwand um eine tote Hülle, aus der alles entschwunden ist, was mich einmal ausmachte? Ich würde meine Leiche auf dem Friedhof unseres Dorfes begraben lassen wollen. Zwar würde ich es nicht mehr spüren, hätte aber an den Gedenktagen Gesellschaft. Mein Witwer würde, nachdem er meine von einem Zäunchen umgebene Grabstelle üppig mit Kunstblumen geschmückt hat, am Tisch auf dem Bänkchen sitzen, essen und trinken und mir Bonbons und *Blini* auf die Holzstele mit meinem Bild legen. Was will man mehr?

Eine Auslandskrankenversicherung habe ich bisher nicht abgeschlossen, weil Alter und Daueraufenthalt außerhalb der EU dabei Schwierigkeiten machen, aber ich sollte nun doch einmal nach einer Lösung suchen.

Mehr Sorgen als um mich mache ich mir manches Mal um Slawa, wenn er in der Taiga unterwegs ist, denn es gibt zahllose Unfallmöglichkeiten.

Eines Tages sehe ich im Hof plötzlich Slawas Jagdhund, der ihn zur Winterjagd in die Jagdhütte begleitet hatte. Ich nehme an, dass Slawa auf dem Weg nach Hause ist und der Hund vorausgelaufen ist. Ich bereite Essen und die Banja vor, doch die Stunden vergehen. Ich werde immer unruhiger, denn mein Mann müsste schon längst zu Hause angekommen sein. Es wird Nacht, am dunklen Himmel glitzern unzählige Sterne, die Temperatur ist auf minus einundvierzig Grad gefallen. Was ist, wenn das dreihundert Kilogramm schwere Schneemobil auf ihn gefallen ist und er sich etwas gebrochen hat? Wenn er nicht weiter kann in dieser Eiseskälte? Erst kürzlich hatte er sich beklagt, dass das nagelneue Schneemobil im unwegsamen Gelände dazu neigt umzukippen. Die Konstrukteure hatten einige Änderungen vorgenommen, leider nicht zum Besseren. Unter anderem hat das Fahrzeug jetzt einen bequemen, breiteren Sitz mit der Folge, dass die seitlichen Auflageflächen für die Füße weiter außen liegen und sehr schmal sind. Die Füße können leichter abrutschen, und der Schwerpunkt verlagert sich beim breitbeinig stehenden Manövrieren im schiefen Gelände weiter zur Seite und fördert das Umkippen. Mit solchen Befürchtungen verbringe ich eine angespannte Nacht. Unendlich erleichtert höre ich am Nachmittag des Folgetages das Schneemobil vor dem Haus halten. Steifbeinig und mit eisverkrustetem Gesicht poltert mein Mann herein. Freudig schließe ich ihn in die Arme. „Ich habe dich bereits gestern erwartet, weil der Hund schon gegen drei hier eintraf. Hattest du eine Panne?"

„Nein, ich bin erst heute Morgen losgefahren. Keine Ahnung, warum der Hund eher abgehauen ist. Er hat wohl meine Vorbereitungen für die Fahrt gesehen."

Ein anderes Mal bricht Slawa mit einem Jagdkameraden auf, um ein Stück einer neuen Route zur Winterhütte freizuholzen. „In drei, vier Stunden sind wir zurück", verspricht er mir. Es vergehen fünf, sechs, sieben, acht Stunden. Die Dunkelheit hat eingesetzt, arbeiten können sie schon lange nicht mehr. Zum Glück sind sie zu zweit, aber ich kann mir nicht erklären, wo sie bleiben. Es ist beinahe acht Uhr, als sie endlich zurückkommen. Slawa ist fix und fertig. „Das war extrem schwierig", sagt er. „Durch den vielen Schnee konnten wir uns kaum orientieren, und wir haben mehrmals festgesteckt. Auf dem Rückweg haben die Schneemobile bergauf manche Anhöhen nicht geschafft, und wir mussten uns Umwege suchen. Mit Schlittenlasten kann man da überhaupt nicht fahren."

„Dann war die ganze Mühe umsonst?“, frage ich entgeistert.
„Na ja, wir werden dort Fangeisen aufstellen. Bisher macht das keiner.“
Auch die Holzfällarbeiten sind nicht ungefährlich. Eines Tages im Frühjahr fährt mein Mann mit einem Helfer zum 17 Kilometer entfernten Holzplatz, um bereits geschlagenes Holz auf den Lastwagen zu laden und heimzubringen, was normalerweise höchstens drei Stunden in Anspruch nimmt. Nachdem die Zeit weit überschritten ist und der Wind große Flocken feuchten Schnees umherwirbelt, laufen meine Gedanken Amok. Was ist, wenn sie doch noch Bäume gefällt haben und Slawa von einem fallenden Stamm verletzt wurde? Der klein gewachsene Witja könnte den großen, schweren Slawa keinesfalls auf die Ladefläche oder ins hohe Führerhaus heben, was umgekehrt kein Problem wäre. Gerade, als ich mich entschlossen habe, jemanden zu bitten, mit dem Auto zum Holzplatz zu fahren und nachzuschauen, fährt der hochbeladene Laster vors Haus. „Ich habe mir solche Sorgen gemacht“, empfange ich meinen Mann. „Wieso kommt ihr erst jetzt?“
„Der Wagen ist auf dem Fluss in einen Hohlraum eingebrochen und steckte ungefähr einen Meter tief im Eis fest. Wir haben vier Stunden geschuftet, um ihn da rauszubekommen. Die Fahrt auf dem Fluss ist bereits schwierig. Viele Stellen sind schon überschwemmt und die Umwege offenbar nicht immer sicher. Eigentlich müsste ich noch mal hinfahren, um das restliche Holz zu holen, aber ich habe Bedenken.“
„Ja, die Sicherheit geht vor. Aber schade um das Holz. Beim nächsten Hochwasser wird es fortgeschwemmt“, bedaure ich.

Gegen etwaige Unfälle ist man nicht gefeit, und schnelle, fachgerechte Hilfe ist nicht zur Stelle. Die Naturheilmittel, die man hier kennt, wirken eher langsam oder vorbeugend.
Ein Elixier aus jungen Lärchenzapfen und Zucker, das mit etwas Wodka aufgegossen wird und von dem man dreimal täglich einen Teelöffel einnimmt, soll gegen Erkältungssymptome helfen. Ich konnte allerdings keinerlei positiven Effekt feststellen, als ich an einem grippalen Infekt mit Husten und Schnupfen litt, den ich aus Mogotscha mitgebracht hatte. Guten Erfolg dagegen, ähnlich wie die Inhalation von Aufgüssen mit Eukalyptusölen, bringen Aufgüsse mit *Tschuschatnik*, dem immergrünen Sibirischen Sumpfporst (Rhododendron palustre sibiricum), einer kniehohen Strauchart mit nadelförmigen Blättchen und intensivem aromatischen Duft. Die Pflanze wird auch Sumpf-Bagulnik genannt, und man sagt ihr günstigen Einfluss auf Erkältungskrankheiten, Tuberkulose, Bluthochdruck, Rheuma und Gicht nach. Obwohl die Pflanze leicht giftig sein soll, trinkt mein Mann bei Erkältungen einige wenige Schlucke des Aufgusses. In Nordamerika sollen Eskimos und Athabasken aus einer anderen Unterart des Sumpfporsts einen Tee (Labrador tea) zubereiten, dem vielfache medizinische Wirkung zugeschrieben wird.

Stlanik wird als Heilmittel gegen Gliederschmerzen verwendet

Aus dem Grün leuchten die blauen Blüten der Sibirischen Iris

Ende Mai entfaltet der Bagulnik seine Blütenpracht

Aus den Nadeln der hier wachsende Zwergkiefernart Stlanik lässt sich ebenfalls eine wirksame Flüssigkeit zur Inhalation bei Erkältungen herstellen. Stlanik wird auch bei rheumatischen und ähnlichen Beschwerden angewandt, indem man die Zweige in der Banja kurz überbrüht und sich dann damit schlägt.

Ein Tee aus Preiselbeerblättern soll gegen Erkältungskrankheiten, Lungentuberkulose, Bluthochdruck sowie gegen Gelbsucht, Gallenblasen- und Nierenerkrankungen wirken. In meinem „GU Naturführer Heilpflanzen“ von Dieter Podlech ist lediglich eine Heilwirkung bei Harnwegserkrankungen genannt. Zwischen dem „Naturführer Heilpflanzen“ und der russischen Volksmedizin gibt es weitere Unterschiede. Dem Löwenzahn gesteht der Naturführer eine Wirksamkeit bei Leber- und Gallenleiden sowie eine blutreinigende Wirkung zu, während die russische Volksmedizin neben der Blutreinigung das Ausleiten von Cholesterin aus dem Organismus nennt und die Anwendung bei Arteriosklerose, Gelbsucht und Schlaflosigkeit empfiehlt.

Einer ganzen Reihe weiterer, hier beheimateter Gewächse werden positive Wirkungen zugeschrieben. Besonders heilsam soll der parasitär an Birken wachsende Pilz Tschaga bzw. Chaga (Inonotus obliquus) sein. Er sieht aus wie ein borkiges, schwarzbraunes Baumgeschwür. Er wächst auch in Europa, doch die Konzentration seiner heilkräftigen Inhaltsstoffe soll unter den Wachstumsbedingungen in Sibirien und Lappland sehr viel höher sein, wobei große Kälte und eine saubere Umwelt eine maßgebliche Rolle spielen. Er hat einen sehr hohen Gehalt an Antioxidantien, stärkt das Immunsystem, besitzt krampflösende, schmerzstillende und antimikrobielle Wirkung, normalisiert die Funktion des Magen-Darm-Trakts und verhindert bzw. verzögert das Wachstum von Geschwülsten und Tumoren verschiedenen Ursprungs. Ein Tee aus getrocknetem Tschaga wird auch für die Behandlung bösartiger Tumoren angewendet. Ebenso kann er unterstützend bei deren schulmedizinischer Behandlung wirken. Es gibt in Russland ganze Bücher über den Pilz mit Rezepturen für die einzelnen Anwendungsgebiete. Auch im Internet findet man sehr viele Informationen zum Chagapilz sowie Kaufangebote. Von Chaga-Pulver sollte man generell die Finger lassen, da die Gefahr von unsichtbarem Schimmelbefall und Untermischen anderer Bestandteile besteht. Weil die in unserer Umgebung wachsenden Pilze eine besonders hochwertige, reine Qualität besitzen, bieten wir ab 2018 unseren Feriengästen eine unentgeltliche Chagapilz-Teekur an. Für die Fortsetzung in der Heimat können sie bei uns die Pilze kaufen.

Der wie grobkörniger, dunkler Instantkaffee aussehende Inhalt der Moschusdrüsen der Kabarga gilt als besonders wertvolle Medizin und wird in China je nach Anwendungsgebiet zu verschiedenen Präparaten verarbeitet. Sie kommen vor allem in Produkten der traditionellen ostasiatischen Medizin zum Einsatz. Mehr als 400 verschiedene Medikamente sind auf den Stoff angewiesen, zum Beispiel zur Behandlung des Herzens, der Nerven und Atmungsorgane. Dementsprechend hoch ist der Bedarf. Die Aufkaufpreise variieren von Jahr zu Jahr; im vorigen Winter erhielten die Jäger pro Gramm einer leicht getrockneten Moschusdrüse 850 Rubel. Das Gewicht einer mittelgroßen Moschusdrüse beträgt zwischen zwanzig bis fünfundzwanzig Gramm. Eine einzige Moschusdrüse kann also zwischen 17.000 und 21.000 Rubel einbringen – dem Auf- und Wiederverkäufer allerdings das Mehrfache. Das Fleisch des Moschustiers ist zart und braucht keine langen Garzeiten; über Fleischabfälle, Innereien und Knochen freuen sich die Hunde. Solange alle Teile eine sinnvolle Verwendung finden, kann und muss ich mich mit dem Töten der Tiere abfinden. Empört bin aber nicht nur ich über die Verhaltensweise von zwei Besuchern aus Tupik. Slawa erzählt mir, dass Oleg, ein Jagdaufseher aus Tupik, mit zwei Begleitern hergekommen sei. Oleg habe geangelt, während seine Begleiter Schlingen für Moschustiere auslegten. Jetzt hätten Dorfbewohner entdeckt, dass sie aus den erlegten Tieren lediglich die Moschusdrüsen herausgeschnitten und den Rest liegengelassen haben. Sie hatten keine Hunde mitgebracht und sie selbst brauchten das Fleisch nicht.

Wütend platze ich heraus: „Das ist doch eine Schweinerei! Diese Typen muss man anzeigen!"

„Was willst du machen?", wendet mein Mann ein. „Das waren Bekannte des Jagdhüters, die stehen unter seinem Schutz."

„Ausgerechnet der Jagdaufseher unterstützt so etwas! Dann muss man eben an die übergeordnete Behörde in Tschita schreiben", insistiere ich weiter, doch Slawa nimmt mir die Illusion, irgendetwas bewirken zu können: „Ach, die kennen sich untereinander alle bestens. Da tut sich dann sowieso nichts. Das Einzige, was ganz sicher dabei herauskommt, sind Schwierigkeiten für einen selbst. Der Jagdhüter ist nämlich der Sohn des Jagdpächters, der uns allen jährlich die Territorien für die Zobeljagd zugeteilt. Sobald der erfährt, wer seinen Sohn angeschwärzt hat, erhält derjenige mit Sicherheit kein Territorium mehr."

Ich bin deprimiert, wäre es aber noch mehr, wenn ich nicht auch korrekte Menschen kennen würde, die ihre Stellung nicht ausnutzen für krumme Dinge und Rachsucht.

„Irgendwo habe ich gelesen, dass die Jagd auf Moschustiere untersagt oder zumindest reglementiert sei. Weißt du etwas darüber?", möchte ich von Slawa wissen.

„Verboten kann die Jagd auf Moschustiere nicht sein; die Drüsen werden ja offen gehandelt. Sogar der Jagdpächter kauft sie auf, sofern ihm jemand welche überlässt bei seinen schlechten Preisen", erhalte ich zur Antwort.

„Du hattest mir einmal erzählt, dass die Ewenken jagen dürfen, ohne eine spezielle Lizenz zu haben. Ist das wahr? Gibt es dafür eine gesetzliche Regelung?"

Slawa hebt die Schultern. „Was jetzt gilt, ist mir ziemlich unklar. Ich habe im Jahre 2011 von der Staatlichen Jagdbehörde des Sabajkalskij Kraj einen auf meinen Namen ausgestellten unbefristeten Jagdausweis bekommen, der mich berechtigt, für den eigenen Bedarf zu jagen, und seit zwei Jahren darf ich laut schriftlicher Genehmigung des Jagdpächters während der Zobelsaison, also in der Zeit vom 15. Oktober bis zum 1. März, einen Elch oder ein Rentier erlegen, dessen Fleisch ich verkaufen darf. Aber neuerdings sagen sie, dass die Jagd zum Fleischerwerb generell nur bis Januar gestattet ist und danach erst wieder im Oktober. Das gelte auch für die Genehmigung im Jagdausweis. Wir hätten acht Monate kein Fleisch, wenn ich mich daran halten würde."

Ich lasse mir den 2011 ausgehändigten Jagdausweis zeigen. Dort steht in einem sehr umständlichen Bürokratenstil geschrieben: Die Jagd mit dem Ziel der Führung der traditionellen Art des Lebens und der Verwirklichung der traditionellen wirtschaftlichen Tätigkeiten ist freigegeben (ohne irgendwelche Genehmigungen) im Umfang der jagdlichen Ressourcen und der Befriedigung des notwendigen privaten Konsums.

„Mir fällt auf, dass hier zwar von Traditionen die Rede ist, aber nicht von Ureinwohnern wie den Ewenken und deren ausschließlichen Rechten. Sagtest du nicht, dass nur die Ewenken diese Ausweise haben sollten?", wundere ich mich.

Slawa verzieht das Gesicht. „Ja, so sollte es sein. Aber viele Russen und vor allem Natschalniks haben sie auch bekommen – man brauchte wohl nur gute Beziehungen."

„Noch etwas: In dem Ausweis ist von Schonzeiten keine Rede. Es wäre allerdings logisch, wenn Schonzeiten eingehalten werden müssten. Ich bezweifle aber sehr, dass die für alle Tiere von Februar bis 15. Oktober gelten. Du hättest dir doch schon lange einmal Klarheit verschaffen können! Du warst einige Male in Tschita, es gibt dort die Jagdbehörde und einen Verein der Ewenken, außerdem hast du Freunde in Mogotscha mit Internetanschluss!"

Slawa wendet ein: „Ich hatte keine Zeit, mich auch noch darum zu kümmern."

Ungeduldig erwidere ich: „Für so wichtige Dinge muss man sich die Zeit nehmen. Wissen ist Macht! Euch können sie glauben machen, im Himmel sei Jahrmarkt, weil ihr euch nicht kümmert. Ihr Männer schwatzt unausgesetzt miteinander – plapper, plapper, plapper, aber was kommt dabei heraus?"

„Na ja, halb und halb hast du recht", gibt er zu. „Wenn ich das nächste Mal nach Tschita fahre, werde ich mich informieren."

„Dann solltest du auch zusehen, dass dir jemand die gültigen Jagdgesetze mit den Schonzeiten ausdruckt! Niemand von euch kennt sie – das ist ein Unding! Und wie lauten zum Beispiel die aktuellen Bestimmungen für die Jagd auf Bären, Wölfe, Moschustiere? Eine genaue Unterrichtung über die gesetzlichen Bestimmungen wäre eigentlich Sache des Jagdhüters. Beim Verein der Ewenken solltest du dich unbedingt erkundigen, ob die generelle Genehmigung im Jagdausweis, für den Eigenbedarf zu jagen, für das ganze Jahr oder nur außerhalb der Schonzeiten gilt, obwohl das nicht erwähnt ist. Und ob der Ausweis nur für Angehörige der Urvölker gedacht ist oder auch für zum Beispiel in Tupik lebende Russen."

„Der Verein der Ewenken ist ein Witz!", meint Slawa. „Der Vorsitzende ist ein Russe, und wenn Sitzungen sind, nehmen aus Tupik der Jagdpächter und der Jagdhüter teil, also Russen."

„Ach ja, und wessen Schuld ist das? Es wäre allein eure Sache, die der Ewenken, das zu ändern! Ich gebe zu, von unserem abgelegenen Dorf aus kann man nicht viel tun, aber im Sabaijkalskij Kraj leben doch viele Ewenken in verkehrsgünstiger gelegenen Orten mit Internetanschluss. Auf jeden Fall solltest du dir das Statut des Vereins geben lassen, in dem dessen Aufgaben beschrieben sind, sowie eine Liste der Vorstandsmitglieder mit Angabe der Nationalitäten. Noch besser wäre es, du würdest in den Verein eintreten. Dann müsstest du regelmäßig Informationen über dessen Aktivitäten erhalten, wenn es mit rechten Dingen zuginge."

Mein Mann hat einen wichtigen Grund, nach Tschita zu fahren. Endlich hat er sich entschlossen, die Fistel operieren zu lassen, die ihm immer öfter Probleme bereitet. Auch klagt er seit einiger Zeit über Schmerzen im Bein und in der rechten Hand. Ein Zahnarztbesuch ist ebenfalls eingeplant. Doch bevor er in die ungeliebte Zivilisation aufbricht, gönnt er sich noch einen Ausflug zum Fischen in Gesellschaft einiger anderer Gesellen aus dem Dorf. Statt wie versprochen nach zwei Tagen, kommen sie erst nach drei Tagen zurück, genau an dem Tag, an dem sich unser Zusammenleben zum zehnten Mal jährt. In meinem Kalender hatte ich den Tag mit „*bolschoi prasdnik* – großer Feiertag" gekennzeichnet, doch nun bin ich enttäuscht, weil der erhoffte gemeinsame Tagesausflug entfällt.

Steile Felswände säumen den Fluss, zu Fuß geht`s hier nicht weiter

Am Flussufer warten die Männer auf das Auto, das Ausrüstung und Fischausbeute nach Hause fahren soll. Bei ihnen steht ein mir unbekannter, magerer junger Mann in einem abgetragenen Trainingsanzug. Slawa weist lächelnd auf ihn: „Ein Tourist."

Ich halte es für einen Scherz, denn ich habe das Bild westlicher Touristen vor Augen: ausstaffiert mit teurer Outdoorkleidung von namhaften Herstellern und Ausrüstung vom Allerfeinsten – so, wie auch ich und meine Paddelpartner früher bei unseren Touren unterwegs waren und wie unsere Gäste aus Deutschland oder Österreich anzukommen pflegen. Ich brauche keine Beschreibung von ihnen, wenn wir sie in Juktali vom Zug abholen, weil ich sie sofort an der Kleidung erkenne. Fragend schaue ich Slawa an, bis er mich aufklärt: „Er heißt Juri. Wir haben ihn unterwegs getroffen. Er stand laut rufend am Ufer und schwenkte heftig die Arme über dem Kopf. Du erinnerst dich, dass wir vor zwei Wochen ein altes Boot mitgebracht haben, das auf der großen Insel fünfzehn Kilometer unterhalb des Dorfes gestrandet war. Das war sein Boot. Er hatte es nicht richtig befestigt, und es war davongeschwommen. Seitdem hat er versucht, zu Fuß nach Srednjaja Oljokma durchzukommen, musste es aber aufgeben, weil die hohen Felsbarrieren nicht zu überwinden waren."

Ich hoffe auf ein ausführliches Gespräch mit dem jungen Mann, um mehr zu erfahren. Leider hat er keine Zeit mehr, seinen ursprünglichen Plan, die Fahrt nach Tschara, umzusetzen, sondern nimmt die Gelegenheit wahr, sofort mit einem gerade nach Tupik startenden Boot mitzufahren.

Slawa hat einen Sack voller *Karas* und einige Hechte mitgebracht, die er auf dem neu gebauten Holztisch im Hof ausnimmt und schuppt. Die Hühner stürzen sich wie Tiger auf Schuppen und Eingeweide, und die Hunde profitieren mit einem Eimer voller Köpfe und Eingeweide vom Fang. Ausgenommen und gesäubert wandert ein großer Teil Fisch in die Gefriertruhe. Für die Fütterung der Tiere friere ich die kleineren Fische im Ganzen ein. Als wir abends vor einem Teller gebratenen Rogens und gebratener Karas sitzen, zu denen wir Brot, Sauerkraut sowie Meerrettichsahne aus eigener Herstellung verzehren, nehmen wir uns endlich Zeit zum Erzählen. Als Wanderpaddlerin, die früher selbst große Touren über Hunderte von Kilometern in Sibirien, aber auch in Alaska, Kanada und Finnland unternommen hat, interessiert mich vor allem das Schicksal des russischen Touristen. „Wie war das denn nun mit dem jungen Mann? Erzähl mal", fordere ich Slawa auf.

„Der hat wirklich keine Mühe gescheut. Erst ist er zu Fuß von Tupik nach Moklakan gegangen. Keine leichte Übung – über hundert Kilometer schlechte Wegstrecke, auf dem Rücken Lebensmittel für vier Wochen, Zelt, Schlafsack und was sonst noch gebraucht wird in der Wildnis. In Moklakan haben sie ihm ein altes Boot überlassen. Damit ist er bis zu den „Weißen Felsen" gefahren, wo er in einer Jagdhütte übernachtet hat. Dort hat er das Boot eingebüßt. Zum Glück war es entladen, sodass er nichts Wichtiges verloren hat bis auf ein Paar Gummistiefel, die wir im Boot gefunden haben. Er hielt sich eine Weile dort auf und hoffte auf vorüber fahrende Jäger, aber im Sommer kommen selten Leute dahin. Zwei Tage hatte er unerwünschte Gesellschaft. Ein Bär trieb sich die ganze Zeit an der Hütte herum. Ging er zum Wasserholen ans Ufer, folgte der Bär seiner Spur. Krach und lautes Schimpfen verscheuchten ihn nicht, als Juri aber eine Dose nach ihm warf, legte er die Ohren flach und lief auf ihn zu. Einmal schaute er sogar durchs Hüttenfenster ins Innere – Juri hat uns Fotos davon gezeigt. Schließlich versuchte Juri, zu Fuß unser fünfundfünfzig Kilometer entferntes Dorf zu erreichen. Die einmündenden Bäche zu überwinden, war nicht leicht, denn sie waren manchmal tiefer als gedacht, sodass er schwimmen musste. Das Aus kam aber, als er an die erste langgezogene Felswand gelangte, die steil ins Wasser abfiel. Er konnte weder am Ufer entlanggehen, noch die hohen Felsen erklimmen. Ihm blieb nichts weiter übrig, als den beschwerlichen Weg zurück zur Jagdhütte einzuschlagen und dann zu versuchen, eventuell Moklakan zu erreichen. Obwohl es auf der Strecke weniger Felsen gibt, wäre auch das sehr mühsam gewesen, denn es ist ziemlich weit, mindestens hundert Kilometer. Vielleicht hätte er nahe bei Moklakan Fischer getroffen. Ab Tupik war er inzwischen vier Wochen unterwegs. Wir trafen ihn auf unserem Hinweg und haben ihn erst mal mitgenommen zum Fischfang", beendet Slawa seinen Bericht.

„Das Boot nachlässig zu befestigen, war sehr leichtsinnig. Hatte er denn überhaupt noch etwas zu essen?", frage ich. „Er sah so mager aus, richtig abgehungert."

„Er meinte, die Lebensmittel hätten zur Not noch für zwei Wochen gereicht. Aber ich glaube, er ist sehr sparsam damit umgegangen. Jedenfalls hat er in den drei Tagen mit uns beim Essen tüchtig reingehauen." Slawa lacht.

Allein zu Hause

Am Flussufer stehend winke ich unserem Boot nach. Endlich begibt sich mein Mann auf die Reise nach Tschita, um sich der lange fälligen Operation zu unterziehen. Er nimmt seinen Cousin Igor mit, dem Slawa die Kosten für eine weitere Injektion gegen das Alkoholverlangen finanzieren will. Man nennt es hier „Codierung". Ich hatte bis zuletzt daran gezweifelt, dass Slawa seine Angst vor der Operation überwindet. Auch ich habe Befürchtungen und würde ihn am liebsten begleiten, doch das ist leider ausgeschlossen. Täglich muss Futter für die Hunde gekocht werden, die Hühner müssen versorgt, Blumen- und Gemüsebeete gegossen und gereiftes Gemüse muss verarbeitet werden, damit nichts verdirbt.

Meine Tage beginnen mit einem Blick zum Fluss, dessen Wasserfläche ich – auf der Holztreppe vorm Haus stehend – hell durch das Grün der Bäume schimmern sehe. Die Luft ist früh am Morgen nachtfeucht und frisch. Es ist vollkommen still, auf der Dorfstraße regt sich noch nichts. Ich gehe ich in den Vorgarten, wo gelbe Ringelblumen, rote und gelbe Lilien, blauer Rittersporn, weiße Margariten, Akelei und später dunkelrote Dahlien und vielfarbige Zwergastern blühen. Der Vorgarten ist eine meiner kleinen Freuden, denn auch tagsüber, wenn ich müde bin oder einfach eine kleine Auszeit brauche, erfreue ich mich an ihm. Anschließend mache ich einen Rundgang durch unseren „Garten Eden", den ausgedehnten Gemüsegarten mit einem großen Kartoffelfeld in der Mitte. Bis auf Ausnahmen kaufe ich Gemüsesamen meistens in Russland, weil die Auswahl gigantisch ist und es sehr gute Sorten gibt. Die Zucchinisetzlinge haben sich zu ausladenden Büschen mit leuchtend gelben Blütenglocken entwickelt. Zwischen den großen, gelappten Blättern sind bereits grüngestreifte zylinderförmige Früchte zu sehen, die zu kiloschweren, einen halben Meter langen Keulen heranwachsen können. Auch dann schmecken sie noch frisch und zart. Für die schmackhafte Zubereitung des festen Fruchtfleischs kenne ich inzwischen zahlreiche Rezepte, das weiche Innere mit den Kernen findet Verwendung als Hühnerfutter. Zum Sommerende, vor Eintreten der ersten Nachtfröste, ernte ich in der Regel die letzten Zucchini und lege sie in einen kühlen Raum, wo sie mehrere Wochen frisch bleiben.

Im grünen Gras reifen an ihren Ranken orangefarbene Kürbisse, und die Tomatenstauden hängen voller unreifer Früchte. Auch Paprika und Auberginen im Gewächshaus sind noch nicht reif, versprechen aber eine gute Ernte. An den inzwischen anderthalb Meter hohen Auberginenstauden wachsen zahlreiche, dunkelviolette Früchte, und die Paprikapflanzen können ihre schwere Last kaum tragen, sodass ich sie an stützende Holzstäbe binden muss. Drei buschige Chilipflanzen wirken mit ihren kleinen weißen, gelben, orangefarbenen, roten und lilafarbenen Schoten im grünen Laub wie geschmückte Weihnachtsbäumchen. In einer Ecke breitet sich ein vielverzweigter Tomatillo-Busch aus, dessen Früchte sich mit zunehmender Reife violett färben und ein wenig wie grüne Stachelbee-

In meinem großen Gemüsegarten wachsen prächtige Früchte heran

ren schmecken. Ich öffne die Türen an beiden Enden des Gewächshauses, denn der Tag verspricht, sonnig und heiß zu werden.
Gestern Abend habe ich ungefähr vierhundert Liter Wasser auf die Beete verteilt. Große gewellte, hellgrüne Blätter des Mangolds, pralle dunkelrote Salatköpfe des Lollo rosso und schlank wachsender Römersalat danken es mir. Vielfach verzweigte Ranken des Neuseeländer Spinats haben mit ihren dickfleischigen, dunkelgrünen Blättern das Beet in ein Dschungeldickicht verwandelt. Meistens bereite ich aus den würzigen Blättern Spinatomeletts oder zusammen mit Möhren und Erbsen ein Mischgemüse. Beinahe täglich ernte ich einen Eimer aromatische, knackige, kleine Gurken. Jetzt, ohne Anwesenheit von Gästen und ohne Slawa, erschlägt mich die Menge des Gemüses geradezu, obwohl ich mich nun fast ausschließlich davon ernähre. Jeden Tag bin ich damit beschäftigt, Gurken, Spinat, Buschbohnen, Puffbohnen, Zucker- und Markerbsen, üppig wachsende Petersilie, feinblättrigen Dill – ein wichtiges Gewürz in der russischen Küche – zu ernten, einzufrieren oder pikant einzulegen. Auf diese Weise können wir das ganze Jahr von bestem „Biogemüse“ zehren. Möhren, Pastinaken, Rote Bete und Weißkohl dürfen vorerst weiterwachsen, bis es nachts regelmäßig kälter als minus fünf Grad ist.

Als ich begann, mit Slawa zu leben, hatte ich nicht die geringste gärtnerische Erfahrung, bis auf eine sehr negative Erinnerung ans Unkrautzupfen, das mein Vater von uns Kindern mit der Begründung ‚wer essen will, muss auch arbeiten' verlangte. Weil wir diese Tätigkeit verabscheuten, kam uns der winzige Hausgarten unverhältnismäßig groß vor.
Doch nirgendwo wird einem die Gültigkeit von „wer essen will, muss auch arbeiten“ eindringlicher bewusst, als in einem abgelegenen sibirischen Dorf. Ich fragte also meine Nachbarinnen um Rat, besorgte mir eine Menge Bücher über Gemüseanbau und machte eigene Erfahrungen, die jedoch nicht immer mit den schriftlichen Ratgebern übereinstimmten.
Manchmal fiel ich auf in deutschen Gartenbüchern empfohlene, neue Sorten herein. Die angeblich geschmacklich hervorragende Möhrensorte „Nutri Red“ schmeckte bitter, im Gegensatz zu altbewährten Sorten, die auf gleichem Beet wuchsen. Das Gleiche bei der vielgepriesenen Zuckererbse „Norli“, die alles andere als süß und ertragreich war und als mit Abstand schlechteste meiner angebauten Sorten abschnitt. Sehr misstrauisch geworden bin ich gegen einige empfohlene Methoden der biologischen Schädlingsvermeidung und Gründüngung, nachdem ich einmal alle Kohlmotten der Umgebung in meinen Garten gelockt hatte. Sie fanden den ausgesäten Gelbsenf unwiderstehlich und legten ihre Eier darin ab. Ich bemerkte es erst, als sich mehrere dicke Stränge kleiner grüner Raupen eilig und zielstrebig auf die Beete mit dem Weißkohl zubewegten. Es waren Auswanderer, denen der Platz und das Futterangebot im Gelbsenf nicht mehr reichten. Man konnte es ihnen nicht verdenken, denn der Senf wimmelte

von ihnen. Während Slawa mit der Lötlampe das Senfbeet umzingelte und Ausbrecher ermordete, riss ich in aller Eile die Pflanzen aus und legte sie auf die Schubkarre, die ich mehrmals weit entfernt vom Garten entleerte. Es war nicht zu vermeiden, dass Massen von Raupen auf dem Beet zurückblieben. Wie in einem Horrorfilm führte Slawa gegen sie einen Kampf mit der Lötlampe. Zurück blieben eine schwarz verkohlte Fläche und zwei abgekämpfte, angeekelte Krieger.
Nicht nur einmal tappte ich Geschriebenem in die Falle. Häufig habe ich den Eindruck, dass ein Autor vom anderen abschreibt und sich ein Fehler auf diese Weise potenziert. Zum Beispiel ist die russische Bezeichnung Tscherjomucha für einen fruchttragenden Baum in den in Deutschland und Russland erschienenen Wörterbüchern mit „Faulbaum" übersetzt. Das konnte nicht stimmen, wie ein Vergleich mit den Abbildungen in meinem Pflanzenführer ergab. Weil ich fast nicht glauben konnte, dass sich solch ein Fehler durch alle mir zugänglichen Wörterbücher zieht und ich ganz sicher gehen wollte, ermittelte ich anhand eines russischen Pflanzenführers die lateinische Bezeichnung für Tscherjomucha und über diese dann die korrekte deutsche Bezeichnung – Traubenkirsche.

Mir scheint, dass das Wetter immer gerade dann Kapriolen schlägt und Gefahren erzeugt, wenn der Hausherr abwesend ist. Eine einsetzende Hitzewelle bringt tägliche Wärmegewitter mit sich. Nachts erhellen grelle Blitze die dunklen Räume, lauter Donner grollt und Regen prasselt aufs Dach. Eigentlich grenzt es an ein Wunder, dass trotz der im Sommer sehr häufigen Gewitter bisher kein Haus im Dorf vom Blitz getroffen wurde. Blitzableiter gibt es nicht. Regelmäßig am nächsten Morgen scheint wieder die Sonne, das Grün der Bäume und Gräser glänzt frisch gewaschen, Vogelrufe erschallen, die Luft ist rein von Staub und duftet lieblich nach Wald und blühenden Pflanzen. Doch eines Morgens ist die Luft grau vom Rauch eines Waldbrandes, den das Gewitter entfacht hat. Ich bin froh, als uns ein ausgedehntes Tiefdruckgebiet erreicht, das das Feuer zum Erlöschen bringt. Starkregen fällt sechsunddreißig Stunden unaufhörlich nieder, begleitet von heftigen Winden, die Bäume, Büsche und Gartenpflanzen wütend beuteln. Ein Blick nach draußen in die graue Düsternis erweckt den Anschein, als lebten wir direkt in der Wolke. Die Hunde verkriechen sich in ihre Hütten und die Dorfbewohner in ihre Häuser. Bekleidet mit langem Regenmantel und Gummistiefeln gehe ich einige Male zum Fluss, um den Wasserstand zu kontrollieren und gegebenenfalls unser Metallboot, in dem auch das Jagdkanu liegt, in Sicherheit zu bringen. Slawa hat es hoch an Land neben unseren Bootsschuppen gezogen und die Leine an einem Birkenstämmchen befestigt. Obwohl der Fluss allmählich anschwillt, liegt das Boot noch einige Meter vom Wasserrand entfernt. Am zweiten Morgen hört es endlich auf zu regnen, und ich schöpfe das Wasser aus dem vollgelaufenen Boot. Kurz darauf kommt Grigori zu mir. „Ich habe das Jagdkanu in euren Hof gebracht. Das Wasser steigt jetzt rasch an. Du solltest die

wertvollen Sachen aus dem Bootsschuppen nehmen und in Sicherheit bringen", empfiehlt er mir.
Der Schuppen steht schon seit Langem schief, und es ist zu befürchten, dass ihn das strömende Wasser dieses Mal zum Einsturz bringt. Ich stopfe die dort hängenden Fischnetze in Säcke und bringe sie zusammen mit einigen anderen Gerätschaften zum Haus. Im Laufe des Tages klart es immer mehr auf, bis am späten Nachmittag die Sonne vom wolkenlosen Himmel herabstrahlt. Doch jetzt kommen die Wassermassen aus dem Tungir und aus dem Oberlauf der Oljokma und deren gebirgigen Nebenflüssen allmählich bei uns an. Vor Einbruch der Dunkelheit, nach 22 Uhr, gehe ich noch einmal zum Boot. Es liegt noch immer auf dem Trockenen, sodass ich es nicht weiterziehen kann. Die Leine reicht nur bis zu einem verhältnismäßig dünnen Birkenstämmchen, an dem ich sie jetzt befestige. Ich hoffe, dass es hält. Im Dunklen werde ich den sumpfigen, holprigen Pfad nicht begehen können, und in einer Stunde wird alles überschwemmt sein, vor allem die tiefer gelegene Flussaue, die ich durchqueren muss.
Es ist halb sieben, als ich am nächsten Morgen erwache. Mein erster Gang führt zum Fluss, doch ich komme nicht weit. Die breite Flussaue ist hüfttief mit langsam strömendem Wasser gefüllt und nicht passierbar. Ich kann von meinem Standort aus nicht erkennen, ob das Boot da ist und der Bootsschuppen noch steht, sondern muss das Beste hoffen.

Slawas Tante von gegenüber kommt zu mir: „Hast du Fleisch bekommen?"
Ich bin verwirrt: „Nein. Wie kommst du darauf? Slawa ist doch nicht zu Hause."
„Du bist doch dauernd zum Ufer gegangen", antwortet sie.
Offensichtlich hat sie meine diversen Gänge zum Fluss ausgespäht und daraus geschlussfolgert, dass ich von Jägern Fleisch erhalten habe. Dabei ist der Blick aus ihrem Fenster auf unser Haus und die Straße zu ihrem bereits geäußerten Bedauern durch das längs ihres Zauns hochgestapelte Brennholz weitgehend versperrt, doch wo ein Wille ist, ist eben auch ein Weg. Mit großer Anstrengung hat die anderthalb Meter kleine Person die dicken Scheite an einigen Stellen heruntergestoßen und sich Gucklöcher verschafft. Da sie mit fast achtzig Jahren nicht mehr die Kraft aufbringt, im Garten zu arbeiten und bestimmte Hausarbeiten selbst auszuführen, langweilt sie sich, beobachtet die Straße und besucht mehrmals am Tag die Nachbarn. Slawa reagiert nicht sehr verständnisvoll, wenn sie das dritte Mal am Tag bei uns erscheint und nichts will, aber wenn er nicht zu Hause ist, hat sie freie Bahn. Ich verstehe, dass ihr die Decke auf den Kopf fällt, denn der Onkel ist durch seine Krankheit ans Bett gefesselt, ist völlig ohne Antrieb, erlebt nichts und hat nichts zu erzählen. Zusehends hat er körperlich wie geistig immer mehr abgebaut. Manchmal verwirren sich seine Gedanken, und er vergisst seine Lage. So kann es vorkommen, dass er erzählt, er sei fischen oder im Wald gewesen oder dass er Slawa fragt, wann sie gemeinsam zur Jagd aufbrechen werden. Da er sich kaum bewegt, friert er leicht. Das Haus ist sommers wie

winters überheizt, und es riecht durchdringend nach Urin, weil er das Wasser nicht halten kann und die Tante die Unterlagen selten auswäscht. Sie lädt mich immer ein, sie zu besuchen und den Onkel zu unterhalten, doch dazu kann ich mich wegen des Geruchs beim besten Willen nicht aufraffen. Ich gehe nur dann hinüber, wenn mich die Tante zu Hilfe holt, weil der Onkel beim Gang mit dem Gehgestell zum Notdurftstuhl oder zum Sessel am Tisch wieder einmal hingefallen ist und nicht allein aufstehen kann. Er ist sehr mager und nicht besonders groß, aber trotzdem erstaunlich schwer. Zum Glück bin ich immer noch imstande, ihn hochzuheben und auf die Füße zu stellen. Ohne das Krafttraining, das ich viele Jahre in Fitnessstudios durchgeführt und hier in Russland – leider mit Unterbrechungen und soweit es meine Zeit erlaubt – fortführe, wäre ich dazu sicher nicht in der Lage. Die Hilfe leiste ich gern, halte mich aber nicht länger auf. Trotz der kurzen Zeit riecht meine Kleidung danach so unangenehm, dass ich sie sofort wechseln muss. Slawa ist nicht so empfindlich. Er besucht den Onkel regelmäßig und plaudert ein wenig mit ihm.
Eine andere Einwohnerin, Alexandra Michailowna, hat es noch ärger getroffen. Trotz ihrer 84 Jahre war sie immer aktiv, pflegte ihren Garten, der auch von unseren Gästen oft bewundert wurde, hielt das Haus sauber, kochte und buk. Ein Schlaganfall setzte dem ein Ende. Sie kann seitdem weder sprechen noch ein einziges Glied bewegen – inzwischen schon über ein Jahr lang. Wie ein Stein liegt sie in der Lage, in die man sie bettet. Häufig weint sie, aber ein solches Dasein ist nicht nur für sie schwer, sondern auch für ihre Angehörigen. Ihre in Tupik lebende Tochter hat sie zu sich geholt und pflegt sie abwechselnd mit ihrer Schwester aus Tschita und dem Bruder aus Ust-Njukscha, die dann für einige Wochen anreisen.

Die Hündin Linda ist das erste Mal trächtig und wird in Slawas Abwesenheit Junge bekommen. Davor fürchte ich mich, denn bis auf drei Welpen, die Leute aus Mogotscha bestellt haben, sollen alle anderen getötet werden. Ein Ewenke aus dem Dorf wird es übernehmen, Slawa hat es mit ihm abgesprochen. Eines Abends höre ich unter der Eingangstreppe Lindas Wimmern und später leises Quäken – die junge Mutter hat als Wochenbett einen kaum einsehbaren, beinahe unzugänglichen Platz unter der Treppe hinten an der Hauswand ausgewählt. Ein kleiner, schmaler Mensch könnte dorthin kriechen, und ich müsste Linda für einige Zeit weglocken. Der Gedanke an die bevorstehende, schreckliche Aktion raubt mir den Schlaf. Als ich am Morgen aus der Tür trete, empfängt mich mehrstimmiges Quäken. Durch einen Bretterspalt erkenne ich sechs oder sieben erstaunlich große Welpen mit braunweiß geflecktem Fell, die ständig übereinander krabbeln. Vielleicht kann ich einige retten? Tatsächlich finde ich im Dorf jemanden, der zwei Hündchen nehmen möchte. Vom Satellitentelefon aus rufe ich Slawa an. Zu meiner großen Freude meint er, ich solle alle Welpen am Leben lassen. Er würde in Mogotscha sicher noch Abnehmer finden.

Ich telefoniere täglich mit meinem Mann, muss mich aber kurz fassen, damit das Gesprächsguthaben des Satellitentelefons nicht zu schnell aufgebraucht ist. Inzwischen wurde er operiert, hat die Operation gut überstanden, und die Heilung verläuft unter ärztlicher Kontrolle offenbar ohne Probleme. Am zehnten Tag nach der Operation kann er aus Tschita abreisen. Die Zugstrecke hat durch die anhaltenden, starken Regenfälle und das darauf folgende Hochwasser keinen Schaden genommen, doch die gut ausgebaute Autotrasse Moskau-Wladiwostock ist an mehreren Stellen durch weggespülte Brücken unterbrochen. Kleine Flüsschen und Bäche, die oft nicht einmal zu sehen sind und von denen man sonst nur durch die am Straßenrand angebrachten Schilder erfährt, haben ungeahnte Zerstörungskräfte entwickelt. Auch die relativ neue Brücke, die die beiden Stadtteile Mogotschas verbindet, ist zerstört, während die alte Brücke überlebt hat. Der einzige Verkehrsweg nach Tupik, die knapp hundert Kilometer lange Trasse aus Mogotscha, ist erst wieder befahrbar, als die Pegel der Bäche gesunken sind und Furten genutzt werden können, denn auch hier hat es Brücken unpassierbar gemacht. Tiefe Löcher und große Gesteinsbrocken müssen umkurvt werden. Slawas Freund ist praktisch den ganzen Tag unterwegs, als er ihn nach Tupik bringt, denn er braucht allein für die Hinfahrt vier Stunden.
In Tupik sind die nahe am Flussufer befindlichen Gehöfte überschwemmt, darunter auch das Anwesen von Slawas Cousin, der seine fünf Mastschweine und dreißig Hühner aus den Ställen evakuieren musste. Kartoffeln und Gemüsepflanzen sind verloren, die Erde der Beete weggespült. In einem anderen Hof fand der Besitzer seine beiden Autos bis zum Dach im Wasser stehend vor, als er von einer kurzen Reise zurückkehrte. Überschwemmungen sind die Regel, doch noch nie war der Wasserstand derart hoch, sagen die Bewohner Tupiks.
Die Bootsfahrt nach Srednjaja Oljokma bewältigt Slawa dieses Mal in zehn Stunden, denn die sonst langsame Strömung des Tungir ist infolge des hohen Wasserstandes schnell geworden und das vorsichtige Umschiffen von Untiefen entfällt. Jagdhütten und Ufer sind bis in den Wald hinein überflutet.

Ich bin froh, meinen Mann wohlbehalten in die Arme schließen zu können. Meine Bedenken bezüglich der Operation und die Besorgnis, er bliebe im Krankenhaus allein und verlassen, waren glücklicherweise grundlos. Ich hatte außer Acht gelassen, dass er auch in Tschita viele Bekannte hat, die ihn täglich besuchten und mit Getränken, Früchten und anderen Esswaren reichlich versorgten, sodass sogar seine sechs Zimmergenossen davon profitieren konnten. Das Krankenhausessen bestand zum größten Teil aus Kohlgerichten, berichtet Slawa, weil das Geld für eine bessere Versorgung nicht da war. Schlimmer war, dass es sogar an Verbandszeug und anderen ärztlichen Mitteln mangelte. Zudem war die Chirurgische Abteilung stark überbelegt. Die Zimmer reichten nicht aus, alle Patienten unterzubringen – viele lagen tagelang auf den Gängen. Mein Mann wurde nur durch die Vermittlung eines Bekannten und deshalb aufgenommen und in einem

Zimmer untergebracht, weil er anbot, alles privat und in bar zu bezahlen. Trotzdem waren die Umstände haarsträubend. Die Reinigungskräfte arbeiteten so unwillig und nachlässig, dass von Hygiene keine Rede sein konnte. Darauf angesprochen, begründeten sie ihr Verhalten mit der geringen Bezahlung. In Slawas Zimmer roch es bedrückend nach Eiter und Ausscheidungen, obwohl das Fenster Tag und Nacht geöffnet blieb. Es gab zwei getrennte chirurgische Abteilungen – eine *Chirurgia* und eine *Gnojnaja Chirurgia* – eine „Eiter-Chirurgie". Auf letzterer lagen Patienten, die wegen eitriger Infektionen operiert werden mussten. Während seines Aufenthaltes auf der *Gnojnaja Chirurgia* seien mehrere Patienten gestorben, erzählt Slawa. Ein Zimmergenosse klagte seit dem Morgen über Atemnot und starb am Abend, weil die Schwestern nach einem kurzen Blick meinten, er atme ja, und deshalb keinen Arzt riefen. Bettklingeln gab es nicht, und auf Rufe antworteten die Schwestern häufig nur mit „Ich kann nicht", um sich dann stundenlang nicht sehen zu lassen.

„Ich hatte immer den Eindruck, dass die Chirurgen ihr Handwerk verstehen, wenn ich an die vielen geglückten Operationen in unserem Bekanntenkreis denke", äußere ich.

„Das stimmt auch, aber das ganze Drumherum ist besorgniserregend", meint Slawa. „Ich hatte wirklich Angst und machte schon einen Plan für den Fall, dass ich in Folge der OP großen gesundheitlichen Schaden erleide. Ich wollte dich nach Deutschland schicken und dann die ganze medizinische Schar mit dem Gewehr niedermähen. Das habe ich vor der OP vorsichtshalber auch dem Chirurgen angekündigt."

Dessen Gesicht hätte ich sehen wollen. Ich bin überzeugt, er würde es tatsächlich tun – egal, welche Folgen es für ihn hätte und was ich jetzt einwende. Ich kann wieder einmal nur den Kopf schütteln. „Tolle Idee", sage ich ironisch. „Dann hättest du deine Tage im Gefängnis beschließen können. Und was hast du über die Rechte der Ewenken und die Jagdgesetze herausgefunden?"

„Bis jetzt noch nicht viel. Wasja aus Tschita, der immer zur Zobeljagd herkommt, will im Internet recherchieren, alles ausdrucken und im Herbst mitbringen", antwortet Slawa. Wer's glaubt, denke ich bei mir, hoffe aber trotzdem. Leider wird meine Skepsis später bestätigt, denn Wasja kommt mit leeren Händen.

„Und Igor? Hat er die Injektion bekommen?", erkundige ich mich.

„Frag mich bloß nicht danach! Ich hatte ihn in Mogotscha bei seiner Schwester Polina abgesetzt, und als ich ihn abholen wollte, um mit dem Zug nach Tschita zu fahren, war er betrunken. Darum konnte ich ihn nicht mitnehmen, denn man darf mehrere Tage vor der Injektion keinen Alkohol zu sich nehmen. Das wusste er ganz genau."

„Bei dem Umfeld ist es eigentlich kein Wunder, dass er schwach geworden ist. Polina trinkt ja auch. Was hat er denn gemacht bis zu eurer Rückreise?"

Slawa erklärt: „Es war sowieso geplant, dass er nach der Injektion sofort nach Mogotscha zurückfährt und einem Verwandten beim Bau seines Hauses hilft,

solange ich noch in Tschita bleiben musste. Dort war er auch, aber es wurde wohl ordentlich gesoffen. Vielleicht irgendwelches selbstgebrautes, giftiges Zeug, denn er ist total neben der Spur. Wie ein alter Mann – langsam, zerstreut und vergesslich."
„Schlimmer geht wohl immer", seufze ich.
Slawa nimmt es nicht so ernst. „Ach, das wird schon wieder", meint er.

Ich kann von Glück sprechen, dass der Dorfgenerator erst ausfällt, als mein Mann wieder bei mir ist. Anfangs sind wir noch optimistisch, dass der Fehler bald gefunden wird und Licht sowie elektrische Geräte – vor allem die beiden Tiefkühltruhen – wieder funktionieren, doch wir hoffen vergebens. Am späten Abend schleppt Slawa mit Hilfe eines Nachbarn unseren benzinbetriebenen russischen Dieselgenerator in den Hof und lässt ihn bis zum Schlafengehen laufen. Er rattert laut wie ein Traktor und bläst üble Abgaswolken in die Luft. Ich fürchte, dass die zweieinhalb Wochen alten Welpen einen dauerhaften Gehörschaden davontragen oder durch Benzindämpfe vergiftet werden und fühle mich deshalb sehr schlecht. Als am nächsten Morgen der Strom noch immer nicht fließt, werden wir nervös. Die beiden Tiefkühltruhen sind bis obenhin mit Wildfleisch, Fisch, Gemüse und anderem gefüllt und seit Mittag des vergangenen Tages ohne Kühlung, sieht man von den zwei Stunden am Abend ab. Slawa schaltet unseren eigenen Generator wieder an, worauf die erwachsenen Hunde wie von der Tarantel gestochen den Hof verlassen. Unruhig spähe ich unter die Treppe. Zu meiner Erleichterung sehe ich, dass Linda sich mit den Jungen weiter weg bis unter den erhöht stehenden Lagerraum, der an den Garten grenzt, zurückgezogen hat und bin etwas beruhigt. Kurz vor zwölf Uhr mittags funktioniert der Dorfgenerator wieder. Vor lauter Erleichterung führen wir in der Küche einen Freudentanz auf. Kaum haben wir ihn beendet, wird es wieder dunkel – wir stöhnen entnervt auf. Es mag sein, dass sogar der eine oder andere Fluch fällt. Mein Mann für alles geht zur Elektrostation und kommt nach kurzer Zeit zurück. Fragend schaue ich ihn an.
„Der Generator funktioniert, und – ich konnte es kaum glauben – beruhigt haben ihn die beiden Experten ausgeschaltet, um pünktlich um zwölf zu Hause zwei Stunden Mittagspause zu machen! Ich habe sie angefahren, was sie sich dabei denken. Im Dorf tauen die Tiefkühltruhen vor sich, und sie schalten den Generator ab. Anatoli hat Dienst, es wird gleich wieder Strom geben", beruhigt mich Slawa.
Nachdenklich antworte ich: „Je mehr zivilisatorische Dinge man benutzt, desto mehr Probleme kann es geben, weil man davon abhängig wird. Als wir die Tiefkühltruhen noch nicht hatten, haben wir nicht so viele leicht verderbliche Lebensmittel gehortet und mussten uns bei Stromausfal keine Sorgen machen. Kochen kann man auf dem Ofen im Haus oder in der Sommerküche, alles andere kann man später erledigen oder ist nicht so wichtig. Noch abhängiger ist man

in der Stadt. Einmal, als ich in Irkutsk bei Natascha wohnte, um auf meine Weiterreise zu warten, fiel mehrere Stunden der Strom aus. Ich konnte mir nicht mal einen Kaffee kochen. Mir ist auch aufgefallen, dass unsere Blockhäuser ideal für jedes Klima sind, weil sie gegen Kälte und Hitze sehr gut isolieren. Bei einer Außentemperatur von häufig über dreißig Grad plus ist es im Haus immer herrlich kühl. In Irkutsk waren es nur siebenundzwanzig Grad plus, aber die steinernen Wohnblöcke waren so aufgeheizt, dass ich noch nachts – unbekleidet, ohne Decke und bei geöffnetem Fenster – schwitzte. Und stelle dir mal vor, dass tagelang die Wasserleitung oder im Winter die Heizung in einem solchen Haus defekt ist. Das hört man ja oft. Nein, ich bin froh, dass wir auf dem Dorf leben und in vielen Dingen autark sind. Da verschmerze ich Stromausfall schon mal."
Slawa nickt und fügt hinzu: „Je mehr Dinge ich habe, desto mehr muss ich mich darum kümmern. Eigentlich sind sie ja nützlich, aber man muss sie ja immer pflegen und reparieren. Das macht manchmal fast soviel Arbeit, als wenn ich alles ohne sie auf die alte Art machen würde."

Mit der neuen Bandsäge stellt Slawa Bretter und Balken her

Teufel Alkohol

Mit finsterem Gesicht tritt Slawa ins Haus, setzt sich schweigend an den Tisch und gießt sich eine Tasse Kaffee ein. Ich sehe ihm an, dass er wütend ist, und forsche nach: „Was ist los? Ist was passiert?"
„Ich habe eben mit dem Axtrücken Wowas Gewehr zerschlagen", bekomme ich zur Antwort.
„Wieso denn das?", frage ich erschrocken.
„Wowa ist schon den zweiten Tag betrunken und sehr aggressiv. Er fuchtelte vor seinem Haus mit dem Gewehr herum und drohte, andere und sich selbst zu erschießen. Ich nahm ihm das Gewehr weg und machte es unbrauchbar. Dann sagte ich ihm, wenn er sich umbringen wolle, solle er einen Strick nehmen und damit in den Wald gehen."
Ich wundere mich: „Du hattest ihn doch vergangenen Winter zur Wiederholungsinjektion gegen das Alkoholverlangen mitgenommen nach Tschita?"
„Ja, bereits das dritte Mal. Ich dachte, sicher ist sicher. Aber er hat seitdem schon mehrmals zur Flasche gegriffen. Ich habe es satt, soll er machen, was er will."
„Ich dachte wirklich, er würde es schaffen. Gerade deshalb, weil er so viele Pläne hatte. Durch die Jagdpartnerschaft mit dir hat er gut verdient. Er konnte Anschaffungen machen und gut leben. Er hat eine Freundin gefunden im Dorf. Und nun macht er alles wieder kaputt. Wer war denn so gewissenlos und hat ihm Alkohol verkauft?", empöre ich mich.
„Keine Ahnung. Im Laden gibt es Wodka, und einige im Dorf verkaufen illegal Spirt – Viktoria, Sergej, Kolja, Grigori zum Beispiel", antwortet Slawa.
„Ich könnte sie erwürgen", wüte ich. „Es ist eine Schweinerei, dass sie das ungestraft tun dürfen. Wo kriegen sie das Zeug denn her? Offiziell gibt es ihn doch nicht zu kaufen."
„Da sprudeln sehr viele Quellen. Sogar der Leiter der Großhandelbasis in Mogotscha, wo wir immer unseren Jahresbedarf an Grundnahrungsmitteln decken, hat mir einmal angeboten, eine ganze Autoladung Spirt billig zu verkaufen. Es ist zwar illegal, ihn herzustellen beziehungsweise damit zu handeln, wird aber nicht verfolgt, weil die Mitarbeiter der Polizei und anderer Kontrollorgane kräftig geschmiert werden und prima daran mitverdienen", klärt mich mein Mann auf.
„Wie viel kostet denn ein Liter?", frage ich.
„Hier im Dorf läuft es so: Du bestellst bei jemandem aus Mogotscha eine größere Menge, zum Beispiel fünfzig Liter, und lässt sie herbringen. Da bezahlst du für den Liter 600 Rubel. Verkauft wird der Spirt hier aber für 400 Rubel pro Glas á 200 ml. Gemütlich zu Hause auf dem Hintern sitzend verdienst du also pro Liter 1400 Rubel, das sind bei fünfzig Litern 70.000 Rubel. Um soviel Geld zu bekommen, muss ich im Winter tagelang in der Kälte unterwegs sein und um die 15 Zobel fangen, aber davon gehen dann noch die hohen Kosten ab für Fangeisen, Benzin und Ersatzteile fürs Schneemobil. Ich brauche also mehr als 20 Zobel, um

auf 70.000 Rubel Gewinn zu kommen. Trotzdem verdiene ich mein Geld lieber auf diese Weise, obwohl ich ja jede Gelegenheit hätte, Spirt herzubringen."
Auch die nächsten Tage trinkt Wowa weiter, hat aber bald kein Geld mehr und fängt an, Gegenstände für Spirt einzutauschen. Für die Spirtverkäufer ist das sehr einträglich, denn sie bekommen wertvolle Gebrauchsgegenstände für eine Spirtmenge, die sie selbst festsetzen können und die dem Sachwert in keiner Weise entspricht. Der Süchtige rechnet nicht. Die elektrische Schleifmaschine zum Schärfen von Äxten und Messern hat Wowa schon in Alkohol umgesetzt. Seine Schwester Marina kann gerade noch die neue, unverzichtbare Stihl-Säge retten und einschließen, bevor er sie wegschleppt. Slawa nimmt vorsichtshalber den Schlüssel zum Schloss am Benzinschuppen an sich, sieht aber am nächsten Tag, dass Wowa das Schloss aufgebrochen und ein Benzinfass herausgestellt hat. Slawa verhindert, dass es abtransportiert wird. Kurz darauf hört er, dass Wowa den Ersatzmotor für das Schneemobil, den er im Winter gebraucht für 40.000 Rubel erworben hatte und den er für die nächste Jagdsaison benötigt, für 15.000 Rubel verkauft hat. Das Geld hält nicht lange vor, denn er hat viele „Freunde", die bei der Vertilgung des Feuerwassers helfen. Zehn Flaschen Wodka, die er im Laden für 5.000 Rubel gekauft hat, sind an einem Tag ausgetrunken.
„Wie will er im Winter jagen, wenn er Benzin und wichtige Ersatzteile verscherbelt und in Alkohol umsetzt?", bemerke ich.
„Mit mir jedenfalls nicht mehr", sagt Slawa verdrossen. „Soll er in seinem eigenen Jagdgebiet zu Fuß gehen. Ich kann ja doch nicht verhindern, dass er alles versäuft."
Wie sich herausstellt, sind das nicht die schlimmsten Folgen des Rückfalls in die Sucht. Slawa, der vor dem Haus eine Zigarette raucht, hört Gepolter und Geschrei und geht dem Lärm nach. Er findet Wowa, wie er wütend an der von innen verriegelten Tür seiner Schwester Marina zerrt – den Griff hat er schon herausgerissen –, dagegen tritt und Drohungen ausstößt. Es ist zu befürchten, dass er die Tür aufbricht, Gegenstände zerschlägt und Marina misshandelt, wie das schon in früherer Zeit ihr, der Mutter Polina und seinem Bruder geschehen ist. Wowa ist im Alkoholrausch sehr gefährlich. Slawa schlägt ihn nieder, versetzt ihm einen Fußtritt, der ihn die Treppe hinunter befördert, und befiehlt ihm, in sein eigenes Haus zurückzukehren. Leider ist das die einzige Behandlung, die ihn zur Ruhe bringt.
Ich bin besorgt: „Slawa, das ist sehr riskant auch für dich. Wenn er dadurch eine schwere Verletzung oder einen dauerhaften Schaden erleidet, musst du dich dafür verantworten und wirst bestraft."
„Was soll ich machen? Zusehen, wie er Marina verprügelt? Sie und die Kinder leiden schon genug unter seinem Verhalten. Sie weinte, als sie mir erzählte, dass der Kleinste bereits Zuckungen bekommt, wenn er Wowa an die Tür hämmern hört. Wowa verlangt von ihr Geld, die Herausgabe von Gegenständen und Lebensmitteln."

Ich weiß keinen Rat. Polizei gibt es im Dorf nicht, und der Dorfvorsteher kümmert sich nicht um die Situation. Es muss wohl erst Schlimmeres passieren. Mein Mann sucht den Laden und einige Spirtverkäufer auf und bittet sie, keinen Alkohol mehr an Wowa abzugeben. Doch schon einen Tag darauf trifft er Wowa in der Gesellschaft von Igor und Anton alkoholisiert an. Sie haben Braschka getrunken, den sie gegen ein Gartengerät eingetauscht haben bei jemandem, der selbst nicht trinkt und Braschka nur gebraut hat, um sich an den Alkoholikern zu bereichern. Schließlich müssen sie das Trinken notgedrungen einstellen, weil sie die Brühe sofort wieder erbrechen.

Einige Wochen darauf fahren wir nach Ust-Njukscha, um Feriengäste zur Bahn zu bringen und tags darauf die nächsten Gäste in Empfang zu nehmen. Slawas Handy läuft heiß wie üblich, wenn wir uns in Ortschaften mit Mobilfunkempfang aufhalten. Unter anderem erhält er einen Anruf von Marina aus unserem Dorf. Er solle Tabletten für Igor mitbringen. Der wäre ganz apathisch und hätte sogar in die Hose uriniert. „Was für Tabletten? Ich habe doch keine Ahnung, was mit ihm ist und was helfen könnte. Du musst in Tupik im Krankenhaus anrufen. Sie sollen einen Arzt schicken oder dir sagen, was zu tun ist", antwortet Slawa.
„Das habe ich schon versucht, aber da ist keiner zu erreichen." Marina ist hilflos. Unsere Feldscherin hat das Dorf vor Monaten auf Nimmerwiedersehen verlassen, und im Rayon-Krankenhaus in Tupik gibt es nur noch sehr eingeschränkten Betrieb und eine Notbesetzung, denn die Aufgaben und Gelder wurden zum hundert Kilometer entfernten Mogotscha verlagert, das zu einem anderen Landkreis gehört.
Ins Dorf zurückgekehrt, sucht Slawa Igor auf. Er liegt antriebslos auf seiner Couch, will nicht aufstehen und redet kaum. Schließlich packt Slawa ihn ins Boot und bringt ihn nach Tupik zum Krankenhaus. Nach einer kurzen Untersuchung befindet man dort, dass man ihn nicht behandeln könne und Slawa ihn nach Tschita bringen solle. Zornig fährt mein Mann auf: „Sie haben wohl überhaupt keine Lust mehr, sich um Kranke zu kümmern? Weder kommen Ärzte ins Dorf, noch wollen Sie die Leute hier behandeln oder die Überweisung und den Krankentransport organisieren! Ein wenig müssen Sie schon arbeiten für Ihr Geld!"
Die Mitarbeiterin bleibt weiterhin abweisend. Sie knickt erst ein, als ein zufällig in Tupik anwesender Abgeordneter der Tschitinsker Bezirksregierung ihr eine entsprechende Anweisung gibt, nachdem Slawa sich bei ihm beschwert hatte. Danach hören wir nur noch, dass Igor in Tschita im Krankenhaus ist. Man behält ihn fast fünf Monate dort. Selten unternimmt jemand aus unserem Dorf den weiten Weg nach Tschita, und so bekommt er nur dreimal Besuch. In der übrigen Zeit hat niemand Verbindung zu ihm, bringt ihm niemand Kleidung, notwendige Artikel und Essen. Keiner weiß, welche Krankheit er hat, wie es ihm geht und wann er entlassen werden soll. Ich dränge Slawa, sich zu erkundigen, aber er ist

selbst schon aktiv geworden und hat in Erfahrung gebracht, wo Igor sich zurzeit befindet. Telefonisch bittet er einen Bekannten aus Tschita, hinzufahren und mit dem Arzt zu sprechen. Danach geht er jeden Abend zum Satellitentelefon am Dorfende, erreicht den Bekannten aber einige Tage lang nicht. Endlich erfährt er, dass es Igor besser geht, er inzwischen in eine andere Einrichtung verlegt wurde und Ende November entlassen werden soll.
Ich frage Igors Bruder Schenka und Slawa, ob sie sich erkundigt hätten, welche Krankheit Igor habe beziehungsweise gehabt hätte. Schenka meint, es sei die Folge des bjelaja gorjatschka nach zweiwöchiger Trinkerei. Slawa sagt, Igor leide, wie auch sein Vater, an Schizophrenie. Ich gehe davon aus, dass er diese Information über seinen Bekannten aus Tschita vom Arzt erhalten hat. Die lange Behandlungsdauer scheint es zu bestätigen.
Da ich weiß, dass Schizophrenie im Grunde nicht heilbar ist, schaue ich in mein dickes medizinisches Handbuch, um einen Begriff zu bekommen, womit wir rechnen müssen. Ich erfahre, dass es unterschiedliche Schizophrenieformen gibt, die man nach ihren Symptomen unterscheidet. Beim chronischen Verlauf sind Affektverflachung, Antriebsverlust, Apathie, Sprachverarmung, sozialer Rückzug und Verwahrlosungstendenzen zu beobachten. Wenn ich bedenke, was ich selbst beobachtet habe und was mir Slawa erzählt hat, zeigte Igor schon längere Zeit einige solcher Verhaltensweisen, die wir allerdings als Charaktereigenschaften angesehen hatten. Diese Patienten reagieren kaum auf Medikamente oder sprachliche Behandlungsmethoden und Therapieerfolge werden als gering eingestuft, was als großes Problem für die soziale Reintegration gilt. In der Klinik oder in therapeutischen Wohngemeinschaften enthält das Behandlungskonzept Alltagsbewältigung, Sport, Ergo- und Arbeitstherapie, lese ich weiter.
„Slawa, ich glaube, da kommt Einiges auf uns Verwandte zu – auf dich als seinen Cousin, auf seine Nichte Marina, seinen Neffen Wowa und seinen Bruder Schenka. Ich denke, wir müssten vor Igors Rückkehr Einiges vorbereiten. Er hat ja – zumindest in den letzten zehn Jahren – nie Wände und Dielen seines Hauses gestrichen. Alles ist verschmutzt einschließlich Bettdecken, Handtücher, Geschirr. Und er hat bestimmt kein einziges sauberes Kleidungsstück. Ich weiß, wie lange du ihm manchmal zureden musstest, bis er mal seine Kleidung gewaschen und sich selbst in der Banja gesäubert hat. Wir müssten in sein Haus gehen und einigermaßen Ordnung machen. Die schmutzige Wäsche könnte ich in unserer Waschmaschine waschen“, schlage ich vor und setze fort: „Lebensmittel hat er überhaupt keine. Wir müssen ihm welche geben, falls er selbst kochen kann. Anderenfalls kann er bei uns essen.“
„Ich werde Marina bitten, sich im Haus umzusehen und die schmutzige Kleidung einzusammeln“, verspricht Slawa: „Aber knie du dich da nicht so rein. Igor hat ja vorher auch so gelebt. Wir sehen erst mal, wie es ihm geht und was er selbst machen kann.“
Ich darf als mehr oder minder Außenstehende nicht die Verantwortung an mich

reißen, aber ich sehe auch nicht, dass irgendetwas passiert. Jedenfalls höre ich nichts davon und erhalte keine schmutzige Wäsche. Mit Beginn der Pelztiersaison fährt mein Mann in sein Jagdgebiet.

Jemand muss Igor bei seiner Entlassung abholen. Er kennt sich in Tschita nicht aus und ist in einer Stadt völlig unbeholfen und hilflos. Zudem hat er weder Geld, sich etwas zu essen und eine Fahrkarte nach Mogotscha zu kaufen, noch Winterkleidung, da er im Sommer eingeliefert wurde. Seine in Mogotscha lebende Schwester Polina ist schon auf Grund ihres Alkoholismus ungeeignet, sich um alles zu kümmern. Deshalb fährt sein Bruder Schenka aus Srednjaja Oljokma los, nicht mit einem Auto, sondern mit dem Schneemobil, denn der Winterweg von Srednjaja Oljokma nach Tupik ist mit Autos nicht vor Mitte Dezember befahrbar. Längere Fahrten auf dem Schneemobil sind eine sehr eisige Angelegenheit. Die Kälte dringt in Verbindung mit dem Fahrtwind trotz mehrerer Schichten warmer Kleidung bis in die Knochen. Zurzeit liegen die Temperaturen morgens gegen acht Uhr zwischen minus 30 bis 40 Grad, tagsüber im Sonnenschein wird es etwa 10 Grad wärmer. Dazu liegen nur wenige Zentimeter Schnee. Seit dem ersten und bisher einzigen Schneefall Anfang Oktober warten die Jäger vergebens auf eine Schneedecke, die die groben Unebenheiten des Bodens einigermaßen ausgleicht, das Schneemobil gleiten lässt und das Vorankommen erleichtert. Ich hoffe mit Schenka, dass er ohne Pannen in Tupik ankommt, denn bei der jetzigen Bodenbeschaffenheit verschleißen die Teile extrem schnell.

Da die Jäger aufgrund der Witterung bisher fast keine Zobel fangen konnten, hat keiner Geld. Ich habe Schenka zehntausend Rubel gegeben, damit er Igors Fahrkarte sowie neue Kleidung bezahlen und einige Lebensmittel kaufen kann. Es ist klar, dass Igor das Geld nie zurückzahlen kann. Wir können froh sein, wenn er einigermaßen für sich selbst sorgen kann, also Essen kochen, sich selbst und seine Wäsche waschen.

Eines Nachmittags blicke ich aus dem Fenster und sehe Igor herbeikommen. Er trägt neue warme Winterkleidung, wie sie unter den Jägern üblich ist, wirkt aber wie ein Zombie, denn er geht langsam mit eigenartiger, starrer Haltung. Sein Gesicht ist aufgedunsen, vielleicht als Folge der Medikamente. Er spricht nicht viel, doch was er sagt, klingt vernünftig. Ich frage ihn, welche Krankheit er hatte, aber das weiß er nicht. Medikamente müsse er nicht mehr einnehmen. Dann holt er eine neue Schachtel Zigaretten hervor, was ich mit einiger Verwunderung registriere, denn die Finanzierung von Zigarettenkonsum hatte ich eigentlich nicht vorgesehen. Später treffe ich zufällig Schenka. „Wie sind denn Igors Aussichten? Was hat der Arzt gesagt?“, möchte ich wissen.

Schenka ist zuversichtlich: „Er hatte einen Schlaganfall, aber er wird sich hier bestimmt weiter erholen, wenn er Bewegung und Arbeit hat. Im Krankenhaus hat er ja nur gesessen und gelegen. Es sei wie im Gefängnis gewesen, berichtete er mir. Der Arzt sagte mir aber, er dürfe nie wieder Alkohol trinken, denn das wäre sein Ende.“

Ich bin erleichtert. „Gut, dass er keine Schizophrenie hat. Aber rauchen dürfte er nach einem Schlaganfall auch nicht mehr – das ist sehr schädlich. Er hat im Krankenhaus doch sicher nicht rauchen können, und nun fängt er wieder an? Abgesehen davon hat er kein Geld dafür."
„Ach, das wird kein Problem sein. Er wird ja durch die Winterjagd Geld verdienen. In ein paar Tagen fahren wir los", antwortet Schenja.
„Die Jagdsaison ist in drei Monaten zu Ende. Und selbst, wenn die Jagd besser verlaufen sollte als in den vergangenen zwei Monaten – bedenkst du auch, dass er von dem Ergebnis ein ganzes Jahr leben müsste?", mahne ich. „Übrigens, hast du für Igor auch Lebensmittel gekauft?"
„Ja, die reichen für die erste Zeit", beruhigt er mich.
Als ich Slawa von dem Gespräch erzähle, lacht er auf. Es ist kein fröhliches Lachen. „Hast du gesehen, wie Igor sich bewegt? Er hat keine Kraft, mehrere Stunden durch die Kälte zu marschieren und Fallen zu stellen. Wenn er insgesamt zwei Zobel fängt, kann er schon von Glück reden."
„Das sehe ich auch so. Mal sehen, wie es ihm später geht. Vielleicht kann er bei verschiedenen Leuten etwas arbeiten und dafür Lebensmittel bekommen."
Im Laufe der Monate geht es Igor glücklicherweise zunehmend besser. Auf die Idee, sich bei mir für die finanzielle Unterstützung zu bedanken und mir nun seinerseits Hilfe bei Gartenarbeiten anzubieten, kommt er jedoch nicht. Er fragt auch nicht bei anderen Leuten nach Arbeit, um Lebensmittel kaufen zu können. Als ich Slawa gegenüber mein Unverständnis äußere, meint er: „Er würde nie von selber darauf kommen, nach Arbeit zu fragen. Du musst es ihm einfach sagen, wenn du ihn brauchst." Auf meine direkten Bitten hin hilft Igor mir dreimal einige Stunden im Garten, doch dann wird es mir zu peinlich, ihn zu fragen. Einige Male sehe ich ihn bei seiner Nichte Marina in Hof und Garten werkeln. Er hatte sich im März nach der Rückkehr aus der Jagdhütte im Haus ihres Bruders Wowa niedergelassen, das direkt neben ihrem liegt. Auf die Frage, warum er nicht in seinem eigenen Haus wohnt, antwortet er, das müsse erst renoviert werden. Dazu macht er allerdings keine Anstalten. Slawa nimmt ihn manchmal mit zum Fischfang und zur Jagd, sodass er ausreichend Fisch und Fleisch hat. Sorgen über den zukünftigen Unterhalt scheint er sich nicht zu machen.

Die Pelztiersaison verläuft weiterhin schlecht. Es können nur verhältnismäßig wenige Zobel gefangen werden. Die Preise für Moschusdrüsen sind auf 500 Rubel pro Gramm gesunken, und eine Zeitlang werden überhaupt keine aufgekauft. Ebenso in den Keller gegangen sind die Fischpreise. Sie betragen nur noch die Hälfte dessen, was im vorigen Winter gezahlt wurde. Einige Jäger, deren Jagdhütten an Tungir und Oljokma liegen, hatten unter dem Eis Netze ausgelegt und versucht, die Einnahmen durch den Fischfang zu verbessern, doch die Arbeit wird kaum honoriert. Die meisten Jäger hatten sich im Herbst im Vorgriff auf die Jagdsaison mehr oder weniger hoch verschuldet, auch Slawa, der in Tschita für

300.000 Rubel ein neues Schneemobil gekauft hatte. Der Preis entspricht etwa dem Gegenwert von 60 Zobelfellen, während man den Buran in der Sowjetzeit im hiesigen Dorfladen bestellen konnte und ihn direkt hierher geliefert bekam zum Gegenwert von 15 Zobelfellen. Zudem war die Qualität des Fahrzeugs besser, das verwendete Material wesentlich stabiler und haltbarer. Nun jedoch muss Slawa über eine Woche täglich daran arbeiten, um den neuen Buran einsatzfähig zu machen. Ich wundere mich immer darüber, dass die Männer die Geduld aufbringen, den gekauften Schrott funktionstüchtig zu machen, doch sie haben keine andere Wahl.
Sollten die Jäger es auch schaffen, wenigstens ihre Schulden zurückzuzahlen, bleibt kaum etwas für den Rest des Jahres übrig und die notwendigen Anschaffungen wie Ersatzteile und Benzin für die nächste Jagdsaison. Noch schlechter ist die Situation für diejenigen, die ihre Jagdergebnisse sofort in Alkohol umsetzen. Weil er es nicht erwarten kann, an Feuerwasser zu kommen, tauscht Wowa mit großer Geldeinbuße einen ganzen gefrorenen Zobel gegen Wodka ein, statt das Fell abzuziehen, dieses zu waschen, zu spannen und zu trocknen.

Der Alkoholismus ist nicht nur auf dem Land ein Problem, sondern allgegenwärtig. In Russland starben im Jahr 2015 rund 14.000 Menschen an Alkoholvergiftung, ein Großteil davon nach dem „Genuss“ von Spiritus, Arzneimitteln, Haushaltsreinigern, Frostschutzmitteln oder Kosmetika, die einen sehr hohen Prozentsatz Alkohol enthalten und vergleichsweise billig sind. Aus dem Fernsehen erfuhren wir, dass im Dezember 2016 allein in Irkutsk über 70 Menschen starben, weil sie den Badezusatz „Bojaryschnik“ getrunken hatten, der laut Etikett zu 93 Prozent aus Ethanol besteht. Eine Partie war aber mit dem tödlich wirkenden Methanol verunreinigt. Daraufhin fanden Durchsuchungen statt, und man beschlagnahmte in illegalen Fabriken 47 Kanister des Mittels. Erfahrungsgemäß wird ein Vorfall ähnlicher Art nicht lange auf sich warten lassen. Die legalen und illegalen Hersteller der verschiedenen Mittel wissen, dass finanzschwache Alkoholiker diese konsumieren und stellen sie häufig direkt zu diesem Zweck her. Damit umgehen sie die gesetzlichen Bestimmungen, die für Herstellung und Verkauf von alkoholischen Getränken teure Lizenzen sowie Mindestpreise vorsehen. In den letzten Jahren versuchte die russische Regierung, den Konsum durch die Anhebung des Mindestpreises für harte Spirituosen einzuschränken. Laut Statistik ist ihr das bereits gelungen, doch ob in der Statistik der Konsum alkoholhaltiger Elixiere und illegal hergestellter Alkoholika entsprechend berücksichtigt ist, ist fraglich. Die Dunkelziffer dürfte hoch sein.
Michael Gorbatschow geht in seinem 2013 erschienenen Buch „Alles zu seiner Zeit – Mein Leben“ unter anderem auf das Problem ein. Danach wurde bereits 1914 im zaristischen Russland ein Alkoholverbot erlassen, obwohl der Pro-Kopf-Verbrauch nur bei 1,8 Litern lag. Das Verbot wurde in den ersten Jahren der Sowjetmacht aufgehoben, weil man das Geld aus den Einnahmen brauchte.

Unser Gästehaus

Ein Sibirisches Streifenhörnchen freut sich über Claudes Gaben

Damit hatte man wohl buchstäblich den Teufel aus der Flasche gelassen, denn im Laufe der Jahre erhöhte sich der Pro-Kopf-Verbrauch auf 10,6 Liter reinen Alkohols und der durch die Trunksucht hervorgerufene volkswirtschaftliche Schaden bezifferte sich auf 80 bis 100 Milliarden Rubel pro Jahr. Bei den Partei- und Staatsorganen traf eine überwältigende Zahl von Briefen ein, überwiegend von Ehefrauen und Müttern, auch von Schriftstellern und Ärzten, die sich für Maßnahmen gegen die Trunksucht aussprachen. Ein großer Teil der Bevölkerung fragte sich, warum der Staat nichts unternahm. Unter dem Druck der Öffentlichkeit hatte das Politbüro bereits unter Breschnew einen Beschluss zur Ausarbeitung eines Anti-Alkohol-Programms gefasst, aber erst fünf Generalsekretäre später war das Programm fertig gestellt. Michail Gorbatschow begann 1985 seine Tätigkeit als Generalsekretär des Zentralkomitees der Kommunistischen Partei der Sowjetunion mit dem Beginn der Anti-Alkohol-Kampagne, in deren Folge er den Spitznamen „Mineralsekretär“ erhielt, wie er selbst schreibt. Bei der Umsetzung wurden viele Fehler gemacht, das Schlimmste aber war, dass die Schwarzbrennerei massiv anstieg. Die Kampagne verlief nach dem Zusammenbruch der Sowjetunion mehr oder weniger im Sande, obwohl man in letzter Zeit wieder einige Maßnahmen ergriffen hat.
Laut WHO-Bericht von 2014 lag zwischen 2008 und 2010 Russlands jährlicher Pro-Kopf-Verbrauch bei Personen ab 15 Jahre bei 15,1 Liter reinen Alkohols. Damit steht Russland an vierter Stelle nach Weißrussland, Moldawien und Litauen. Nach Russland folgen Rumänien und die Ukraine. Deutschland steht an 23. Stelle. Die Daten beruhen zum Teil auf Schätzungen.
In einigen Ländern ist die Gefahr des Alkoholmissbrauchs besonders hoch. Skandinavische Regierungen haben als Reaktion auf den hohen Alkoholkonsum alkoholische Getränke mit hohen Steuern belegt, ein Staatsmonopol auf ihren Verkauf eingeführt und Einschränkungen beim Verkauf vorgesehen. In Schweden zum Beispiel kosten Bier, Wein, Spirituosen zwei- bis dreimal so viel wie in Deutschland. Aber es gibt Auswege. Knapp 50 % des privat importierten Alkohols wird in Deutschland gekauft und per Fähre oder Öresundbrücke ins Land gebracht.
Zeit online schreibt am 7.09.2017:
„Finnland erhebt europaweit die höchsten Steuern auf Alkohol. Getränke mit mehr als 4,7 Prozent darf nur das staatliche Monopolgeschäft Alko verkaufen. Trotzdem ist jeder 16. finnische Mann alkoholsüchtig, und weit über 1.000 Finnen saufen sich jedes Jahr zu Tode. Der Staat versucht verzweifelt, seine Bürger zu schützen, aber die pfeifen drauf und kaufen sich Fährtickets nach Estland, wo Schnaps und Bier nur rund ein Drittel kosten. Manche verlassen die Fähre erst gar nicht, denn an Bord sind die Preise ähnlich günstig. Es gibt Shuttlebusse und einen Lieferservice direkt zum Fährterminal. Kaum etwas tun sie in Estland so hingebungsvoll, wie Finnen Alkohol anzudrehen – und so erfolgreich: 200 Millionen Liter alkoholischer Getränke wurden 2015 verkauft, ein Drittel davon an

finnische Touristen. Wenn es nach Janek Kalvi ginge, könnte es ewig so weitergehen. Er leitet die Firma Liviko, Estlands größte Schnapsbrennerei. Kalvi steht im Konferenzraum, wiegt eine Flasche Gin in den Händen und sagt: „Wir sollten den finnischen Trinkern ein Denkmal bauen." Denn vom billigen Alkohol ins Land gelockt, geben Finnen nach der Grenzöffnung 2004 jedes Jahr Hunderte Millionen Euro aus, shoppen aus allen Rohren Elektronik, Kleidung und Lebensmittel. Livikos beliebtester Wodka hat in der Standardausführung einen Alkoholgehalt von 40 Prozent – oder 60 in der härteren Variante. Weil Finnen aber nur zehn Liter Spirituosen mit nach Hause nehmen dürfen, gingen die Schnapsbrenner ans Limit. Für den finnischen Markt schufen sie das ultimative Gesöff: einen 80-prozentigen Wodka. *Väkevin* tauften sie ihr Geschöpf: der Stärkste. Liviko verkauft ihn in Zehnerpacks mit Tragegriff. „Das ist ein Bestseller, aber nur unter den Finnen", sagt Kalvi. Pur ist das Zeug zwar ungenießbar, aber ein *homo alconomicus* nimmt so was sportlich. Mit Leitungswasser oder Orangensaft wird Livikos Wodkakonzentrat in finnischen Küchen zu Vierzigprozentigem verdünnt."

Die Zollbestimmungen innerhalb der EU sind großzügig. Für den eigenen Bedarf dürfen zollfrei eingeführt werden: 110 Liter Bier und 10 Liter Schnaps und 20 Liter Starkwein bis 22 % und 90 Liter Wein. Damit sollte man dann doch irgendwie über die Runden kommen!

Die große weite Welt

Bisher hatten wir darauf verzichtet, einen Internet- und Telefonanschluss über eine eigene Satellitenschüssel einrichten zu lassen, denn die Erfahrungen, die wir mit dem dorfeigenen Satelliten-Kartentelefon gemacht hatten, ließen uns ständige Störungen, Reparaturen und damit zusammenhängende hohe Kosten befürchten. Dann erfuhren wir aber, dass eine kleine private Firma aus Tschita im Dorf Gulja zwei Internetanschlüsse installiert hatte, die seit einem Jahr mit voller Zufriedenheit genutzt werden. Also beschlossen wir, tief in die Tasche zu greifen, um aus unserem abgelegenen Ort die große weite Welt zu erreichen, sowohl per Internet als auch per Telefon. Der Telefontarif soll bei Gesprächen innerhalb Russlands pro Minute umgerechnet nur 3 Cent und nach Deutschland 4 Cent beziehungsweise 12 Cent zum Handy betragen, während die Kosten unseres bisher genutzten Satellitentelefons bei 1,38 € pro Minute liegen. Allerdings hatten wir uns die ganze Aktion etwas einfacher vorgestellt, als sie dann tatsächlich abläuft.

Die Anreise aus Tschita verläuft noch problemlos, denn wir haben ab Tupik einen Wagen mit ortskundigem Fahrer gemietet, der die beiden jungen Männer auf dem Winterweg sicher ins Dorf bringt. Es ist vier Uhr morgens, als sie müde und durchgerüttelt hier ankommen. Strom gibt es erst ab sieben Uhr, und so nehmen sie im Schein von Taschenlampen den vorbereiteten Imbiss und heißen Tee aus der Thermoskanne ein, bevor sie erschöpft in die bereitstehenden Betten sinken. Viel Schlaf gönnen sie sich nicht, sondern gehen nach wenigen Ruhestunden an die Arbeit. Frohgemut bohren sie Löcher in unsere Hauswand, befestigen die Satellitenschüssel und richten sie aus. Aber wohin sie sie auch richten – sie empfangen kein Signal vom Satelliten, der sich relativ flach am Horizont befinden soll. Sie klettern auf das Dach vom Führerhaus unseres Lasters und von dort auf den Lichtmast – nichts. Sie erklimmen das Hausdach, öffnen es und stellen einen Mast hinein, an dem sie die Satellitenschüssel befestigen – nichts. Vielleicht klappt es bei unserem Gästehaus? Wieder werden Löcher in die Hauswand gebohrt, die Satellitenschüssel befestigt und hin- und hergerichtet – nichts. Während Slawa das jeweils erforderliche Equipment bereitstellt und die Körperübungen unterstützt, koche ich leckeres Essen, damit sich wenigstens der Magen freut. Unsere Gesichter werden immer länger, die Dunkelheit bricht herein, Entmutigung macht sich breit. Sollte der ganze bisherige Aufwand vergeblich gewesen sein?

„Vielleicht deckt der Satellit unser Gebiet gar nicht ab?“, frage ich.

„Doch, ich habe extra noch einmal nachgeschaut“, ist sich der junge Chef des kleinen Unternehmens sicher.

„Dann ist vielleicht die Hügelkette am gegenüberliegenden Flussufer das Hindernis? Sie liegt ja direkt in der angepeilten Richtung, und Sie sagen, dass sich die Stellung des Satelliten relativ flach am Horizont befindet. Versucht es doch einmal im oberen Dorf. Das liegt einige Meter höher als unser Dorfende, und die Hügelkette endet dort. Falls es da klappt, finden wir vielleicht eine Lösung“, schlage ich vor.

Am nächsten Tag fährt Slawa die beiden ins obere Dorf, wo sie an verschiedenen Stellen das Signal prüfen. Am Haus von Slawas Bruder Grigori werden sie fündig. Grigori lebt inzwischen allein, denn Tatjana ist in ihr Haus nach Sljudjanka zurückgekehrt. Er ist einverstanden, dass die Anlage bei ihm installiert wird. „Wird es dich nicht stören, wenn wir öfter bei dir hereinschneien, um Telefon oder Internet zu benutzen?“ frage ich besorgt. „Nein, nein, dann habe ich etwas mehr Gesellschaft“, beruhigt er mich.
Als alles aufgebaut ist und funktioniert, gibt mir der Chef eine kurze Einweisung für die Benutzung. Damit auch Slawa das Internet nutzen kann, vor allem während meiner längeren Aufenthalte in Deutschland, haben wir zusätzlich ein Notebook mit russisch-englischer Tastaturbeschriftung und dem Betriebssystem Windows 10 mit russischer Systemsprache gekauft. Da ich bisher immer nur Windows 7 mit der Systemsprache Deutsch benutzt habe, fällt mir die Einarbeitung nicht leicht, denn die aus dem Englischen übersetzten russischen Begriffe haben wenig gemein mit den im Deutschen üblichen Begriffen. Das Wörterbuch ist mir dabei also keine große Hilfe. Die Umstellung ist für mich auch deshalb nicht einfach, weil die Übertragungsgeschwindigkeit sehr langsam ist und das Signal bei schlechten Wetterbedingungen ganz unterbrochen ist. Trotzdem empfinde ich den Zugang zur Welt der Informationen und zum Emailverkehr als riesigen Fortschritt.

Liebeserklärung

In jeder Liebesbeziehung gibt es hin und wieder Probleme. Du bist nicht so, wie ich dich haben will, haben die meisten von uns schon gedacht. So geht es mir auch mit meinem russischen Macho, der für eine deutsche „Emanze“ manches Mal eine echte Herausforderung darstellt (umgekehrt nicht minder) sowie mit Russland. Das führt zwar hin und wieder zur Verärgerung, doch die Liebe erweist sich als stärker.

Hauptsächlich liebe und bewundere ich die Russen deshalb, weil sie vor allem in schwierigen Situationen zu wahrer Größe reifen und Heldenmut beweisen, ohne sich damit zu brüsten. Gerade ihre Emotionalität befähigt sie dazu, sich bedingungslos für das einzusetzen, was sie lieben und schützen wollen. Selbst der ärmlichste Alkoholiker in unserem Dorf würde seine Familie und seine Heimat mit Zähnen und Klauen verteidigen. Die Russen sind sehr leidensfähig und Feindseligkeiten von außen schweißen die Bürger zur Verteidigung von „Mütterchen Russland“ zusammen wie nichts anderes. Die Sanktionen von USA und EU haben dazu geführt, dass man sich seiner eigenen Stärken besinnt und um so mehr zur Regierung unter Putin hält. Nicht nur die Regierung, die in der Vergangenheit immer wieder auf den Westen zugegangen ist und ihre Zusammenarbeit auf wirtschaftlichem wie politischem Gebiet angeboten hat, sondern auch die Bevölkerung hat ihre positive Haltung zum Westen aufgegeben und bewertet die Rolle dieser Staaten, vor allem die der USA, als feindselig. Auch wenn die Russen selbst intern viel Kritik üben, so identifizieren sie sich doch mit ihrem Staat, und deshalb wird es keinem Land gelingen, den Riesen Russland zu besiegen – weder durch Sanktionen noch durch Kriege.

Ich finde die westliche Politik Russland gegenüber zumindest befremdlich. „Putinversteher“ ist ein Schimpfwort, dabei sollte es doch jedem Simpel einleuchten, dass nur das Verstehen von Beweggründen zu Lösungen führen kann – im privaten wie im politischen Raum. Leider werden politische Zusammenhänge und Hintergründe in der deutschen Presselandschaft zu selten dargestellt, von Politikern schon gar nicht. Häufig wird sehr einseitig berichtet, sodass ein falsches Bild entsteht. Man muss sich schon selbst bemühen, um aus Büchern und anderen Beiträgen ausgewiesener Russlandkenner wie zum Beispiel Alexander Rahr, Gabriele Krone-Schmalz, Peter Scholl-Latour – um nur wenige zu nennen –, gern verschwiegene Tatsachen zu erfahren.

Ich hoffe, in Europa möge in naher Zukunft die Einsicht entstehen, dass ein gemeinsames Europa mit Russland wichtig und erstrebenswert ist.

Doch unabhängig von der Politik – meine Liebe gilt den Menschen und Sibirien. Fern davon wird ein Teil meiner Seele sehnsuchtsvoll hier weilen – in diesen unendlichen Wäldern voller Beeren, Pilze, Tiere und menschenferner Geheimnisse, an den klaren Flüssen und stillen Seen, in dem Dorf mit den geduckten, braunen Holzhäusern und den einfachen Menschen.

Anmerkungen

Für Namen und **geografische Bezeichnungen** benutzte ich die Transkription nach dem Duden, die der deutschen Lautschrift entspricht. In Atlanten, anderen geografischen Werken oder Computerprogrammen sind die russischen Buchstaben ins Englische transkribiert, oft aber nach verschiedenen Regeln, sodass man unterschiedliche Schreibweisen vorfindet.

Hier einige Beispiele zum leichteren Auffinden:

Blagoweschtschinsk	=	Blagoveshchensk		
Chabarowsk	=	Chabarovsk	=	Khabarovsk
Juktali	=	Yuktali		
Mogotscha	=	Mogocha		
Oljokma	=	Olekma	=	Olyokma
Srednjaja Oljokma	=	Srednyaya Olekma	=	Srednyaya Olyokma
Sabajkalskij Kraj	=	Zabaykalskiy Kray		
Tschita	=	Tshita	=	Chita
Tschara	=	Tshara	=	Chara
Ust-Njukscha	=	Ust-Nyuksha	=	Ust-Nyukzha
Wladiwostok	=	Vladivostok		

Die Namen mehrerer Personen sind anonymisiert.

Auf unserer Website **www.taigaleben.de** finden Sie aktuelle, ausführliche Informationen über Möglichkeiten der Kontaktaufnahme und den Erwerb meiner Videofilme und Bücher.

Fotonachweis:

Fotos: Karin Haß
außer:

Harald Dietrichkeit:	S. 20, 72 (2), 84, 100
Hansjörg Eisele:	S. 216 (u.l.)
Gudrun Krippner:	S. 6, 13, 16 (2), 48, 76, 80, 120, 150, 196 o., 212
Petra Russy:	S. 120, 142
Claude Wieben:	S. 44, 88, 89, 146, 200, 216 (o.), 240

Glossar

Baba, Babka	Großmutter, Alte
Banja	russische Sauna
Bagulnik	Dahurischer Rhododendron
Blini	hauchdünne, in der Pfanne gebackene Fladen aus Mehl und Wasser
bjelaja gorjatschka	weißer Rausch, Delirium
Braschka	alkoholisches Getränk, das durch Vergären von Zucker, Wasser und Hefe oder mit Fruchtzusatz hergestellt wird
Bulotschki	süße Hefebrötchen
Buran	übersetzt „Schneesturm", Name des russischen Schneemobils
Burunduk	Sibirisches Streifenhörnchen
Charius	Arktische Äsche (Thymallus arcticus)
Ewenke	Angehöriger einer Volksgruppe sibirischer Ureinwohner
Feldscher	Arzthelfer, Sanitäter
Isbuschka	Blockhütte, Jagdhütte
Kabarga	Moschustier
Karas	große sibirische Karauschenart
Kascha	Brei
Kolonok	Sibirischer Nerz
Kraj	Kreis, großer Verwaltungsbezirk
Laika	Russische Hunderasse mit vier Unterrassen
Lepjoschki	dicke, in der Pfanne gebackene Fladen aus Mehl, Wasser, Hefe bzw. Soda
Muschik	Mannsbild, Bauer
Narte	leichter Hunde- oder Rentierschlitten aus gebogenen Ästen
Natschalnik	Vorgesetzter, Leiter
Novyj god	Silvester/ Neujahr
Oblast	großer Verwaltungsbezirk
Pelmeni	meist mit Hack gefüllte Teigbällchen
Piroge	meist mit Hack oder Schmorkohl gefülltes Hefebrötchen
Rayon	Landkreis innerhalb einer Oblast oder eines Kraj
Sawalinki	isolierende Bretterverschalung
Schimolost	Blaue Heckenkirsche (Lonicera caerulea var. edulis)
Spirt	Sprit, 96 %iger Alkohol
Stlanik	Zwergkiefer (Pinus pumila)
Taimen	sibirischer Huchen (Huchen taimen)
Tschuschatnik	Sibirischer Sumpfporst (Rhododendron palustre sibircus)
Umywalnik	Handwaschgerät

Dank

Mein Dank gilt dieses Mal in erster Linie meinen Lesern. Sie haben mich durch ihre Zuschriften ermutigt, ein weiteres Buch zu schreiben. Sie haben lebhaften Anteil genommen an unserem Leben, Tipps gegeben, sogar Socken für uns gestrickt und Pakete mit nützlichen Dingen geschickt.
Sehr dankbar bin ich Hans-Joachim Haß für sein Lektorat. Er half mir mit seinen Korrekturen und konstruktiven Vorschlägen, Inhalt und Form entscheidend zu verbessern.
Ich danke Herrn Schwarz, dem Verlagsleiter des NWM-Verlags, für die angenehme, erfolgreiche Zusammenarbeit über die Dauer vieler Jahre und für die Entscheidung, auch dieses Buch zu verlegen.
Die Unterstützung aus Deutschland ist für mich unerlässlich. Besonderer Dank gilt meiner Freundin Susann für die Gestaltung und zuverlässige Betreuung meiner Website. Auch meiner Freundin Heike, die sich seit Langem uneigennützig und mit Begeisterung um mehrere meiner Belange kümmert und keine Mühe scheut, danke ich sehr herzlich. Meiner Familie danke ich für die vielfältigen Hilfen, die sie mir jederzeit gewährt, und für die Freude, die sie mir schenkt.
Ehrlich gesagt – mein Mann hat es nicht immer leicht mit mir. Umso mehr danke ich ihm für seine nicht nachlassende Liebe und Unterstützung, die es mir ermöglichen, in dieser fordernden Umwelt zu bestehen. Er ermuntert mich, mir Zeit für meine Neigungen und Interessen zu nehmen, anstatt mich nur an die Arbeit fesseln zu lassen.